秦文明新探丛书

秦与「戎狄」文化的关系研究

史党社 著

上海古籍出版社

图书在版编目(CIP)数据

秦与"戎狄"文化的关系研究/史党社著.--上海:上海
古籍出版社,2022.6
(秦文明新探丛书)
ISBN 978-7-5732-0410-3

Ⅰ.①秦… Ⅱ.①史… Ⅲ.①文化史-研究-中国-
秦代②古代民族-民族文化-研究-中国-秦代 Ⅳ.
①K233.03②K289

中国版本图书馆 CIP 数据核字(2022)第 148829 号

秦文明新探丛书
秦与"戎狄"文化的关系研究
史党社 著

上海古籍出版社出版发行
(上海市闵行区号景路 159 弄 1-5 号 A 座 5F　邮政编码 201101)
(1) 网址: www.guji.com.cn
(2) E-mail: guji1@guji.com.cn
(3) 易文网网址: www.ewen.co
上海天地海设计印刷有限公司印刷
开本 710×1000　1/16　印张 16　插页 3　字数 253,000
2022 年 6 月第 1 版　2022 年 6 月第 1 次印刷
印数:1—2,100
ISBN 978-7-5732-0410-3
K·3242　定价: 78.00 元
如有质量问题,请与承印公司联系

谨以此书纪念秦始皇帝陵博物院建院 40 周年

"秦文明新探丛书"序

秦统一是中国历史上的一件大事，它不仅终结了诸侯林立的"封建"乱世，促成了血缘政治向地缘政治的体制嬗变，同时也为"百代秦政"的制度传承和中华文明走向世界打下了坚实的基础。

秦始皇是古代中国这场大变局的见证者和主导者，他所创建的皇帝制度，其精髓是以官僚体系和郡县制为保障的中央集权的治理模式。"书同文""车同轨"，不但革除了旧有体制的弊端，也为民族文化的深度交流和融合清除了障碍。

作为中国历史上第一个中央集权制王权，虽然在 5000 年文明长河中仅仅是昙花一现，但两千年的沧海桑田、王朝更迭，却一次次通过陈列在广阔大地上的遗产和书写于古籍里的文字，带给我们无限的惊喜和想象。

秦始皇帝陵是中国古代规模最大、结构最复杂、埋藏最丰富的帝王陵墓，是"世界最大的考古学储备之一"，是 2200 多年前人类智慧和劳动的结晶。兵马俑是 20 世纪世界上最伟大的考古发现之一，是中华民族的骄傲和宝贵财富，是中华文明的精神标识。其恢弘壮观的规模、丰富至高的内涵所体现的格局、气度、神韵以及理念、智慧，都充分彰显了重大的历史、科学、艺术以及社会思想价值。

四十多年前秦兵马俑的横空出世，揭开了秦始皇帝陵历史宝库的冰山一角。数十年几代学人的不辍耕耘，使这部尘封千年的历史巨著被一页页渐渐打开。在这里：象征虎狼之师的军事阵列，反映国家治理架构、皇家事务管理的神秘遗迹，展现社会标准化生产、精细化管理以及国家工程高超技艺的文物精品比比皆是。透过这些载体，映射给世人更多的是中华先民坚韧不拔、勇往直前的英雄气概，是大秦帝国开放包容、不拘一格的治国理念，是管理集团以身作则、层层传导的责任担当，是大国工匠精益求精、追求完美的敬业精神。

秦始皇帝陵博物院是以秦始皇帝陵为依托，在原秦始皇兵马俑博物馆的基础上，整合秦始皇帝陵陵园（丽山园）而建成的一座现代化的遗址博物馆。从

1974 年威武雄壮的兵马俑横空出世,到 1979 年一号兵马俑陪葬坑正式对外开放;从 1986 年"秦俑学研究会"盛大启幕,到 1998—1999 年石铠甲、百戏俑陪葬坑惊世再现;从 2003 年秦陵地宫神秘面纱初现端倪,到 2006—2007 年文吏俑、青铜水禽破土而出;从 2010 年秦始皇陵国家考古遗址公园建成开放,到 2019 年秦始皇陵基本格局豹斑隐现、陵西大型陪葬墓浮出水面,到最终催生"秦文明研究中心"落户秦始皇帝陵博物院和西北大学,几代秦俑人筚路蓝缕,攻坚克难,使大批重要的遗迹和古代艺术珍品重现于世,为全面解读秦始皇帝陵的内涵、价值与意义提供了可能,也为世界重新认识秦始皇及其时代打开了另一扇窗。

四十年弹指一挥间,在改革开放和煦春风的沐浴和"一带一路"国家倡议的指引下,秦始皇帝陵博物院已从土石滩上一座孤立简陋的保护大棚,发展成为集考古遗址本体及其历史环境风貌保护展示,融合了教育、科研、游憩、休闲等多项功能为一体的公共文化空间。

回顾数十年的学术历程,秦始皇帝陵博物院始终秉持科研兴院(馆)的理念,引导科研人员,不断提升业务能力和素质。学术团队从无到有、由弱渐强,研究范围也由考古学、历史学向外辐射,扩展到政治史、军事史、文化史、科技史、水利工程、建筑环境、雕塑艺术等诸多领域。先后编辑出版了"秦俑·秦文化丛书"(如《秦始皇帝评传》《秦军事史》《秦始皇陵兵马俑文物保护研究》等)、《秦文化论丛》(2011 年更名为《秦始皇帝陵博物院院刊》)等多部丛书或书刊;出版了《秦始皇陵兵马俑坑一号坑发掘报告(1974～1984)》《秦始皇陵铜车马发掘报告》《秦始皇陵铜车马修复报告》《秦始皇帝陵园考古报告》(1999—2010 年,共 5 册)《秦始皇帝陵出土一号青铜马车》《秦始皇帝陵出土二号青铜马车》《回顾与创新——秦始皇兵马俑博物馆开馆三十周年纪念文集》《守护传承　创新发展——秦始皇帝陵博物院建院四十周年纪念文集》《秦文字类编》《秦文字通假集释》《秦始皇陵考古发现与研究》《日出西山——秦人历史新探》《秦文字通论》《秦文化考古学之研究》《秦始皇帝陵一号兵马俑陪葬坑发掘报告(2009～2011 年)》《礼仪与秩序——秦始皇帝陵研究》等学术专著近百部。举办了"辉煌时代——罗马帝国文物特展""文明之海——从古埃及到拜占庭的地中海文明""庞贝:瞬间与永恒""曙光时代——意大利伊特鲁里亚文明""不朽之旅——古埃及人的生命观""玛雅:重现的文明"等世界文明展览系列;"平天下——秦的统一""传承与谋变——

三晋历史文化展""泱泱大国——齐国历史文化展""幽燕长歌——燕国历史文化展""神秘王国——古中山国历史文化展""南国楚宝　惊采绝艳——楚文物珍品展""水乡泽国——东周时期吴越历史文化展""寻巴——消失的古代巴国""帝国之路·陇东记忆——秦文化与西戎文化考古成果展""帝国之路·雍城崛起——秦国历史文化展""铜铸滇魂——云南滇国青铜文化展"等东周历史文化展系列；以及"溢彩流光——陕西出土秦金银器展""萌芽·成长·融合——东周时期北方青铜文化臻萃""破译秦朝：里耶秦简中的帝国真相""'丽山园'遗珍——秦始皇陵园出土文物精华展"等专题展览，为促进中国古代历史文化，尤其是秦汉历史、考古、科技、艺术等研究做出了重要贡献。

　　多年来，与秦始皇帝陵和兵马俑的考古发现、学术研究相呼应，全国各地有关秦的考古发现也此起彼伏、层出不穷，极大地带动了全球秦文明、秦文化以及秦历史研究的纵深发展。尤其甘肃早期秦文化遗存、陕西凤翔雍城、宝鸡阳平、阎良栎阳城、郑国渠遗址、西安上林苑建筑群、废丘遗址（"三秦"之雍王章邯所都废丘）、秦咸阳城、咸阳早期秦王陵、临潼秦东陵、湖南里耶古城、湖北荆州胡家草场秦墓、湖北宜城楚皇城、四川渠县城坝遗址（"宕渠"县城）等考古发现，以及云梦简、放马滩简、王家台简、周家台简、里耶简、岳麓简、清华简、北大简、相家巷封泥等大批地下出土文献资料的面世，极大地弥补了文献记载的不足，促进了秦史、秦文化研究的长足进步。

　　纵观百年来中国乃至世界关于秦史、秦文明、秦文化研究的广度、深度与维度，以及新时期社会对博物馆保护、研究、展示、传播职责和功能的认知和期盼，秦始皇帝陵博物院所做的工作显然微不足道。由此，我们立足于秦始皇帝陵和兵马俑目前的考古发现和专题研究，结合全国各地最新考古发现、文献释读以及专题研究等领域的热点问题，决定联合上海古籍出版社，组织知名学者编写这套"秦文明新探丛书"，以推进秦始皇帝陵博物院乃至全球秦文明、秦史、秦文化的专题研究和价值阐释，为保护遗产、传承文明、弘扬文化提供支撑。

　　"秦文明新探丛书"第一批图书，包含13个选题。这些选题将以秦统一的进程和意义为主线，在全球视野下用最新的政区扩张、战争防御、官僚制度、法治思维、文字档案、行政管理、社会治理、交通组织、民族融合等多维度视角，对秦始皇"奋六世之余烈，振长策而御宇内"的伟大壮举进行解读和诠释，以反映秦统一对中国历史的贡献和影响。

为了保证图书的权威性、可读性和客观性,项目组还邀请国内知名专家担任审稿专家和学术顾问,对所有书稿进行审核。在此,谨向付出劳动的所有专家、撰稿人及工作人员表示诚挚的谢意!

未来项目组还将根据学术研究和展示需要,择时组织丛书续编。

"秦文明新探丛书"的出版发行,是秦始皇帝陵博物院学术研究"立足陕西,面向全国,放眼全球"的一次有益尝试,也是博物馆人落实习近平总书记"强化中华民族精神标识"(兵马俑)"一个博物馆就是一所大学校"讲话精神的具体实践。两千多年来,秦文化早已融入中国传统文化的洪流之中,并部分沉淀为民族文化基因,成为过去、现在乃至未来治国理政、资政育人的重要源泉。今天,我们坚定文化自信,离不开对中华文明、中国历史的认知和自觉。期待"秦文明新探丛书"能够使更多的人"记得起历史沧桑、看得见岁月留痕、留得住文化根脉"。

感谢上海古籍出版社对丛书出版的支持!

秦始皇帝陵博物院院长

侯宁彬

周 振 鹤 序

　　秦人兴起于西北,经过长期曲折,统一了天下,对中国历史产生了巨大深远的影响,清末谭嗣同说,"中国二千年之政,秦政也",深刻地反映了这种认识,因此研究秦人的兴起与秦文化的发源有重要的学术意义。

　　本书借用人类学流行的"族群"(ethnic group)理论,在学界首次把"秦人"当作一个族群现象,去探索这个族群的历史源流,包括"秦人"的文化属性、主观认同对族群构建的作用等多个方面。作者把理论与具体研究相结合的努力、强调主观力量对历史过程的作用,都是十分值得肯定的,其思路现在看来仍具有学术价值。

　　文化是构成族群、民族的要件之一,秦文化的发展过程,与西北、华北的少数民族群体——"戎狄"的文化存在密切关系。这些"戎狄",包括三代时期操持混合经济的人群,以及后来兴起的游牧族群。前者的文化,曾深刻影响和塑造了秦文化的特征,直至"秦人"的族群性格,使秦文化具有明显的"戎狄性",虽然在商鞅变法的巨大制度和社会变革过程中,这些"戎狄"文化因素经常被当作鄙视、革除的对象,但某些精神实质已经渗透于"秦人"的血液之中,成为秦文化、"秦人"的一个长久的特征。后者的文化,却不在秦文化的排斥之列,经常被作为学习、借鉴的对象,甚至成为秦汉社会的风尚。本书引用了大量考古文物资料,对秦与"戎狄"文化的关系史做了复原,证明了"戎狄"文化对秦文化、中原文化传统形成的重要性。

　　本书在文献的基础上,利用了较多的考古文物资料和简牍资料,并有适度的理论关照,从方法上看,是较得当的。虽然有些观点现在看来还存在可以商榷的余地,但整体看仍是一部具有探索意义的好书,因此我乐意向读者推荐。

目　　录

插 图 目 录

第一章 绪 论

第一节 本书的基本材料及对待材料的态度

一、本书的基本材料

第一,文献材料。例如《诗经》《左传》《国语》《战国策》《史记》《汉书》《后汉书》等。《史记》中的《秦本纪》《秦始皇本纪》《匈奴列传》等,是研究秦与"戎狄"关系最基本的文献材料。

第二,考古材料。包括墓葬、居址、器物等诸多方面,主要来源是相关的考古报告和简报。

第三,古文字材料。这类材料既有大篇的,例如云梦秦简;也有片言只语的,例如秦兵器刻铭,最长的有几十个字,少的仅一两个字。现在的出土文字材料非常多,已经蔚为大观,例如金文、简牍等,足以单列一类。

二、对待材料的态度

(一) 对考古材料的态度

考古材料是指通过考古发现所得的实物材料,也可把传世文物囊括进去。

自从 20 世纪 30 年代苏秉琦先生在宝鸡斗鸡台发掘东周屈肢葬墓以来,秦文化发现与研究的历史,已经经历了半个世纪以上。特别是 1949 年以来,秦文化田野考古取得极大的进展,许多材料被公布,研究程度也有较大深入,取得了令人瞩目的成绩。可是,作为秦文化考古和研究的一员,笔者感到,在肯定成绩的同时,更应该反思所存在的一些问题。现在的考古、历史学者,往往拘泥于一些具体的材料,缺乏比较宏观的、理论性的思考。

考古学者是探索秦文化的主力军,但在看待"秦"的考古材料时,往往有以下不好的倾向:

　　第一,在有意无意之间,总是把某种考古学文化类型与一定的族群相对应,认为一种考古学文化类型,对应的一定是一个族群。进而,认为考古学文化的分布,与一定族群势力的分布范围、迁移相联系,二者是一种对等和同步的关系。同时也在有意无意间把文化的分布区与政治势力的分布对等起来,以此来研究政治版图的伸缩变迁。或者,为了调和有些情况下不对等的矛盾,则把特定人群称作"族的共同体",或"人们共同体",即与考古学文化相对应的,可能是数个或多个族。

　　具体说来,学者们在对秦文化的研究中,类型学、以及"文化因素分析法"是主要的方法,经常认为只要通过对考古学文化类型,或者典型器物、葬俗(随葬品、葬式、墓向、墓葬形制等)等因素的比较、分析,从它们之间的关系中,就可以看出一个族群或者"人们共同体"的变迁、迁移情况。学者们利用这些方法,对"秦人"的文化渊源及族源加以推测,时间已经上溯到了商代后期的商文化和先周文化阶段。有的学者按照这个做法,已经把秦文化、秦人的渊源追溯到新石器时代,秦文化、秦人的历史被无限地"延长"。

　　例如,20 世纪 30 年代苏秉琦先生发掘的斗鸡台沟东区战国时代的曲肢葬墓,对其族属也没有明确认识,只是推测这是一种外来的文化[①]。通过 20 世纪 60～70 年代的关中等地秦文化的考古发现,我们认识到了东周时期的秦文化。80 年代,甘肃东部毛家坪等地材料公布后,人们又认识到了西周时期的秦文化的面貌和分布。正是在这种发现与思维的刺激下,"秦文化"的"起点"被不断提前。有的学者把秦祖大业以来至于"西垂"(按即今甘肃东南礼县一带)时期的"嬴秦文明",都找到了出处:大业以及大费时期的"嬴秦文明",存在于山东龙山文化城子崖类型、河南龙山文化后岗类型中;大费以后直到费昌(《秦本纪》说为夏末时人)的,则可能与岳石文化有关;商代由于向西迁徙,此时与"嬴秦文明"有关的考古学文化,"似应有山东东夷商代方国的青铜文化、豫东北与冀东南的商都附近商文化、山西汾河下游商文化与关中地区商文化"。按照这样的推理,这个文化的渊源还可以继续向上,如有学者说,就是分布于冀鲁豫边区的 5000 余年前的大汶口与仰韶文化的后冈、大司空类型[②]。由此,秦人来自东方,似乎也得到了"确切"的证明。可是,在笔者看来,抛开文献的可靠性问题,这样"遥遥无

①　苏秉琦:《斗鸡台沟东区墓葬》,国立北平研究院史学研究所,1948 年。
②　陈平:《关陇文化与嬴秦文明》,江苏教育出版社,2005 年,第 165～175 页。

期"的追溯,并没有多大的说服力,从而没有多大意义。

第二,在上文第一条错误的基础上,在实际论述中,认为在不同地域发现相似的文化因素或文化类型,总是人群移动的结果,若对这些材料加以分析,则可以知道一定族群的移动情况,甚而找出秦人的族源。

有的学者按照这个思路,把秦文化的渊源上推到了商代,所提到的文化类型之名,有西周文化、先周文化、壹家堡类型、先周文化郑家坡类型、关中商文化、河南山东的商文化及东夷青铜文化、山西汾河下游商文化,等等。与这些文化类型相对应,他们也找出了"嬴秦"的迁徙和来源,"复原"了他们的"足迹"。与一些历史学者一样,多数考古学者相信,"秦人"的先祖,大约就是在商周之际或更早之时,从近山东半岛附近迁徙到了今天的陕甘一带即关中以西,也就是商后期的"西垂",此时由于周人势力变得强大,秦人先祖中滽去商归周,并为周戍边,生活地在今渭河上游以及西汉水流域。并且,在具体的论证中,学者们也往往预设了这个前提。

第三,对于秦文化分布地域中所存在的与"戎狄"文化相似的文化因素,对于其中的来源解释,总是笼统地用文化的"交流""影响"之类的模糊语言加以描述。具体表现为:对此类关系的"方向"即谁向谁传播不能搞清楚;不能分清楚文化因素在地域上的扩散与传播的关系,一概把扩散认为是传播;还有上文所说的往往认为人群的移动必定带来文化的传播。总之对文化关系及其变迁的形式、原因不能科学认知和界定,也不能从根本上分清楚这些文化因素的主人,到底是"秦人"还是"戎狄"。

对于"戎狄"文化因素研究的最突出的缺点,在于有的考古学者一见到这些因素,就把他的主人的族属想成"戎狄",认为他们是"秦人"以外的人士,并且这些因素占的分量越大,则这种可能性越大,对于宝鸡春秋晚期的益门村 M2 墓主族属的争论,就是典型的例子①。实际上,无论"戎狄"还是"秦人"的概念,二者的分界,在西周中期—春秋早期已经产生,就如同 1949 年后给予 55 个少数民族进行的"识别"一样②,是有一定具体"内容"即所指的,是汉族自汉族、彝族自彝

---

① 对于这座墓的墓主的族属,学者们多根据文化因素,判定他为一个内迁的戎人首领。参以下文章,陈平:《试论宝鸡益门二号墓短剑及有关问题》,《考古》1995 年第 4 期;张天恩:《再论秦式短剑》,《考古》1995 年第 9 期;赵化成:《宝鸡市益门村二号春秋墓族属管见》,《考古与文物》1997 年第 1 期;刘军社:《关于宝鸡益门二号墓的文化归属问题》,第五届秦俑秦文化学术讨论(1999 年,临潼)论文,打印稿。

② 费孝通:《关于我国民族的识别问题》,《民族与社会》,民族出版社,1981 年,第 1～31 页。

族的,不容在判断之间游移,或者按照所谓文化成分的所占比例的大小作出判断。当这种人群的差异和区分的意识、即族群意识产生并存在于"戎狄"与"秦人"之中后,就会作为一种根基性的情感联系,影响不同人群的行为,并会产生不同的"边界"标志,有的文化特征是会被主观地用来作为这个标志的。同时,随着历史"情境"的变化,这两个人群的内涵和外延也是变动的,"戎狄"与"秦人"的边界也在不断调整,边界标志也在发生变化。我们所观察到的考古学文化因素,有的就是作为族群边界标志即"文化标识"①的性质而存在的,是不同族群的"标签"。我们所能做的,首先是判断这些文化因素是否族群"标签",然后据此进一步判断不同族群的分野即边界。如此,才能对不同文化因素的族属作出判断。这些判断的前提,就是以科学的理论界定"戎狄"和"秦人"。

第四,有的学者把西周中期非子封秦——"秦人"开始得名为"秦"前后与"秦"联系的人群,一概称作"秦人",否认"秦人"历史的阶段性,即"秦人"族群在西周中后期才被开始"建构"和出现的历史事实。按照他们的看法,非子之前的"秦人"的先祖,都是可以叫作"秦人"的。例如,有许多人都去注意殷墟甲骨文中的"秦"字,对其多加推测,以期找到商代"秦人"的证据,从而说明"秦人"的渊源。就像按照类型学和"文化因素分析法"对于秦文化渊源的追溯一样,这样仍然可以把"秦人"渊源无限往上逆推。笔者认为,若不给"秦人"以阶段性的科学界定,则探索"秦人"历史的工作就无从谈起,这也是本书从理论入手的初衷。其实如同甲骨文中的"秦"字一样,这时的"秦"无论是什么——或是"族名"、或是地名、或是"祭祀名",都与西周中期以后才有"秦"之名的"秦人"没有关系②。这跟周人在居于周原之"周"前的情况类似,"周"此时仅仅是个地名,并不是后来被称为"周"的族群名。把非子之前的秦祖之类,称作"秦嬴"③"嬴秦"④,同样也是不合适的,《秦本纪》已经记载得非常明白:从西周中期非子封秦开始,秦祖非子才被

---

① [美]斯蒂文·郝瑞著,巴莫阿依等译:《田野中的族群关系与民族认同——中国西南彝族社区考察研究》,广西人民出版社,2000年,第111页。

② 其实邹衡先生原来怀疑,先周文化中"亚"族徽广折肩铜罐、1至4期卜辞中的"阜"所代表的人士,可能就是秦的祖先费、董、非之类,已经变相说明甲骨文中的"秦"字,跟秦祖没有关系。参邹衡:《论先周文化》,《夏商周考古学论文集》,文物出版社,1980年,第327~329页。

③ 段连勤:《关于夷族的西迁和秦嬴的起源地族属问题》,《人文杂志增刊:先秦史论文集》,1982年。

④ 称非子之前的秦祖为"嬴秦"的,人数不少,成了一个约定俗成但不科学的术语。

叫作"秦嬴",大概也是从此开始,"秦人"才有了"秦人"之名的。按笔者的意思,对于非子之前秦的直系祖先,还不如就叫作"秦祖"之类更明白和直接。

(二) 对文献的审视

中国是个文明古国,至今留有主要始自战国以来的 2000 多年的为数庞大的文献材料,这是世界上其他文明所没有的。文献学也成为一种历史悠久的学问,有一整套专门的方法,如校勘、辑佚、辨伪等等。

但是,庞大的文献"负担"以及历史传统,也使历史学家背上了沉重的史料包袱,使历史研究者产生了深刻的史学导向,即以"证史"为历史研究的目的。并且,历史学者往往在实际操作中对材料不加审视,一概据以为信史,对于文献材料缺乏怀疑精神,半个多世纪前顾颉刚所提倡的"疑古"精神,随着考古材料以及出土文献的增多,反而现在有了被怀疑的迹象。

历史学者原来主要根据文献例如《秦本纪》之类,对于秦人历史加以推测。例如有的人根据文献,认为"秦人"起源于东方范县①。或者经常把秦族女修吞玄鸟卵的故事,解释为图腾崇拜,再由古东夷族群与鸟的联系,把这个故事作为"秦人"东方说的证据②。客观说来,大部分历史学者在利用考古材料方面,并不能令人满意:第一,不善于或不会用考古材料。因为许多考古报告对于没有考古经历的历史学家来说,读起来犹如天书,非常难懂,因此经常"误读"考古资料,得出错误的结论。有的人则认为考古资料非常"真实",因此完全相信,若有考古资料的使用,则"结论"往往被认为是可以信赖的,他们把考古资料与文献胡乱联系,轻易就下结论,看起来新观点很多,实际上那样"二重证据"的研究方式,并不代表学术的进步。第二,另外的一些历史学者,则根本不用考古资料,遵从的还是传统的从文献到文献的路子。其中有的人,迷信文献,也在有意无意之间认为,文献记载都是可信的,并把这个态度作为论证的前提,然后对《秦本纪》《竹书纪年》这样一类材料,大加考证,以此来探索秦人的历史,追溯秦人的起源和迁徙,似乎忘记了《秦本纪》本乎春秋初年才有的《秦记》,《纪年》也是战国作品,都是后人的追溯,并非"当代"的作品,都难免夹杂有成书之时人们的主观意向、是具有"工具

① 李江浙:《秦人起源范县说》,《民族研究》1988 年第 4 期。
② 如林剑鸣:《秦人早期历史探索》,《西北大学学报(哲学社会科学版)》1978 年第 1 期。

性"和"情境性"的。还有的人对纯文献方法的缺陷,连他们自己恐怕也是知道的,只不过如此而为,是由于自己知识结构的问题,没有办法为之而为之罢了。

考古学者,则大部分人认为,出土文献可以"补史",利用出土文献与传世文献相结合的"二重证据",就可以"复原"历史的真相,一如王国维利用甲骨文对于商世系的考证那样。

笔者的看法是,对于《秦记》《秦本纪》这样的文献,其中春秋早期文公"初有史以记事"之后的记载,大致是可靠的。此前的"秦人"历史,有的是追记,是为了合理化当时现实的虚构或重构,虽然也可能有其真实的"质素、核心"①,但并不可一概视为"信史"。

笔者曾在一篇文章中列举过"世父"这个例子,说明《秦本纪》记载的文公十三年(前753年)"初有史以记事"记载的可信,并且这是因袭了《秦记》原文的。理由有二:第一,世父按照《尔雅·释亲》的解释,就是伯父的意思,而世父正是文公之伯父,由此可证文公时始有史官记事的记载是正确的。第二,司马迁不可能称秦祖为"世父"即伯父,则关于世父的记载乃袭自春秋初年文公时代开始纂修的秦人史书《秦记》的原文应毫无疑问②。"世父"在世之时,到文公十三年,已经过了二世以上,《秦记》显然是一种追记。《秦本纪》记载非子至文公十三年130余年之间史事,比较详细明了,但非子之前则极简略,特别是商晚期至于西周中期非子受封之前。秦人似乎"有意"忽略了这段历史,唯一的解释就是,此时的"秦祖"并不显赫,这跟非子之时才被封为地位卑微的"附庸"记载是一致的。此后"秦人"才开始张大,故记载、传说就多了起来,难怪《秦本纪》记载也说的那么详细③。

《秦本纪》记载的非子之前更早的内容,其虚构、重构的证据是充分的。

《秦本纪》记载最早的秦祖世系是这样的:

颛顼—(不可知)—女修—大业(娶于少典氏女华)—大费(即伯益,与禹

---

① 徐旭生:《中国古史的传说时代》,广西师范大学出版社,2003年,第24页。

② 史党社:《秦人历史新探——从西汉水流域新近的考古调查说起》,徐卫民、雍际春主编:《早期秦文化研究》,三秦出版社,2006年,第119~141页。

③ 证之以与《秦记》同时代、同性质的鲁之《春秋》,世父以前的历史,可能并未载入《秦记》之中,很可能以口述等形式流传,后来才被写入了秦史。

平水土,舜赐姓嬴,佐舜调驯鸟兽)

这个系统看起来顺畅无疑,但只要与战国中期以后才出现的五帝的古史系统一比较,就出现了问题。在战国晚期至汉代,《吕氏春秋》《世本》《大戴礼记》直至《史记·五帝本纪》,所记载的五帝系统是:黄帝—颛顼—帝喾—尧—舜,下来是禹。《秦本纪》记载的嬴姓之祖,从颛顼到大费共五代,按照五帝系统,从颛顼到与大费同时的禹,也正好五代! 这难道是巧合吗? 有理由相信,《秦本纪》中从颛顼到大费的系统,是五帝系生成后的造作,按照五帝系统的形成年代,这段记载的虚构、造作历史,不会超过战国中期。《秦本纪》说女修吞玄鸟卵,生了大业,这个传说本不可信,可是还要在其前面生生加上一个颛顼,作为秦人跟嬴姓的始祖,充分说明颛顼是后来被加到女修传说之上的。在秦文字资料中,直到春秋晚期的秦景公时代的石磬铭文上,才有了以"高阳"——一般认为的颛顼为秦祖的说法。笔者十分怀疑,女修传说的出现,是要早于高阳的传说的,后者是后来"层累"地添加上去的。无论如何,颛顼到大费这段"历史",都是一种虚构,而且是颛顼传说与另外一种女修吞玄鸟卵生的秦祖传说相混合而成的,为了与五帝系统对应,造作者只能说女修是颛顼之孙了。

进一步说来,无论秦人以颛顼为祖,或者以女修为祖,这二人都与"东方"有关:如同将在下文论述秦人的建构时所说的那样,颛顼在春秋时代,是东方传说中的古代圣王,后来又有了天帝的身份。女修吞玄鸟卵,本是流行于东方的传说。这两个始祖传说,都使"秦人"靠上了东方,成为"华夏"的一员。这与《秦本纪》强调的秦祖与三代的关系,是同一个实质,那就是:"秦人"本来就是属于"华夏"的!

因此,如果说《史记》中"秦人"这些早期"历史"的记载,来源于《秦记》,或者另一种口述形式,都脱不了西周中晚期以来"秦人"形成、并想厕身"华夏"这个大的背景。笔者十分怀疑这个"历史",就是西周春秋时代秦人上层的"造作"! 因为此时"夷夏之防"的观念是十分严重的,"秦人"要以强调与古代圣王以及与三代的关系,"证明"自己并非"蛮夷"的族群身份。到了战国时代,由于事实上的夷夏的融合,新的"华夏"已经产生,就是后来"汉人"的前身,旧有的夷夏观念变得淡漠,所以这时华夏代表人物的"老底"才被揭开,如《孟子·离娄下》记孟子曰:"舜生于诸冯,迁于负夏,卒于鸣条,东夷之人也。文王生于岐周,卒于毕郢,西夷之人也。"

总之,《秦本纪》这样的材料,在西周中期非子之后的部分,此时"秦人"地位处于上升阶段,大概是可靠的。非子之前的部分,由于其强调秦人悠久的历史,特别强调与古代圣王、三代的密切关系以及显赫的地位,让人不能不怀疑,这是西周中晚期以来秦人地位上升后的"造作"和加工。其中讲世系(即继承与婚姻关系)的部分,犹如王国维用甲骨文证明的殷人世系一样,应该比较可靠。而其他讲秦祖的历史"事迹"的部分,则夸大、虚构的成分很大。

看来,在引用《秦本纪》这类史料以说明秦人的早期历史的时候,是需要十分谨慎的,因为文献不都是信史。在具体的论述中,笔者与今人一样,存在着以下难点:我们没有办法分清楚,这些传说色彩浓厚的记载,哪些是真实的历史"质素、核心",哪些是根据现实需要的造作。所以,考察这些记录产生时的政治、经济以及族群关系等情况,分析它们成书的背景,从而到达或接近历史事实本身,是本书分析文献的基本途径。在此方面,笔者欣赏疑古家们对"史料"的怀疑态度,也同意王明珂把文献与考古资料一样,都看作"社会记忆"遗存的观点[1]。

(三) 对古文字材料的态度

出土文献材料与传世文献材料一样,都是古代的文字记录,不过,由于其量大而内容有时所具有的特殊性,已经被单分为一类材料,并形成苹苹大观的古文字之学。古文字材料的重要,自从王国维根据河西汉简等地下古物的发现,发明"二重证据法"后一百年来,古文字材料在历史研究中的作用,一直受到重视。

现今的古文字之学,在中国大学的课程设置上,往往被划归到中文系。实际上,若要在历史研究中利用古文字材料,则应给予古文字学历史学的分支这样的学科定位。若给予古文字学的历史学定位,就会发现处于历史学视野里的古文字之学,还有很大的问题,最大的问题还是研究者的知识结构的问题。

对于学中文而从事古文字研究的人来说,缺乏的是历史学的视野,更缺乏广阔的人类学文化视野,在解释文献的社会性时,表现尤其不足。同时,历史学家则对文字材料理解不正确,是常有的现象,甚或干脆忽略文字材料,认为那是古文字学家的事情,根据文献或者一点考古材料,"二重证据"已经足够。可是,单

---

① 王明珂:《华夏边缘——历史记忆与族群认同》,社会科学文献出版社,2006 年。

凭文献研究历史已经两千多年;"二重证据法"的创立也逾大半个世纪,要这样超过古人与王国维,都是困难的。

对于出土文字材料态度的最大问题,还是由于出土文献的"证明"而产生的对于传世文献材料的依赖和信任态度,而且这种看法随着出土文献的增多,有愈来愈强烈的趋势。

笔者认为,出土与传世文献这两种材料,包括考古材料,都是一种"社会记忆"遗存,具有保留它们的人的那个时代的很大的主观性,并非历史事实本身,并不都是"信史"。例如,近年发表的上博简(三)的《容成氏》篇中,有关于传说中的古代帝王系统,与《庄子·胠箧》等记载的战国古史系统可以参照。同样的系统还存在于《帝王世纪》《管子·封禅》①等等传世文献中,我们不能根据这些材料的增多,就相信这些系统是真的历史事实,或说这些传说中的古代圣王就是真的历史人物,实际上他们只是战国以来关于古史传说的不同"版本"而已,无论再出几种这样的古史系统的文献,也不能改变这些材料"社会记忆"遗存的性质。我们能做的,是可以借助这类材料,分析它们成书的社会背景,从而最大限度地接近历史真实。笔者也不否认,这些材料也并非全都是空穴来风,总是有一些客观事实的依据,但要发掘其中客观事实的真实"质素、核心",是需要具体分析的,也是特别需要谨慎的。

上文对于考古、历史、古文字学者在解释材料时的缺陷进行了分析。笔者的目的,不是为了单纯地挑毛病并全面否认他们的研究成果,而是为了在论述时多角度并小心谨慎,力求避免类似的错误。在本书的论述中,这样的警觉时时提醒着笔者。

第二节　本书的路径和创新之处

本书的目的,是采用理论与实证结合的方法,对考古、文献、古文字材料加以重新阐释。在论述的过程中,笔者想继承已有的考古学与历史学研究成果,结合自己对传统考古学、历史学研究方法的一些反思,适度利用社会人类学理论,探

---

① 见陈剑的《上博简〈容成氏〉的竹简拼合与编连问题小议》(简帛研究网,2003年1月9日)等论文。

讨秦与"戎狄"文化的关系,填补这方面研究的空白。

　　本书所采用社会人类学理论,在对一些观念、概念比如"族群""秦人""戎狄"等科学的界定时,是所必须的。在此基础上,笔者想分析秦与比邻"戎狄"等非"华夏"族群的关系,以及二者的文化关系,以期复原先秦时期西北地区伴随着族群的互动,所进行的古文化的交流、融合过程,以及秦文化从地域文化走向全国性文化的历史。

　　社会人类学的起源与精髓,在于对于不同的人群与文化的研究,其中没有文字和历史记载的"异文化"和社会,是其关心的重点。社会人类学研究的对象与历史学和考古学有重合之处,但它的视野已经远远超出了历史学与考古学的范畴,利用人类学的理论,能为我们解释材料提供更广阔的背景,借鉴的意义是十分重要的。张光直先生说:"人类学家能够分析现代的活的社会,他能够把社会当作一个系统性的有机体来研究,能够了解这个有机体各组成部分间的联系,甚至因果关系。另一方面,人类学研究的对象是世界性的,它包括人类社会的各种不同的类型,所以人类学所分析出来的人类社会的有机系统性的构架也有种种不同的类型。换言之,人类学供给我们人类社会活动与社会结构的各种不同的蓝图。"在有深厚的史学传统与丰富史料(虽然秦史的传世和出土文献不是很多,但已经足够庆幸了)的中国,如何把人类学理论方法与中国的悠长历史记载相结合,仍然是一个大问题,若"把社会人类学与历史研究(引者按:包括考古研究)结合起来,则对彼此都会有所启发的"[①]。笔者认为,社会人类学理论所能给我们的思维带来的刺激和多种可能性的选择的思考,才是人类学对于我们搜集、解释材料时最重要的价值所在。

　　在本书中,笔者将经常从考古材料出发,也不否认中国丰富的历史记录与考古学者所做的基础工作的价值。笔者只是试图把对文献、考古、古文字材料的解读,在传统的历史学、考古学视角外,加上了考古学、社会人类学的一些理论思考。笔者甚至不想给本书的路径加上历史人类学或者别的什么准确的学科定位,而只想在多角度地去看待、诠释材料,以求对秦人的历史和文化有新的认识。

---

　　① 张光直:《考古学与"如何建设中国特色的人类学"》,《中国考古学论文集》,生活·读书·新知三联书店,1999 年,第 1～9 页。

本书所选择的族群关系历史的角度，也只是笔者重新认识秦人历史文化所选择的一个切入点而已。对于这些理论方法，笔者尽力避免把理论与材料的机械套用，对于相关理论，笔者已经作了慎重的选择，并把这些理论方法渗透在具体的论证中。

第三节 族 群 理 论

在研究秦与比邻族群文化关系的时候，首先会遇到何为"秦人"、何为秦文化等类似问题。我们不能含混地对"秦人"不加界定，或是简单地说秦文化就是"秦人"所使用的文化。无论是界定"秦人""戎狄"等人群，还是研究人群与文化的关系，"族群"都是一个不可回避的概念。

在国内的民族学、人类学，包括历史学领域，谈到历史上的一些特定人群时，原来用的最多的词是"族""民族"和"少数民族""氏族"这几个词。例如用"民族"或"族""氏族"来表示"商""周""秦""华夏"等族群，而习惯于经常用"少数民族"这个词语代表"华夏"周边的族裔。这样的表达是含混不清的，往往会出现混乱。

我们知道，在中文语境中，除了"族"历史比较悠久外，其他"民族""氏族"都是从西方引进的现代民族学、人类学词语，"少数民族"在中文里也有相对确切的定义。

"族"，在先秦时代多指含有血缘关系的人们共同体①。

"民族"，在论述人们共同体的时候的，是使用频率非常高的一个概念，并且与本书采用的"族群"概念关系密切，下文有详述。

"少数民族"，在我国专指在汉族之外的 55 个民族。

"氏族"，现代人类学的概念，是指自认为拥有共同的祖先、却又无法厘清血缘关系的亲属群体②。

本节就想对国际学术界关于人群分类，以及人群与文化关系的理论略加述评。其中，在谈及人群分类时，"民族"与"族群"是最经常使用两个概念，下面就

---

① 马戎：《中国传统"族类观"与先秦"族"字使用浅析》，乔健等主编：《文化、族群与社会的反思》，北京大学出版社，2005 年，第 158～161 页。
② 庄孔韶主编：《人类学通论》，山西教育出版社，2004 年，第 293～297 页。

对这两个概念及其关系加以辨析。

一、"民族"的概念

　　"民族"在英语中对应的词是 nation,俄语中是 нация①,词根是拉丁文 natio,原意为"种族"(race)、"种"(breed)。直至第一次世界大战前,国际上对于"民族"一词的用法并不是十分严格,原意包含有种族、出身、血统等含义在内,16世纪早期此词在英国发生了具有历史意义的转变,开始被用来指称"人民"(people)。18 世纪,随着欧洲资产阶级革命和欧洲民族国家的建立,nation 具有了"民族""国家"的双重含义,意即具有 state 或 government 等机构的一个族群②。有的学者并不同意这样的说法,反对过分强调民族的国家性,如安东尼·史密斯指出,"民族"(nation)不是"国家"(state),因为"国家"的概念与制度行为相关,而"民族"则指的是某种类型的共同体,是独立于国家之外的社会和文化共同体,没有国家,民族照样存在③。

　　直到 19 世纪末、20 世纪初,人们才开始严格地定义民族。人们关注哪些人群可以被认定为民族,通过民族自决,建立自己的主权国家。斯大林的民族定义,就是在这个背景下提出的④。

　　总的看来,西方与前苏联的民族定义,可以分为强调"客观"因素的,如语言、宗教和习惯,领土和制度等,以及强调纯"主观"因素的,如行为、感受和感情两大类⑤。前者可以斯大林的"四个共同"的民族定义为范例。斯大林在 1913 年发表的《民族问题与社会民主党》一文中,认为"民族是人们在历史上形成的一个有共同语言、共同地域、共同经济生活以及表现于共同文化上的共同心理素质的稳

---

　　① 转引自叶江:《解读安东尼·D·史密斯相关著述中的几个关键性术语》,《世界民族》2006 年第5 期。

　　② 潘蛟:《"族群"及其相关概念在西方的流变》,《广西民族学院学报(哲学社会科学版)》2003 年第5 期;王东明:《关于"民族"与"族群"概念之争的综述》,徐杰舜主编:《族群与族群文化》,黑龙江人民出版社,2006 年,第 89~90 页。

　　③ [英]安东尼·史密斯著,叶江译:《民族主义:理论,意识形态,历史》,上海人民出版社,2006 年,第 12~13 页。

　　④ 潘蛟:《"族群"及其相关概念在西方的流变》,《广西民族学院学报(哲学社会科学版)》2003 年第5 期。

　　⑤ [英]安东尼·史密斯著,叶江译:《民族主义:理论,意识形态,历史》,上海人民出版社,2006 年,第 11~12 页。

定的共同体"①。后者可以本尼迪克特·安德森(Benedict Anderson)的民族定义为代表:"它是一种想象的政治共同体——并且,它是被想象为本质上的有限的,同时也享有主权的共同体。"②

我国的"民族"概念,受斯大林的"四个共同"的定义影响。不过,在 1949 年后进行的民族识别过程中,还是注意到我国境内不同民族中这四个特点所表现的不平衡性,注重各民族的名称与历史渊源,尊重各民族的意愿,主要的关注点还是文化差异和自我认定,而不是政治和体质因素。在斯大林定义"民族"的四条标准中,"共同语言""共同文化上的共同心理"这两条主要表现文化层面共性的标准受到了特别的重视,"共同经济生活"和"共同地域"这两条在一些民族(例如回族、满族等)的识别中是相对淡化的。而"共同的地域",实际就是传统的居住地的意思③。

在汉语语境中,"民族"的含义较为复杂,包含了西文中的民族(nation)、族群(ethnic group)、民族的少数(national minortiy)、人类共同体(human community)等含义,有时又与种族(race)一词相混用④,与英语中的"nation""ethnic""nationality"都有关系⑤。

总的看来,"民族"一词在我国是复杂多义的,与英语的对译也存在混乱。林耀华先生指出,在"民族"的诸多含义中,最常用的有两条:民族相当于 ethnic group,或相当于 nation,汉语中仍译为"民族"。"族群"(ethnic group),专用于处于同一社会体系(国家)中,以起源及文化认同为特征的群体,适用范围主要在一国之内;民族(nation)的定义即"民族国家",使用范围主要在各国之间⑥。林先生的界定是合理的,本书也采取了"民族""族群"的这些有差别的含义来论述。

---

① 此文 1914 年出俄文单行本时,改名为《马克思主义与民族问题》。斯大林的"民族"定义见《马克思主义和民族问题(1914)》,《斯大林全集》第 2 卷,人民出版社,1953 年,第 289~358 页。

② [美]本尼迪克特·安德森著,吴叡人译:《想象的共同体:民族主义的起源与散布》,上海人民出版社,2005 年,第 8 页(导读)。

③ 马戎:《民族社会学——社会学的民族关系研究》,北京大学出版社,2004 年,第 90~93 页。

④ 罗柳宁:《族群研究综述》,《西南民族大学学报(人文社科版)》2004 年第 4 期。

⑤ 马戎:《评安东尼·史密斯关于"naiton"(民族)的论述》,《中国社会科学》2000 年第 1 期。

⑥ 林耀华:《民族学研究》,中国社会科学出版社,1985 年,第 56 页。转引自周大鸣:《论族群与族群关系》,徐杰舜主编:《族群与族群文化》,黑龙江人民出版社,2006 年,第 517 页。

二、"族群"的概念

国外关于人群的分类,原来多用"种族"(race)、"部落"(tribe)、"人"(people),以及"民族"(nation)等词,自 20 世纪 60—70 年代以来,"族群"(ethnic group)一词,逐渐取代了"种族"一词①。

"族群"(ethnic groups)一词,字根来自希腊文 ethnos,此词的原意是部落和种族②。"族群"起先指居住在城市外围的没有文化的异教徒,尤其指盗贼和一股股迁移的人口,现在多指处于社会边缘的群体③。20 世纪 30 年代在西方开始使用④,族群理论也同时兴起,20 世纪 60 年代开始流行,70 年代初被引入我国台湾地区⑤。大陆地区起初译为"民族群体",后来逐渐接受台湾学者的译法,即"族群"⑥。进入 20 世纪 90 年代,"族群"一词在国内的应用,以及与"族群"有关的讨论,十分热烈。西文语境中的族群,"无论从 ethnic 的字源,或现实政治来看,西文里的族群指的一定是特定范围内那些在人口和国家政治上处于绝对劣势的非主体民族",族群在西文里脱不了政治弱势、社会边缘、文化另类这样的含义。而且,"族群"也是一个具有伸缩性、弹性的术语,例如"中国人",可以是一个"族群",但又可被归入另外一个更宽泛的"族群"——"华人"之中⑦。

西方对于族群的理解,还有许多争论⑧,对族群的定义,大致有三种取向:第一是客观特征或属性(objective attributes),第二根据主观情感(subjective feel-

---

① 范可:《中西文语境中的"族群"与"民族"》,徐杰舜主编:《族群与族群文化》,黑龙江人民出版社,2006 年,第 136～153 页。

② 孙九霞:《试论族群与族群认同》,《中山大学学报(社会科学版)》1998 年第 2 期。

③ Pamela k.Crossley, Ophan Warriors:The Manchu Generations and the End of the Qing World, Princeton Universitty Press, 1990, 147～161.转引自张瑞成:《谁是满洲人?——西方近年满洲史研究述评》,《历史人类学学刊》2006 年第 1 期。

④ 周大鸣:《论族群与族群关系》,《广西民族学院学报(哲社版)》2001 年第 2 期。

⑤ 郝时远:《答"问难'族群'"——兼谈"马克思主义族群理论"说》,徐杰舜主编:《族群与族群文化》,黑龙江人民出版社,2006 年,第 117～134 页。

⑥ 王东明:《关于"民族"与"族群"概念之争的综述》,徐杰舜主编:《族群与族群文化》,黑龙江人民出版社,2006 年,第 83～84 页;范可:《中西文语境中的"族群"与"民族"》,徐杰舜主编:《族群与族群文化》,黑龙江人民出版社,2006 年,第 136～153 页。

⑦ 范可:《中西文语境中的"族群"与"民族"》,徐杰舜主编:《族群与族群文化》,黑龙江人民出版社,2006 年。

⑧ 王东明:《关于"民族"与"族群"概念之争的综述》,徐杰舜主编:《族群与族群文化》,黑龙江人民出版社,2006 年。

ings),第三为人的行为(behavior)①。

第一种,根据客观特征或属性。

这个观点就是本书常说的以客观特征界定和区分族群的方法,即"客观特征论"。客观属性是最为一般和常见的区别人群的方式,这个取向相信,不同的群体总是有某些原生的特质可以使人们容易将他们彼此间区别开来。这些特质可能是语言、地域、宗教信仰、肤色、食物、服装,或者其中的任何一种。这个取向的困难在于,我们很难通过这些特质去确定族群的边界,知道人们对于自身属性的真实想法。例如,语言与文化相同的人群,不一定认为他们属于相同的群体;同样,文化表征相似或相同的人可以声称他们分属不同的群体。这种定义忽视了人们主观情感的因素,有点任意和武断。这个取向广泛见于早期的社会科学经典,尽管当时作者用的是种族(race)、部落(tribe)、人(people)等字眼来指涉我们今天所谓的族群。同时,客观特征论还有一个缺陷,就是经常把每一个族群当作被特定文化界定的人群孤岛,而忽视了族群认同变迁问题②。

用人的行为来界定族群,实际上是用客观特征界定族群的一种形式,因为这种界定者认为,族群总是有自己独特的、具体的行为方式,特别是在与其他族群互动的情况下。行为界定模式,仅仅指出了族群间的文化差异,这种行为的差别也只有在与其他族群互动的情况下才能表现出来③。正如有学者也指出,这个模式的缺点是可操作性有限,当我们试图了解一个复杂社会的族群现象时,这一定义模式显然不够用,因为复杂社会的行为比简单社会的行为更加难以观察。然而,这种模式对于族群互动的强调,却衍生出了关于"边界维持"(boundary maintenance)的问题,成为族群性研究的重要支点。这个强调边界的模式,与主观情感模式结合后,形成了今天西方界定族群的主要取向④。

---

① 族群的三种定义取向,参考了以下著作:Paul R.Brass, *Ethnicity an Nationlism*, London: Sage Publications, 1991. From: *Ethnicity*, Edited by John Hutchinson and Anthony D.Smith, Oxford University Press, 1996, 85~90;范可:《中西文语境中的"族群"与"民族"》,徐杰舜主编:《族群与族群文化》,黑龙江人民出版社,2006年;罗柳宁:《族群研究综述》,《西南民族大学学报(人文社科版)》2004年第4期。

② 王明珂:《华夏边缘——历史记忆与族群认同》,社会科学出版社,2006年,第12页。

③ Paul R.Brass, *Ethnicity an Nationlism*, London: Sage Publications, 1991. From: *Ethnicity*, Edited by John Hutchinson and Anthony D.Smith, Oxford University Press, 1996, 85~90.

④ Paul R.Brass, *Ethnicity an Nationlism*, London: Sage Publications, 1991. From: *Ethnicity*, Edited by John Hutchinson and Anthony D.Smith, Oxford University Press, 1996, 85~90;范可:《中西文语境中的"族群"与"民族"》,徐杰舜主编:《族群与族群文化》,黑龙江人民出版社,2006年。

　　第二种,主观情感。

　　这种界定取向最早源自德国社会学家韦伯(Max Weber),在1922年出版的著作中他就说到,族群(ethnic groups)是这样的一群人,由于有着相似的习惯、风俗,或者有共同的迁移记忆,他们主观上相信有共同的起源。这种信仰对于共同精神(spirit)的维持非常重要,而不在于是否有着共同的血缘关系①。

　　现在学术界广泛引用的定义,是他在1978年出版另外一种著作中,给族群下的一个大致相同的定义:

　　　　族群应是这样的一个人群,这些人由于共同的体质类型,或者共同的习惯,或者二者兼而有之;或者因为殖民和移民的共同记忆,从而认为他们有着共同的世系(或译血统)(common descent)。这种信仰对于族群形成的延续非常重要,无论他们客观上是否存在血缘关系。②

　　1954年,英国人类学家利奇(Edmund Lecch)通过对克钦人的研究,对客观特征论提出了质疑。缅甸高地的克钦人与掸族人之间的差别,是由克钦人主观决定的,是他们主观认为有此分别,而非他们与掸族间本身就有客观的种族与文化差距③。后来,挪威人类学家在弗里德里克·巴斯1969年出版的《族群和边界》一书的序言中,强调族群是一个主观认同的群体,是由族群成员主观归属和被认定的归属所决定的群体,族群性(Ethnicity)存在于族群的互动之中④。巴斯这篇文章强调,族群不是由文化、体质等客观的内涵决定的,而是由它的边界决定的。王明珂曾经有一个形象的比喻,说族群的边界好像一个圆形的边一样,实际这个圆是由它的边所构成的。这个边界,不一定是地理的边界,而主要是一

――――――――――

　　① Max Weber, *Witschaft und Gesellschaft*, Mohr Tübingen, 1922. From: *Diccitonary of Race, Ethnic and culture*, Edited by Guido Bolaffi(eds.), London: Sage Publications, 2003, 94.

　　② Max Weber, *Ethnic Groups*, In *Economy and Society*, Vol.I, Berkly and los Angeles: University of Clifornia press, 1978. From: *Ethnicity*, Edited by John Hutchinson and Anthony D.Smith, Oxford University Press, 1996, 35. 译文出自笔者。

　　③ 陈心林:《族群理论与中国的族群研究》,《青海民族研究》2006年第1期。

　　④ Fredrik Barth, *Ethnic Goups and Bundaries*(*Preface*): *The social Organization of Culture Difference*, Illinlois, Waveland Press, 1998.

种社会边界①。

巴斯的主观情感理论与强调族群认同是在互动中得以维持的理论,在西方学术界有很大影响,至今还被奉为经典。

主观情感界定论也有缺点,如华盛顿大学政治学家巴拉斯(Paul R.Brass)所指出的那样:主观界定族群的困难在于,这个取向很难回答族群的最初的主观的自我意识(subjective self-consciousness)是从那里来的这个基本问题②。

从客观特征到主观的建构理论,标志着界定族群的理论进展。但是在族群的主观认同从何而来的问题上,则有根基论或原生论(primordial attachment)与工具论(intrumentalism)或情境论(circumstantialisms)的差异。

西尔斯(Edward Shils)、戈尔兹(Clifford Geertz)等根基论者认为,族群认同主要来自根基性的情感联系。族群认同主要是来自天赋的、原生的情感,这种情感是非理性的、下意识的,在此之上的族群认同可以跨越族群时代和地理界限而传承。戈尔兹认为,对于个体而言,这种根基性的情感来自由亲属传承而得的"既定资赋"(givens)。一个人生长在一个群体中,因此就得到一些血缘、语言、宗教、风俗习惯,因此他与族群成员根基性的联系在一起。但根基论者认为族群认同并非从生物遗传而袭得,而是认为个体出生在一个社会文化环境中,从而造就了这种情节,即是族群文化濡化造就的结果。这种文化所赋予的资赋,即造成族群血统传承的,也是一种文化解释的传承,他们也重视主观的文化因素。例如一个中国人说自己是炎黄子孙,并不是真的就是炎帝、黄帝的后代,而是他所出生的环境中的人,主观上认为就是如此③。

与族群认同的根基论不同,工具论者认为,族群认同产生于族群的互动,即结构性的对立之中。他们认为,族群是一种社会政治现象,是在族群互动的过程中,为了现实的政治经济利益,利用族群认同的调整,来维持、调整族群的边界的。这种论调有时又会被称作情景论,因为它强调的是族群的认同的多重性,以

---

① 王明珂:《华夏边缘——历史记忆与族群认同》,社会科学文献出版社,2006年,第45页。

② Paul R.Brass, *Ethnicity an Nationlism*, London: Sage Publications, 1991. From: *Ethnicity*, Edited by John Hutchinson and Anthony D.Smith, Oxford University Press,1996, 85~90.

③ 王明珂:《华夏边缘——历史记忆与族群认同》,社会科学文献出版社,2006年,第18~20页;陈心林:《族群理论与中国的族群研究》,《青海民族研究》2006年第1期。

及随环境变化的特质。有的学者分析先秦时代的夷夏之辨,有不同的层次,例如血缘、文化、政治、地理等等,就是因为在不同的景况下,夷夏的边界不同的缘故。

上述界定族群的客观特征论、与主观情感论,并非绝对矛盾而不可调和,二者是各有优缺点的,差异只是看问题角度的不同。如有的学者所指出的,前者着眼于族群可被观察的内涵,后者重视族群边界的变迁;前者着眼于族群整体内涵的描述,后者更重视族群成员个体的特征①。

族群认同来源的根基论与工具论也是如此,前者说明族群成员的联系和传承,后者说明族群认同的维持和变迁。有学者把二者结合起来考虑,如凯斯(Keyes)认为,只有在可行的原生认同与可见的现实工具利益汇合时,族群认同才会产生②。美国人类学家郝瑞(Stevan Harrell)通过对当代中国西南彝族的研究认为,族群情感与工具因素,尽管两者同时并存,但事实上在不同情况下,两者发挥的作用不同。例如在中国,一方面,通过民族识别,确定不同的民族,为民族认同的产生提供了基础,而且通过颁布法令,使民族成为一个永久性的范畴,这可促使原生性、根基性的族群认同的产生;所以,另一方面,即使没有现实的利益的促使,只要符合国家政策,某一民族的范畴就会持续下去③。考察西周到春秋时代的"秦人"的形成,与1949年后的民族识别有某些相似之处,都是借助了国家的"外力"。"秦人"在政治上,是借助周王朝的分封这样的政治外力,在政治上一步一步从弱小的"附庸"走向"诸侯"国家的,"秦人"自身也成了一个永久性的人群范畴,虽然这个人群的"内容"是有所变动的。从"秦人"形成的历史看,周王朝的册封,就是"秦人"根基性认同的来源之一。

随着研究的深入,学者们越来越倾向于综合的观点,即把族群的客观特征与主观认同结合起来考虑,"在界定族群时更加注重族群的主观认同性和情境性,同时也注意以文化为载体的族群内涵的研究"④,以此来界定和区分族群。

当今的西方的学者,对于"族群"还没有一个统一的定义,但他们大致都认

---

① 陈心林:《族群理论与中国的族群研究》,《青海民族研究》2006年第1期。

② Chales keyes,"*Toward a New Formation of the Concept of Ethnic Croups.*" *Ethnictiy* 3, 1976, 203~302.

③ 例如 Keyes 和 Bently。[美]斯蒂文·郝瑞著,巴莫阿依等译:《田野中的族群关系与民族认同——中国西南彝族社区考察研究》,广西人民出版社,2000年,第26~27页。

④ 陈心林:《族群理论与中国的族群研究》,《青海民族研究》2006年第1期。

为,"族群是那种自己认定或被别人认定的具有共同世系和文化特征的人群",即族群是构建在世系与文化认同基础上的,并不以共同的地域或经济联系为前提,是可以跨越地域和经济联系的①。

在中文语境里,"族群"在港台是被泛化的,比如"上班族"或"上班族群",但若不是出现在人类学语汇里,是可以理解的。有的学者把凡是涉及人类群体的研究,都贴上族群的标签,把"族群"一词泛化,是不对的。大陆的"族群"概念,也是复杂的,总的来说没有西方的那种文化与人群的边缘性,不是专指那些人口与政治、经济都比较弱小的人群,是一个中性词,大致相当于英语中的"people"②。

本书同意这样的"族群"定义:"族群是人们在交往互动和参照比对过程中自认为和被认为具有共同的起源或世系,从而具有某些共同文化特征的人群范畴。"③

"族群"的定义在国内外是有差异的,笔者无意缠身于这样概念的纷扰之中,本节叙述"族群""民族"等概念,也不是想给他们一个确切的定义,只是想借鉴民族、人类学对于人群的分类、界定,以及观察"族群"的角度和方法,去界定、分析本书要阐述的"秦人""戎狄"以及他们文化之间的关系④。

在界定、区分,并把"秦人"以及与之比邻的"戎狄"当作族群现象观察时,本书注意了以下两点:

1. 在界定"族群"的时候,族群的主观认同与客观特征(文化、体质)都同样受到重视。

现代学者多认为,"族群"是一个由精英阶层主观"建构"的人们共同体,是建立在人们的主观认同基础上的,强调的是族群成员的自我归属和被归属(即与互动族群的关系)。

---

① 潘蛟:《"族群"及其相关概念在西方的流变》,《广西民族学院学报(哲社版)》2003年第5期。

② 范可:《中西文语境中的"族群"与"民族"》,徐杰舜主编:《族群与族群文化》,黑龙江人民出版社,2006年。

③ 庄孔韶主编:《人类学通论》,山西教育出版社,2004年,第339~340页。

④ 例如叶江指出:"对国内的读者和研究者而言,更为重要的可能不是翻译这两个英文术语,而是如何区分'nation'和'ethnic group'或'ethnie'(法语——引者)这两个属于不同层次的人类共同体;并且应当了解,在当代西方的民族与民族主义问题的学术研究中,或者至少在史密斯的研究中,一般是从'nation'和'ethnic group'或'ethnie'两个层面来剖析人类共同体的演进及其与民族主义的发生、发展和演变之间的关系。"他的意见与笔者的想法是相合的。参叶江:《解读安东尼·D·史密斯相关著述中的几个关键性术语》,《世界民族》2006年第5期。

客观的文化特征,对于族群的主观"建构",也可起一定的作用。首先,在族群意识的产生过程中,共同的文化特征,可以起一定的作用[①],族群认同的产生,并不都是因为现实的工具利益作用的缘故,而还有文化传承这个根基性的原因。其次,客观的文化特征,还可以作为族群的边界标志,这些特征是被族群成员主观认定的。这些作为族群标志的文化特征,既可以是客观的,可观察的;也可以是人们的主观想象,是虚拟的、人为的;也可以是价值层次的,存在于人们的意识当中。

在分辨"秦人""戎狄"之时,笔者既重视当时人们对于"夷夏之辨"的主观认识背景,也重视那些可能被作为族群标志的客观的文化因素(例如考古资料所反映的)。

2. 从政治社会环境中去分析族群,即在族群的结构性对立,即与互动族群的关系之中去考察族群认同、族群边界的形成和变迁。

一个族群的人怎么样看待自己与"他人",往往随情境变化而变化。族群边界可随情境——历史环境而变化,族群认同因此是可作多项选择的,可分为不同的层次,依据场景而定,具有不确定性[②]。例如,先秦时代的所谓夷、夏之别,也是多重而可变的,因为那些被认为的"蛮夷"的族群,与中原华夏交往程度不同,"华夏化"程度不同,华夏集团的成员对他们的认知和承认也存在着不同的深度和层次。"秦人"与"戎狄"的边界,在西周晚期—春秋早期形成以后,也不是一成不变的,而是处于变化之中,其中战国中期是一个大的分界。

三、"族群"与"民族"的关系

"族群"(ethnic group)与"民族"(nation),在研究人群分类时,是最常用的两个概念,因此需对其关系稍加辨析。

"族群"与"民族"是既有联系又有区别的概念。一般以为,"族群"具有场景性,即在不同的区分标准下,可以"产生"不同的族群范畴。"民族"指有政治诉求的、制度化了的人们共同体。

---

① 马戎:《关于民族研究的几个问题》,《北京大学学报(哲学社会科学版)》2000 年第 4 期。
② 孙九霞:《试论族群与族群认同》,《中山大学学报(社会科学版)》1998 年第 2 期。

"族群"与"民族"的最大不同,是"民族"有一层国家的意义。有的学者并不同意,例如前述安东尼·史密斯认为,民族不是国家,因为国家的概念与制度和行为相关,而民族的概念与族群一样,都是指某种类型的共同体①。Nation 一词最初是作为一种理念、政治想象或意识形态而出现的,自 18 世纪后半叶开始,经过启蒙时代的思想家与法国大革命的宣传,nation 成了与"国家"非常不同的东西:nation 指涉的是一种理想化的"人民全体"或"公民全体",是人民群体,而"国家"是这个人民群体自我实现的目标或工具,前者有意识形态的意味,反映的是全体人民一种心理的、主观的诉求,所以安德森将其定义为"想象的共同体"②。

安东尼·史密斯的"民族理论",除了强调民族不是国家外,也强调民族不是族群。特别强调"民族"的"族群"内核和基础。他的"族群"为法语"ethnie",英语翻译为"ethnic community"③,从他的论述可以看出,他所说的"ethnie"就是本书所说的"ethnic group"即族群。史密斯认为,族群与民族的特征区别如下:

族 群	民 族
适当的名称	适当的名称
共同的神话和祖先,等	共同的神话
共享的记忆	共享的历史(成文的标准的民族历史)
不同的文化(不必拥有公共文化,但可拥有某些共同的文化因素,例如语言、宗教、习惯或共享的制度)	共同的公共文化
(象征性地)与祖地(homeland)相连	占有祖地(homeland)
某些(精英)的团结	共同的权利和义务
	单一的经济

根据以上特征,他给族群下的定义为:"与领土有关,拥有名称的人类共同体,拥有共同的神话和祖先,共享记忆并有某种或更多的共享文化,且至少在精

① [英]安东尼·史密斯著,叶江译:《民族主义:理论,意识形态,历史》,上海人民出版社,2006 年,第 12 页。
② [美]本尼迪克特·安德森著,吴叡人译:《想象的共同体:民族主义的起源与散布》,上海人民出版社,2005 年,第 16 页。
③ 叶江:《当代西方的两种民族理论——兼评安东尼·史密斯的民族(nation)理论》,《中国社会科学》2002 年第 1 期。

英中有某种程度的团结。"而民族的定义则是:"具有名称,占有领土的人类共同体,拥有共同的神话、共享的历史和普通的共同文化,所有成员生活在单一经济之中并且有着共同的权利和义务。"①

　　揆诸中国的民族实情,类似安东尼·史密斯这样的界定,可能并不恰当,例如说民族具有单一的经济。但是,如同上文已经表明的态度一样,他的界定仍然是我们观察族群时可以借鉴的,例如从名称、神话和祖先、共享的记忆、共同的文化因素、象征性的居地、精英阶层的团结(族群的建构总首先是精英阶层的事情)等方面去研究族群。

　　在中国的情况下,"民族"是一个特殊的概念,与国际流行的"族群"概念并不等同。中国的"民族"概念是有层次的。费孝通先生指出,中国的"民族",大的可指"中华民族",也可适用不同发展水平的民族集团如 56 个民族,或者历史上的不同时期的民族集团②。有的学者认为"民族"是中国的一个独特的概念,英美的人类学没有"民族"这个概念,中国的人类学者没有必要让自己的分类去配合英美人类学的分类,这当是因为中国独特的人类学实践造成的,因此在中国"民族"(nation)与"族群"(ethnic group)是可同时使用的③。本书同意这种意见,因为不论在东方还是西方,"民族"与"族群"的外延,在指代"人们共同体"这一点上,二者是相同的,同时,二个词语内涵和外延是有所重合但却不能完全包容替代的。

四、族群与文化的关系

　　几乎所有的族群定义,都强调族群与文化的关系,认为拥有共同的文化因素,是族群的特征之一。就是说,一个族群,例如以上安东尼·史密斯所言,必定是拥有一定文化因素的。但是在界定族群之时,文化因素却并不一定起作用。

――――――――――

　　① [英]安东尼·史密斯著,叶江译:《民族主义:理论,意识形态,历史》,上海人民出版社,2006 年,第 13～15 页。

　　② 费孝通:《中华民族多元一体格局(修订本)》,中央民族大学出版社,1999 年。费孝通指出"中华民族""是中国古今各民族的总称,是由众多民族在形成为统一国家的长期历史发展中逐渐形成的民族集合体"(第 253 页)。

　　③ 陈志明:《族群的名称与族群研究》,《西北民族研究》2002 年第 1 期。郝瑞也承认中国民族建构的独特性,主张就用"民族"一词的汉语音译"MINZU"来表示中国的民族。见[美]斯蒂文·郝瑞著,巴莫阿依等译:《田野中的族群关系与民族认同――中国西南彝族社区考察研究》,广西人民出版社,2000 年,第 23～24 页。

20 世纪 50—60 年代以前,人们多根据客观因素,即族群的"内涵",例如体质血缘,以及文化、宗教、语言、习俗、地理等去界定族群,而文化是诸种因素的核心,族群的概念,就是建立在共同的文化基础上的。从族群的客观"内涵"去界定族群的人,认为只要是不同的族群拥有的必是不同的上述客观特征,而族群就是拥有这些特征的人们共同体。因此在划分族群、考察族群历史的时候,也往往从这些角度去追溯这些族群的历史、分析它们的人群构成。这被称作界定和定义族群的"文化说",即把族群看作是社会文化的承载和区分单位[①],我国学者多遵从这个取向。

从客观的角度去分析、界定一个族群,往往会出现以下困境:从族群的客观特征体质、语言、文化、经济、地理分布之类,并不能在族群之间给出一条明晰而绝对的界限,无法确切定义一个族群。

例如对于文化特征,巴斯等人就认为,族群并不是一个文化的区分和承载单位,有一些文化特征或许可以作为族群标志,但一个族群的延续,并不取决于作为族群标志的文化特征[②]。"文化特征在人群中的分布,经常呈现许多部分重叠但又不尽相同的情况。以各文化特征而言,它们的分布大多是呈连续的过渡性变化,族群边界似乎是任意从中划下的一道线。因此,以客观文化特征界定一个族群,是有着实际上的困难"[③]。如有的学者指出:"在现实生活中,族群与文化并不能构成一个比较严谨的对应关系,不同的族群常能共享某些核心的文化丛……客观特征论者常为了强调族群文化的同一性和独特性,而不能看到或有意忽略其文化内部的差异性,及文化之间的交流和影响;强调族群的静态不变的一面,而无视其动态变迁的一面。"[④]

马戎也指出,文化与族群的其他客观特征一样,也是呈一个"连续统"(continuum)的形式存在,并不能在其中给出一个明晰的界限。世界各个人群之间存在着客观的差异(体现在体质、语言、宗教、价值观念、风俗习惯、经济活动、社会组织等方面),这些差异可以看作一个多维度的连续统,每个维度从一端(没有

---

①　Raoul Naroll: *On Ethnic Unit Classifiction*, *Current Anthropology*, Vol.5, No.4, 1964, 283~312.

②　庄孔韶主编:《人类学通论》,山西教育出版社,2004 年,第 344~346 页。

③　王明珂:《华夏边缘——历史记忆与族群认同》,社会科学文献出版社,2006 年,第 15 页。

④　陈心林:《族群理论与中国的族群研究》,《青海民族研究》2006 年第 1 期。

差别)到另一端(存在巨大差别),中间有无数的过渡阶段,"量变"逐渐累积而出现"质变"。当我们试图对这些人群用"群体"概念在这个多维度的"连续统"上寻找和确定"质变"的点,并把每个维度上的点综合起来形成一个空间上的立体"边界",在具体的点的确定与界限的划分与表述过程中,无疑带有体现个体或群体意识的人为的主观因素,提出"群体"概念的主体不同,世界划分的结果也有可能不同,而且"群体"的内涵和外延随着时间的推移和社会的发展,也处在不断变化之中①。

马戎如此描述族群意识的产生:"一个民族族群,首先要具有体质(有形)和文化(语言、宗教、价值观等)(无形)的客观基础。在这个族群与其他族群的接触交往中,通过在这些有形、无形方面异同程度的认识,形成不同层次的'认同'或'认异'。在族群成员的社会活动中,在这样的客观基础上,会自然地萌发产生'群体意识'(族群内部成员之间的"认同"、与外族成员之间的"认异"),并在交流过程中(有时借助本族群知识分子在用语上对之"符号化",如民族称谓)使之稳定下来并相互传递。这样,一个民族就从'自在'的民族转为一个'自觉'的民族。"②按照马戎所描述的族群意识的产生过程,则文化是一个基本的让人产生族群认同的根基性要素;同时,文化也是可以作为族群的边界标志的,在族群的形成过程中,文化具有上述的双重作用。

实际上一个族群的分类和定义,并不能完全可以从文化、体质血缘等角度加以确定。如王明珂认为:"共同的体质、语言、文化特征,并不是构成一个族群或民族的必要因素,也非构成它们的充分条件。"③例如,从体质人类学的角度来看,在先秦时代号称华夏的人群,实际上基本是在单一蒙古人种下的地域性人种差别,与西方虽有小规模的人种交流,但从未发生外来古人类代替原住民现象④。就拿"秦人"来说,自西周晚期受封开始强大以来,不断有"周余民"以及"西戎"的成分进入其中,这暗示了"秦人"人种构成,可能存在一定的差别。实际上,我们现在还不能完全明确周人、西戎、狄与秦人的体质差别。因此,这个问题

---

① 马戎:《评安东尼·史密斯关于"naiton"(民族)的论述》,《中国社会科学》2000 年年第 1 期。

② 马戎:《关于民族研究的几个问题》,《北京大学学报(哲学社会科学版)》,2000 年第 4 期。

③ 王明珂:《华夏边缘——历史记忆与族群认同》,社会科学文献出版社,2006 年,第 2~3 页。

④ 韩康信、潘其风:《古代中国人种成分研究》,《考古学报》1984 年第 2 期;潘其风、朱泓:《先秦时期我国居民种族类型的地理分布》,杨楠编:《考古学读本》,北京大学出版社,2006 年,第 50~66 页。

就更显复杂,单从体质血缘的角度去分析"秦人"的构成,现在还显得不太可能。从文化角度来说,也不能如许多考古学者一样,把某种考古学文化类型与特定的人群等同起来,这已经为学者们所熟知。但是,当今研究秦史的学者,特别是考古学者还经常在有意无意间犯这样的错误。因为现在可以明了的是,至迟在春秋时代,使用考古学意义上的"秦文化"的人群,肯定不是嬴姓秦人这一支,还当有上述周人与其他异族。语言也是如此,从历史语言学的角度去探讨族群的形成,是一个长期受到重视的角度,但是不同的人群,即使在"语言树"上的位置是多么地接近,也不能判定他们就有同一族源。因为不同的族群,可以讲不同的语言。反过来,说同一语言的,也不一定就是同一族群①。

郝瑞认为族群有以下特点,一、族群成员认为拥有共同的祖先和共同的文化,这种认同可以是客观的,也可以是虚拟的、人为的(artificial);二、群体用共同祖先、共同文化来有意识地与其他族群相区别,形成内部的统一和外部的差异②。

王明珂认为,注重族群的主观认同,并非族群的客观特征在人们的眼中就不存在,而看重的是可以界定族群"边界"的那些特征。王明珂认为,客观论与主观论也并非不可调和。对于人们常说的客观标准,例如体质特征、语言、宗教信仰、文化等等,他指出:"将族群当作是主观的认同,并不表示体质和文化特征就毫无意义了。它们不是客观划分族群的标准,但的确是人们主观上用来划分人群的工具。"③

在本书中,笔者大致同意巴斯、马戎、郝瑞、王明珂的观点。对于族群与文化的关系,可以简略表述如下:

一个族群总是拥有一定的文化,但这种关系并不是一对一的对应关系,文化

---

① 如历史中的双语或多语现象,即属于一个族群的人却兼通几个族群的语言。例如《三国志·魏书·乌丸鲜卑东夷传》记载魏晋氐族"俗能织布,善田种,畜养豕牛马驴骡。其妇人嫁时着衽露,其缘饰之制有似羌,衽露有似中国袍。皆编发。多知中国语,由与中国错居故也。"戴庆夏认为,我国不同民族的语言,是相互影响的关系、相互借用的关系。例如青海的汉语方言,不仅从周围的少数民族那里吸收了介词,而且出现了一些"宾动"式语序,这与藏缅语族、阿尔泰语系语言的影响有关。云南路南彝族自治县杂居的彝汉之间,汉族都会彝语,有的与彝族通婚后代都转用彝语。这种相互影响、借用关系的生成,人口的多少常常是主要因素。人口少的民族,易受人口多的民族语言的影响。参戴庆夏:《论语言关系》,《语言和民族》,中央民族大学出版社,1994年,第60~68页。

② [美]斯蒂文·郝瑞:《民族、族群和族性》,《中国人类学通讯》第196期。

③ 王明珂:《华夏边缘——历史记忆与族群认同》,社会科学文献出版社,2006年,第16页。

可以跨越族群界限而存在。在族群认同产生的过程中,共同的文化因素,作为一种根基性的联系,可能会促使族群认同的产生;一定的文化特征,无论这个文化因素是真实的还是虚拟的,可以主观上被当作族群的标志。影响文化变迁的,不仅仅是族群关系。

按照这个基本的认识,本书将从考古实物资料出发,特别关心那些可以作为族群标识的文化特征。但是,如巴斯的"边界论"所认为的那样,我们必须清醒认识到,族群认同的产生和维持,并不一定与文化的变迁同步,族群是在互动交往中形成的人们共同体,并不是文化的承载和区分单位,族界是可以跨越文化的界限而存在和维持的,族群的界限不一定靠文化的同质性来维持。在本书的论述中,笔者虽然十分重视文化与族群的关系,但会按照不同的历史情境,对文化在族群的建构和维持、变迁中的作用作具体的分析。

其次,影响文化的因素还有很多,例如地理生态环境、历史文化传统等等[1],都应是注意的对象。文化与族群边界,往往也不"重合",例如从考古资料观察"秦人",有如下族群与文化界限不重合的现象存在:

1. 西周晚期—春秋早期,族群关系对立,文化上却趋向统一,秦文化形成并成为一种地域文化,秦文化已经超越了族群界限。

2. 春秋晚期—战国早期,秦霸西戎,却出现了春秋战国之际来自北方的"异类"文化繁荣景象。

3. 战国中期—秦代,秦地之人政治上都成了"秦人",可是异域文化因素仍然存在,有时还很"严重",如清水刘坪墓地、张家川马家塬战国墓地等等,文化并没有与政治一起归于统一。

显然,对这种文化现象,并不能单从族群关系的角度去解释。

在本书中,笔者虽然把族群关系当作分析文化关系的基本背景,但同时注意上述影响文化生成、传承、变迁的因素,不单单限于族群关系这样的社会层面。

---

① 陈心林:《族群理论与中国的族群研究》,《青海民族研究》2006 年第 1 期。

第二章　谁是"秦人"?

——族群关系背景下的"秦人"历史

第一节　界定、区分"秦人"的标准

历来人们提到"秦人",无论是历史学者还是考古学者,或是遵从约定俗成的"秦人"概念,或是根本就不加深究。一般以为的"秦人",大致是一个建立在政治、地理界限基础上的概念:或是指秦国人、秦朝人,或是"秦"地之人,等等,没有明确的区分和界定[1]。

可是,"秦人",不但存在于西周—秦代"秦人"自我以及其他族群的主观意识中,也是现实存在的具有鲜明特征的人群[2]。我们就不能无视"秦人"的存在,必须给出明确而科学的分类和界定。这也是探讨秦史、秦文化的基本要求。

本节试图借用国内社会人类学界自 20 世纪 80—90 年代以来极为流行的"族群"理论,把"秦人"也当作一个族群现象进行分析,对其作出界定。笔者以为,秦人族群意识的形成原因,我们并不能否认在一定的文化背景下族群意识的传承,但更为重要的是,自西周晚期以来,秦人与比邻的戎狄、华夏强烈地互动,族群意识因此才开始形成和被强调。本书所要观察的,就是在这个强烈互动、竞争的环境中,"秦人"的族群意识即族群认同是怎样产生、维持和变迁的。

作为"秦人"的边界标志,可以是一定的客观特征,也可以是虚拟的、人为的一些因素。这给观察"秦人"的族群边界,构成了许多难点。有的"标志"是可观察到的,有的则不容易观察,需要根据不同情境去作具体的分析。

根据以上认识,笔者认为"秦人"大致是这样一个人群,这个人群具有某些客

---

[1]　如陈平认为,嬴姓为"广义的秦人",见陈平:《关陇文化与嬴秦文明》,江苏教育出版社,2005 年,第 245 页。

[2]　"秦人"之名,见于《左传》《国语》以及《史记·秦本纪》以来的很多文献。

观特征,在主观上自我认同和归属,并被与自己互动的族群所认定和归属。

笔者强调的是,从种族血缘(体质人类学)、考古学文化类型、历史语言学的角度去探讨"秦人"的形成,并不能构成解释"秦人"形成的充分条件。但这并不是说,在界定、区分"秦人"时,客观的文化特征就不重要,并不是与族群的自我认同、族群边界毫无联系。客观的文化特征,会对族群的主观认同发生作用,它们会影响、改变一个人或族群的主观认同。作为一种"根基性"的族群文化背景,客观的文化特征有时会促使族群认同的发生。同时,族群的主观认同,又可通过某些客观的文化特征反映出来。这些客观的文化特征,因此可以作为"秦人"的边界标志,郝瑞称为"文化标识"①,王明珂称为"主观的文化特征"②。按照界定族群的主观认同理论,不是所有的文化特征都可构成"秦人"与戎狄、华夏的边界标志,只有那些被"秦人"的精英阶层所认定和强调、可以表达秦人族群身份的文化因素,才可作为"秦人"的边界标志。例如下文将要阐述的青铜礼器和直肢葬,就是这种可观察到的标志。

在本章中,笔者将以对"秦人"概念的探讨为线索,主要讨论以下问题:

第一,"秦人"的内涵,以及与之相对的"蛮夷"所指。

第二,"秦人"与"蛮夷"的关系。

第三,"秦人"的来源。

第二节　西周中期—战国早期"秦人"的建构过程

一、西周中期以来秦的族群关系

西周晚期以来,蛮夷屡寇周边,最终"西戎"灭了周室,周被迫东迁成周。华夏的生活地遭到了事实上的侵夺,夷夏矛盾变得尖锐。在这个危机的现实下,华夏的精英阶层开始强调夷、夏之辨,以增强华夏间的团结,维护我群利益。在以后几千年的中国历史中,每到民族危机之时,夷夏之辨都会被拿出来讨论,形成中国历史上一个长久不衰的话题。

---

① 〔美〕斯蒂文·郝瑞著,巴莫阿依等译:《田野中的族群关系与民族认同——中国西南彝族社区考察研究》,广西人民出版社,2000 年,第 111 页。

② 王明珂:《华夏边缘——历史记忆与族群认同》,社会科学文献出版社,2006 年,第 38 页。

既然族群也是在不同族群互动情况下的主观建构,我们需要把族群放在这个互动的关系中去观察。这种关系,决定了"秦人"认同的产生、维持和变化。这个关系还当包括族群内部的社会关系。

秦祖非子在西周中期的孝王时代因养马受封为附庸,并得族群之名为"秦"。周宣王时秦仲伐戎有功,被封为大夫,秦仲子庄公则被封为西垂大夫,庄公弟襄公因为护送周平王东迁有功被封为诸侯,秦终获周室所封的"诸侯"身份。在与周室所代表的华夏、戎狄的强烈互动过程中,"秦人"的族群意识产生并维持、变迁。从族群的角度来看,西周中期"秦人"得名为"秦",作为嬴姓的正宗,就应是秦人建构过程开始的标志(详下)。西周晚期周厉王时代西戎攻灭秦人老家犬丘(今甘肃东部礼县一带)、秦祖秦仲被周封为伐戎的大夫以后,从此开始,周与戎狄、秦与戎狄的关系变得尖锐,族群矛盾凸显,对于秦人的上层来说,这使族群的意识强化以及族群的建构变得更加迫切。春秋初年,秦又建立了"诸侯"国家,新的国家的立足,也需要强化自我的族群意识。

从强调族群互动的角度观察,有三种力量参与了"秦人"的建构过程:"秦人"自身、戎狄、以周王室为代表的华夏集团。人类学者认为,族群认同的产生和维持,也就是族群的建构,需要关心两方面的事情:第一,对于族群内部来说,是什么把我们维系在一起? 即究竟是什么使族群成员之间感觉到具有相似性和一致性? 第二,与其他族群相比较,是什么把我们与别的族群相区别? 即是什么使我们同别的族群不一样?①对于"秦人"来说,第一个方面,说的是"秦人"在西周中期孝王时代,得名为秦后,并逐渐张大,族群内部如何维系、增强凝聚力。第二个方面,即秦与互动族群的区别,是依靠强调与华夏集团的"相似"和与戎狄的对立、差异来实现的。

从《秦本纪》来看,对族群内部的维系和凝聚与对外的强调区别,这两个方面并不能完全分开。秦在得名后至德公元年初居雍城(今陕西凤翔县境内)期间,从族群建构的角度观察,主要的作为有:祭祀上帝、立成文法、与诸侯通聘享之礼、设史官记事、连绵不断地伐戎、献岐东之地于周、迁都(秦—"汧渭之会"—平

---

① [美]斯蒂文・郝瑞著,巴莫阿依等译:《田野中的族群关系与民族认同——中国西南彝族社区考察研究》,广西人民出版社,2000 年,第 111 页。

阳一雍)、在邽冀杜郑设县,等等。所有这些举动,都不出上述两个方面的目的。秦人自身由于这些行为得以维系,与以周王室为代表的"华夏"的相似性以及与"蛮夷"的差异也得以强调,"秦人"由此成为了"华夏"的一员,并且是与"蛮夷"相区别、具有自身特色的人群。

"秦人"及其与戎狄、华夏的关系,决定了秦人的自我认同与族群身份。这三种力量构成了两种关系:第一是秦内部的关系,第二为秦与戎狄、秦与华夏的关系。在秦内部,它的政治、经济状况、社会结构、不同人群之间的关系,是决定"秦人"认同的重要因素之一。那些在秦社会内部的不同人群,例如"周余民"之类,或可称作次级族群。在秦外部,与秦互动的戎狄、华夏族群,也是建构"秦人"的重要力量,他们也决定着"秦人"的族群性(ethnicity),即"秦人"为什么是"秦人"而不是戎狄,并且不完全等同于东方"华夏"。

(一) 秦内部的政治、经济状况与族群关系

西周晚期一战国前期,秦人在政治上最大的转变是,由默默无闻获得了诸侯的身份,诸侯国家初步建立起来。国家对于"秦人"建构的重要性,下文还有详述。在经济上,除了经济的发展之外,经济类型也由原来的畜牧(农牧兼有)类型,转向突出农业的地位。根据五方联合考古队最近几年在西汉水流域所作的调查,可知秦之陶器的器形,从西周晚期以来,除了考古学意义上的"秦文化"特色的形成之外,还有一个器型由小变大的明显的过程,例如有代表性的鬲、罐等等①。这表明器物的移动性减弱,经济形态中定居农业比重的增大;同时也说明人口的增加。与之形成鲜明对比的是代表"西戎"族群的寺洼文化器物,器型一般都较小,火候低并稍显粗糙而不耐用,不适宜长久的定居生活之用,喻示着游牧经济的成分比秦人较高。秦人原来活动在西汉水上游谷地,地域比较狭窄,非子封秦,活动地域重心也到了渭水流域。襄公伐戎至于岐山,自此关中西部成了秦之大本营。除了有位于关中西部的秦都秦、汧、汧渭之会、平阳、雍等之外,秦还通过早期的"县"的设置,例如渭水上游的邽、冀,以及关中东部渭水下游的杜、郑等等,直接控制渭水流域最为宽阔的地区。这些区域既是传统的农业区,也可

---

① 早期秦文化联合考古队:《西汉水上游周代遗址考古调查简报》,《考古与文物》2004 年第 6 期。

发展畜牧,渭河谷地及其支流,历史上也一直是主要的宜牧区①。

关中西部本是周人的老家,这里有传说中的周人发迹地——渭水的支流漆水,以及岐下膴膴的周原,后者是周人宗庙之所在。周人东迁后,戎人占领了其地。秦人至此,戎人败走,秦则"收周余民有之",显然这是与"秦人"不同的人群。此时是文公十六年(前 750 年),从秦人之得名为"秦",至此已 130 年以上。在"周余民"之外,可以肯定还有"戎狄"之人生活于"秦人"之中,这些人和那些与秦政治军事尖锐对立的"戎狄"当有不同,因为他们已经生活于秦人之中。此时的"秦人",就是由非子之后的正宗"秦人""周余民""戎狄"所构成,它们三者的关系,是秦内部主要的族群关系。

(二)秦与"戎狄"的关系

秦与"戎狄"的关系,可谓尚矣。早年的商、西周时代,秦祖即"或在夷狄",又与戎人通婚。在西周晚期周戎矛盾尖锐的情况下,作为周之附庸,秦自与戎狄关系变得对立:秦祖"犬丘大骆之族"被戎所灭、秦仲死于戎,秦对戎恨得是咬牙切齿。当然秦与戎关系的对立,不单单是由于有杀父之仇和为了攀附周室,也有对资源的争夺这个原因。例如,我们去看看春秋前期秦从戎手里夺回并设县直接控制的地方:邽、冀、杜、郑,都是渭河上中游最为宽阔的地带,秦对土地资源的觊觎,昭然若揭。

春秋以前,除了与"西戎"的关系,秦还与"狄"发生了关系,其中主要是白狄,白狄也与秦为邻,有白狄与秦同州之说②。白狄生活与今陕、晋、冀之北部,以及内蒙古一带,虽曾受"华夏"攘却,但西周春秋时代总的趋势是其势力从西往东迁移。由于地近秦晋,故间与秦晋互相攻伐,与晋互为婚姻,参与中原朝聘会盟③。

在春秋时代,夷夏关系对立,秦之上层在建构"秦人"的时候,强调秦与戎狄之别、把戎狄看作异类。这个关系促使了"秦人"向"华夏"的靠拢和认同。

不过,随着秦戎交往融合的加深,这个情况是逐步改变的。这是后话。

---

① 史党社、任建库:《槐里犬丘与秦人早期历史相关的一点线索》,《文博》2002 年第 6 期。

② 《左传》成公十三年吕相语"白狄与君(按即秦君)同州",孔疏即雍州。

③ 例如以下记载:《左传》宣公七年,晋与白狄伐秦;宣公八年白狄与晋讲和;《春秋》经九年以及《左传》本年,白狄又与秦伐晋;《左传》襄公十八年白狄朝鲁;襄公二十八年白狄又与齐等朝晋。

(三) 秦与"华夏"的关系

秦人是在周之卵翼下逐步壮大的,最后立国,也凭借的是周之册命。在夷夏、秦戎对立的情况下,厕身华夏集团,才能求得生存与利益的最大化。春秋时代,以周王室为代表的华夏族群,是以姬姜为主,混合古代圣王如神农、黄帝、尧、舜、禹、商之后的综合体①。但须知这个"华夏"是变动的,西周春秋时代的"华夏",除了上述人群外,不断有非华夏的"蛮夷"的混入,后者的居地也与华夏相混杂。至于战国中期,新的"华夏"开始形成,那些居于中原的"蛮夷",已经被融入华夏,成为新的华夏的成员;所谓的"蛮夷",所指也变成居于中原周边的更远的非农业的游牧区域的边缘族群,例如匈奴、羌之类了。如童书业所说:

> 春秋战国间由于兼并、会盟、朝聘往来以及通商等原因,中原地区各族各国已渐混化为一体,真正的"华夏族"于以出现,亦即后世汉族之前身形成。其居于四周边疆地区而经济文化较为落后者,遂被看成所谓"四裔"之"蛮族",且以旧日杂居中原及边区之蛮夷戎狄之名分被之东西南北四方,而有所谓"东夷""南蛮""西戎""北狄"之称,其说盖始见于战国中期书。《礼记·王制》等书沿之,遂成所谓"常识"。②

"秦人"对华夏的艳羡与仰慕,在文献、文物中处处可得体现。追求华夏的身份认同,也是"秦人"族群建构的主要内容之一。有以下几个方面可以说明秦与"华夏"的族群关系。

1. 政治上尊周

秦人之政治地位的提升,与周之册命、"提拔"密不可分。从附庸到大夫、西垂大夫、诸侯,都是以周王室的名义给予的。这无不说明"尊周"之行,乃是秦人获取华夏身份与政治利益的重要手段。秦人为周王室卖命伐戎,除了自身与戎有杀父之仇外,也是"尊周"的需要。因此,秦护送周平王东迁、在伐戎进入关中后把岐山以东新获的土地献给了周王室(《史记·秦本纪》),也都是"尊周"的

---

① 《史记·周本纪》记载周人的分封情况如此,这些诸侯国就是后来华夏的主体。
② 童书业:《春秋左传研究》,上海人民出版社,1980年,第252页。

表现。

2. 秦人自称为"夏""中国"

西周时期，周人自称"夏"，也把它所居之关中王畿一带称作"夏"。东周以后，随着周王室的东迁，"夏"的地理与族群意义被带到关中之东中原一带的广大地方，中原诸侯多称"夏"、华夏"诸夏""诸华"之类，其所居则称"中国"①。

"秦人"继承了"夏"的族群与地理意义，也以华夏自居。《左传》襄公二十九年(前544年)：吴公子札聘鲁，见叔孙穆子请观于周乐，"为之歌《秦》，曰：'此之谓夏声，夫能夏则大，大之至也，其周之旧乎'。"杜注："秦本在西戎汧、陇之西，秦仲始有车马、礼乐，去戎狄之音而有诸夏之声，故谓之'夏声'。及襄公佐周平王东迁，而受其地，故曰'周之旧'。"此"夏"即西周"夏"的含义，指关中地区。《左传》昭公十五年(前527年)说晋"抚征东夏"，《孔疏》："晋于诸夏国差近西，故令主东夏。"则晋西之秦，自是"西夏"，并不待言。秦公簋铭说"秦人"履于"禹迹"，这个"禹迹"指的关中以西，是秦继承了周人"夏"的地理含义的证据。《战国策·秦策》说"东夏之命"，"东夏"指东方诸侯，"夏"则是秦自称。成书于战国中期以后的云梦秦简《法律答问》有如下记载："臣邦人不安秦主而欲去夏者，勿许。可(何)谓夏？ 欲去秦属是谓夏"，与《战国策》一样，说明直到战国时代，秦与中原诸侯(如上文所引《战国策》之魏)犹自称"夏"。简文还提到的臣邦父、秦母所生的"夏子"，就是"秦子"的意思。《秦本纪》记载秦孝公与由余对话，自称"中国"："中国以诗书礼乐法度为政，然尚时乱，今戎夷无此，何以为治，不亦难乎？"

3. 与华夏的往来

例如"与诸侯通使聘享之礼"。

《秦本纪》记载秦立国后，就与诸侯"通使聘享"，即与诸侯、周室②间通使节、行聘问之礼。聘问礼必有享宴，因称"聘享"，由卿大夫奉君命实施③。这里的"通使聘享"当是泛称，指的是与诸侯、周室间的各种往来。

与诸侯的往来，是获得华夏身份认同的重要手段，这是诸侯之间的大事，因

---

① 童书业：《种族疆域》，《童书业历史地理论集》，中华书局，2004年，第306~307页；顾颉刚、王树民：《"夏"和"中国"——祖国古代的称号》，史念海主编：《中国历史地理论丛》(第1辑)，陕西人民出版社，1981年；陈致：《夷夏新辨》，《中国史研究》2004年第1期。

② 诸侯间通使聘问，史不绝书。周室与诸侯间聘问的事例，如《春秋》隐公七年周天子使凡伯聘鲁。

③ 《左传》昭公三十年："唯嘉好、聘享、三军之事，于是乎用卿。"

此文献有专门的记载。例如,隐公元年(前 722 年)鲁宋始通,宣公七年(前 602年)鲁卫始通,成公十五年(前 576 年)鲁吴始通。对于这些事件,《春秋》都当作大事有专门的记载。根据马非百《秦集史》中《使节表》与《盟会表》统计,从春秋初年至于战国中期秦献公时代,文献记载的秦与周室、诸侯间的使节往来及盟会共 29 次,主要时段集中在春秋时代的德公—哀公时期,战国中期的献公时代只有 1 次,其中春秋中晚期秦人强盛时代的穆公—哀公时期又占了 26 次①。哀公以后至于孝公时期,没有记载。孝公以后秦复强盛,使节来往更是频繁,不烦备举。这个统计说明,强盛则使节来往增多,国势弱则减少或没有。"秦人"在诸侯间的身份认同,也随着来往的增减而变化,如《秦本纪》记载战国中期孝公改革之前说:"周室微,诸侯力政,争相并。秦僻在雍州,不与中国诸侯之会盟,夷翟遇之。"按照以上统计,这指的当是穆、哀以后至于献公时期的情况。穆公以后,秦国势逐渐衰弱,没有力量继续东向②,在《春秋》这样的华夏史书中,秦参与中原华夏事务的记载基本绝迹,秦也就被看作"夷翟"了。可是在此前,例如穆公时代,"秦用由余谋伐戎王,益国十二,开地千里,遂霸西戎",周天子使重臣"贺以金鼓"③,谁又敢言秦为"夷狄"? 可见,与诸侯交往的密切度,一定程度上决定了"秦人"是否"华夏"的身份归属。

又如与华夏的婚姻关系。

西周晚期以来,秦与华夏的婚姻是很多的。西周晚期宣王时代的秦庄公器不其簋,铭文记载"皇祖公伯",即庄公的祖父公伯,他的配偶"孟姬",李学勤推测是姬姓的鲁国女子,这也是同铭的不其簋可以发现在故鲁疆域内的滕县的原因④。春秋早期秦子姬簋盖铭文说"秦子姬",这个姬姓女子,或说是"秦子"之母,即《秦本纪》所说的那个出子之母"鲁姬"⑤;或说其妾⑥,反正都是"华夏"的女

---

① 马非百:《秦集史》下册,中华书局,1982 年,第 963～995、1004～1013 页。

② 《左传》文公六年记载穆公死而以"三良"从葬,"秦之不复东征也"。

③ 《史记·秦本纪》。

④ 李学勤:《补论不其簋的器主和年代》,徐卫民、雍际春主编:《早期秦文化研究》,三秦出版社,2006 年,第 7～12 页。陈平认为乃周王室之宗女,陈平:《关陇文化与嬴秦文明》,江苏教育出版社,2005年,第 245 页。

⑤ 董珊:《秦子姬簋盖初探》,《故宫博物院院刊》2005 年第 6 期。

⑥ 李学勤:《论秦子簋盖及其意义》,《故宫博物院院刊》2005 年第 6 期。

子。年代差不多的秦武公及王姬钟、镈，铭文说"秦公"之母或配偶是"王姬"①，明乎也是周王室的女子。《秦本纪》记载武公与其弟德公是一母所生，其母当就是此钟、镈铭文中的东周王室之女。武公的小弟出子，其母宪公夫人则是"鲁姬子"，即鲁国的女子，与武公、德公不同。春秋中期秦穆公夫人，也是姬姓的晋女②。秦女"怀嬴"，为晋怀公（公子子圉）之妻，后来秦又以其妻公子重耳③。还有晋灵公母、襄公夫人名叫"穆嬴"④，也是嬴姓的女子，当是秦穆公之女嫁晋者。晋乃姬姓，是西周以来主要的姬姓诸侯国之一。

相反，根据马非百《秦集史》中辑录的"婚姻表"⑤以及其他材料可知，在襄公嫁女于"丰王"之后，再也没有秦与戎狄通婚的记载。无论是本没有发生，还是《秦记》那样的官修史书不愿意记载，都反映了"秦人"区别自身与戎狄的强烈意识。在华夏的心目中，戎狄有时是性同豺狼的"异类"，当然不可能与之通婚了。相反，此后"秦人"与中原诸侯的通婚，不绝于史。作为血缘关系中重要的一种亲属关系（血缘亲属关系包括血亲与姻亲），与"华夏"成员的内部通婚，反映了秦人强烈的"华夏"认同、同时与相异的戎狄区别的意识。

这个趋势一直延续到了战国中期商鞅变法之时，才有所改变。《法律答问》记载的关于与"臣邦"人士婚姻的条文，显然是针对秦、戎狄不断通婚的事实的。不过，这并不影响我们的观点。

4. 对华夏文明的模仿与学习

宗周文明，本质是一种礼乐文明。礼仪制度，被称作"周礼"、并被认为是周公所创作的⑥，也是周人自认为高于周边蛮夷而引以自豪的东西。钟、鼎、磬等礼乐器，是"周礼"的物化表现。

族群的建构，一般属于精英阶层的行为，所以从秦上层所使用的礼乐器之中，最能窥见其中含义。在甘肃东部礼县、清水、灵台以及陕西关中西部的宝鸡、

① 王姬，一说为武公母，一说为武公夫人。
② 《左传》庄公二十八年。
③ 《左传》僖公二十三年；《史记·晋世家》。《左传》杜注："怀嬴，子圉妻。子圉谥怀公，故号为怀嬴。"
④ 《左传》文公七年；《史记》之《秦本纪》《晋世家》等。
⑤ 马非百：《秦集史》，中华书局，1982 年，第 996～1003 页。
⑥ 《左传》文公十八年。

陇县、凤翔、陈仓(原宝鸡县)、户县等地发现有大量的秦青铜礼器,年代在两周之
际至于战国早期。这些秦器,是模仿周器而作的,在礼县大堡子山发现的两周之
际的年代较早的一批秦鼎,更是与西周晚期同类器物无别。不过,由于两周的器
物实际也在变化之中,所以我们毋宁说与秦礼乐器最为相似的,还是本时期华夏
诸国的器物。时代进入春秋,我们不否认秦礼器由于别的原因很快就具备了秦
器的特色,但总的说来,秦礼器所具备的深刻的华夏含义,仍是不可否认的。这
些器物从族群建构的角度看,秦人的上层借此得到了类似于华夏贵族的身份地
位,具有自我认同为华夏的强烈的象征意义。在这里,礼县西山西周晚期秦墓是
一个典型的例子①,在下文还有论述。

　　秦人于西周礼乐制度的学习,是从西周晚期开始的,这当是应了秦人族群意
识觉醒、政治地位上升以后,需要象征身份地位的器物的要求。《毛诗序》说:"秦
仲始大,有礼乐车马侍御之好",现在看来是有道理的。有人说秦的"文明"时代
从"岐西"开始②,应是偏晚了。

　　5. 上帝崇拜

　　《秦本纪》说秦立国后不久的春秋早期,有襄公、文公、宣公分别立祭祀上帝。
《秦本纪》说襄公七年(前771年)"用騮驹、黄牛、羝羊各三,祠上帝西畤"。文公
十年(前756年)"初为鄜畤,用三牢"。宣公四年(前672年)"作密畤"。襄公、文
公为西畤、鄜畤祭祀上帝。

　　《封禅书》是这样记载的。"秦襄公既侯,居西垂,自以为主少皞之神,作西
畤,祠白帝,其牲用騮驹、黄牛、羝羊各一云"③。文公立鄜畤祭祀上帝,《封禅书》

---

　　① 西山秦墓中,随葬有三鼎二簋,可是这些鼎的形制等特征,却并非完全都是典型的秦式,其中有
周式鼎1,典型的秦式鼎2(?),是秦人把周鼎拿来凑够三个的礼数的。其他边缘族群也可见这种模仿和学
习华夏礼制的例子,例如山西长治春秋中期赤狄墓葬M269、M270。前者资料见王志友:《早期秦文化研
究》,西北大学博士论文,2007年,第48~50页,以及赵丛苍等:《甘肃礼县西山遗址发掘取得重要收获》,
《中国文物报》2008年4月4日第2版。按照后者所配图片观察,此三鼎中,有周式鼎1、"秦公"鼎型鼎1,
另一未反映在照片中,估计是残的缘故。长治春秋墓葬见王进先等:《山西省长治市小山头春秋战国墓发
掘简报》,《考古》1985年第4期,以及山西省考古研究所:《山西考古四十年》,山西人民出版社,1994年,
第180页。
　　② 侯外庐:《中国古代社会史论》,河北教育出版社,2003年,第274页。西周晚期以来秦君礼器,大
致有如下一批:1.民国时期出土于天水西南乡的车器,2.不其簋,3.大堡子山"秦公"诸器,4.秦公壶,5.秦公
及王姬钟,6."秦子"诸器,7.秦公大墓石磬,8.传世秦公簋、钟。有的年代已经深入到了西周晚期。
　　③ 梁玉绳以为《秦本纪》跟《封禅书》中的"各一"当作"各三","上帝"当作"白帝"。梁玉绳:《史记志
疑》,中华书局,1981年,第122页。

说也是白帝:"文公梦黄蛇自天下属地,其口止于鄜衍。文公问史敦,敦曰:'此上帝之征,君其祠之。'于是作鄜畤,用三牲郊祭白帝焉。"秦宣公作密畤,《封禅书》记载其所祭为青帝,地点在渭南。后来战国早期秦灵公(前 424～前 415 年)作吴阳上畤,祭黄帝;作下畤,祭炎帝;战国中期秦献公(前 384～前 362 年)作畦畤栎阳,祭白帝。

澳门珍秦斋所藏秦子姬簋盖铭文,其仅存于盖上的后半段铭文记载有"畤",并歌颂"秦子"的功德。此器器主"秦子",或说为不享国的文公太子静公①;或说为五岁立而六岁即被杀的静公孙出子②;或说可能是宣公③,反正不晚于春秋早中期之交。此簋盖上半段铭文当存于器身,可惜不存,有的学者根据现存铭文起首有"畤",与文中有"受命"字样,认为其上半段铭文,或与祭天有关,与下半段的"受命"相吻合,而器物本身也可能就是用来纪念祭天之事,或是给祭天专门铸造的。这与秦公及王姬钟、传世秦公簋及钟等记载开国之君的"受天命""受大命",以及《秦本纪》记载的秦君即位即去祭祀上帝一样,是秦人心目中受命之君的成例④。笔者不同意这样的说法,因为根据铭文,"秦子"器与不其簋、秦子簋盖、传世秦公簋、秦公钟一样,都是为了祭祀"皇祖公白(伯)、孟姬"⑤等类似的先人而做的,但说这些鼎后来可能用来祭天,则是可能的。

秦之立畤所祭祀的上帝,比较随意,是以颜色分的,有青、黄、白、赤四帝。其中白帝被三次立畤祭祀,第一次在春秋初年襄公时,立西畤在西陲;第二次是在襄公后的文公时,在汧、渭之间作鄜畤;第三次在战国中期献公时,在栎阳立畦畤。秦人的上帝中,没有黑帝存在,秦人的"四帝",其与五德说的关系,只不过是后人用五德说附益之罢了⑥。

在战国末期以前,五德说是否对秦政治发生影响,是值得怀疑的,至少从秦

---

① 王辉:《关于秦子戈、矛的几个问题》,《考古与文物》1986 年第 6 期;王辉:《读〈"秦子戈、矛考"补议〉书后》,《考古与文物》1990 年第 1 期;董珊:《秦子姬簋盖初探》,《故宫博物院院刊》2005 年第 6 期;梁云:《"秦子"诸器的年代及有关问题》,《古代文明》(5),文物出版社,2006 年,第 301～311 页。

② 李学勤:《论秦子簋盖及其意义》,《故宫博物院院刊》2005 年第 6 期。

③ 陈平:《〈秦子戈、矛考〉补议》,《考古与文物》1990 年第 1 期。

④ 参梁云:《"秦子"诸器的年代及有关问题》,《古代文明》(5),文物出版社,2006 年,第 301～311 页。

⑤ 见不其簋铭文。

⑥ 顾颉刚:《中国上古史研究讲义》,中华书局,1983 年,第 14～15 页。

之四色上帝还看不出。有的学者根据《吕氏春秋·十二纪》的记载,认为五德说在秦确实发生了影响。其实《吕》书的性质,最好还是把它看作一部子书,其中的许多政治主张,未必都转化成了现实的政治力量,所以即使由《十二纪》可说明战国末期秦有五德说的存在,也未必能说明就对秦政治发生了影响。五德说在秦推行,已经是在秦始皇统一天下之后。《史记·秦始皇本纪》记载:

> 始皇推终始五德之传,以为周得火德,秦代周德,从所不胜。方今水德之始,改年始,朝贺皆自十月朔。衣服旄旌节旗皆上黑。数以六为纪,符、法冠皆六寸,而舆六尺,六尺为步,乘六马。更名河曰德水,以为水德之始。刚毅戾深,事皆决于法,刻削毋仁恩和义,然后合五德之数。于是急法,久者不赦。

秦始皇依据五德说所举大事,有正朔、衣服旄旌节旗、数、河名等等,就是没有"四帝"。按理"四帝"在秦宗教系统中地位重要,此却只字未提,可见直到秦始皇时,五德说还与"四帝"没有关系。用"五帝"附会五德说,确实是汉初刘邦的发明。

虽然秦人立畤比较随意,但并不损害上帝在秦人心目中的重要性。从秦襄公获为诸侯后,马上"用骝驹、黄牛、羝羊各三,祠上帝西畤"就可以看出[①]。对上帝的祭祀,是为了合理化现实的政权,使秦"侯"国家得到合理的法理依据,因为通过对上帝的祭祀活动,秦人上层获得了上帝所"赋予"的政治力量。秦人的这种天命观,显然是承继了周人的天命观而来的,连"畤"这种祭祀的方法,大概也是从周人那里学来的[②]。同样的材料还存在于金文中。春秋前期的秦武公(前697~前678年)及王姬钟、镈铭文说秦祖是"受天命"而"商(赏)宅受或(国)"的。传世的春秋中晚期之交的秦景公(前576~前537年)时的秦公簋,铭文也说秦之"皇且(祖)"是"受天命"而得到天下的。秦人立畤的年代,集中在春秋早期、战国早中期,都是秦人不甚强大之时,而春秋中期的穆公时代、战国中后期秦强大

---

① 《史记·秦本纪》。
② 《史记·封禅书》记载,秦文公立鄜畤祭祀上帝之前,雍(陕西凤翔)故有吴阳武畤,雍东有好畤(在今陕西乾县东,至今地名犹存),在春秋早期以前,畤这种祭祀形式已经存在了,其不是秦人的首创甚明。

以后,都没有这样的行为。这个现象十分有趣,立时祭祀上帝宣示政治行为合理性的目的,由此表现得非常明显:在实力较弱之时,秦统治者需要"上帝"来合理化现实以取得权威,得到他人的认同;在"诸侯力政"势力强大的时代,则多凭实力说话,"上帝"的作用就被弱化了。

上帝崇拜的现实性、情境性,从秦人祭祀黄帝、炎帝也可说明。黄帝、炎帝本是姬、姜两姓的上帝,却在战国早期被秦人拿来作了自己的上帝。这跟商代晚期周原甲骨文反映的周祖也祭祀商人的祖先,是同一个道理。那就是:周人是商的臣民。姬、姜两姓是构成华夏的主体族群,秦人把他们的上帝黄帝、炎帝拿来祭祀,可以看作是"秦人"上层给那些姬姜的子孙们宣示权威的政治行为,是秦人的上层主动把他们的祭祀系统纳入到"华夏"系统的一个证明,也是秦人后来整合上帝系统企图的前奏。可以想见,那些自我认同是"秦人"的人,必定是那些同意如下论点的人:是皇天授予了秦以人民疆土的,这与华夏是一样的,秦统治者的权威是"合法"的。

总之,上帝崇拜是秦之上层对内对外合理自己权威的一种举动,具有强烈的宣示意义:对内,"秦人"当然须承认他们的权威;对外部"华夏"来说,既然与商周一样,秦也是受天命得国,则"秦人"的身份不是"华夏"又是什么?

通过政治上尊周、自称为"夏",以及与华夏的往来、对华夏文明的模仿和学习,并通过对周人上帝崇拜的继承(畤、炎黄帝)和发明(四畤四帝),自认为华夏的一员,而以周王室为首的华夏集团,也以册命、亲属关系(婚姻)、聘享之礼等等,承认了"秦人"的华夏身份。若按照族群为自我归属与被归属的概念这个界定去分析,可以说,秦人通过这些手段,获得了"华夏"的身份认同。

以上我们具体论述了西周中期以来秦内部的族群关系,以及秦与戎狄、华夏的关系。这三种关系的特征,是强调秦、戎之别而艳羡华夏,"秦人"就是在这样的区分和身份认同下得以建构。下面我们将从文献如《史记·秦本纪》、古文字材料如青铜器铭文、考古材料三种资料中更详细地分析,自西周晚期以来至于战国早期,"秦人"的族群意识和认同是怎么产生的,是凭借什么"标识"得以维持、延续和变迁的。即:通过这些"标识","秦人"怎么样维系自己内部成员的凝聚以及与华夏之间的相似性,同时又区别了"秦人"与"蛮夷",从而使"秦人"族群认同得以产生和延续。

二、"秦人"族群认同的产生、维持和变迁

西周中期孝王时代,秦祖非子为周室养马有功,被封于秦地,这是秦人得名为"秦"的开始。从此,"秦人"族群意识开始产生,他们知道自己是一群称号为"秦"的人,并且具有内部相似性、与比邻的族群不同。这种族群意识的根基,是周人的分封所给予的,其次被秦人所认同的。这与 1949 年后我国一些少数民族的族群意识一样,都是由政府命名、然后被这个族群自己所认同的。在由此开始的"秦人"认同产生与维持过程中,周王朝一直作为一个基本的力量,起了很大的作用。从非子开始,"秦人"有了"嬴"这个姓与"秦"这个名号——当是人类学上的氏族之名。无论是秦人的祖先此前就是嬴姓,还是此时才被认定,此时的周王朝使秦人"复续嬴氏祀",即作为嬴姓的正宗传继者,都凸显了周王朝在"秦人"族群产生过程中的重要作用。封非子于秦,使"秦人"得名为"秦",也显示了周王朝的这个作用。就是说,在"秦人"根基性的族群认同产生的过程中,周王朝起了重要的作用,"秦人"族群认同的诞生,是由周王朝认定、"秦人"所认同的。

族群认同一经诞生,就会发生根基性的作用,决定了族群成员的心理归属,有时甚至会使族群成员赴汤蹈火而在所不惜。同时,现实的族群关系以及族群利益的变化,也会导致族群认同的变迁,特别是在西周晚期以来,夷夏矛盾变得尖锐的情况下。

族群认同作为一个族群生成和延续的基本要素,为了在与其他族群的互动中保持族群认同,维持族群的边界,就必须有判别族群成员的标准和标志。族群的精英阶层可以借助这些"标签"的变化,改变族群认同,调整族群边界,从而把不同的人士吸纳或排除于族群之外,维护自我族群的延续和利益。在本节中,我们可以观察这些族群标志,来观察"秦人"族群边界的变化,也就是"秦人"内涵的变迁。

西周中期至战国早期,可以作为"秦人"族群边界的标志是什么?综合起来,可以作为"秦人"认同的边界标志即区分"秦人"的标准的,有如下几项:第一,共同的祖先及历史传说;第二,文化;第三,姓氏;第四,地理因素。下文分项叙述。

(一) 共同的祖先及历史传说

每个族群都要有自己的祖先与历史传说,例如炎黄传说之于"中华民族"。这个传说不必是历史的真实,经常有虚构的成分,主要是一种心理归属。作为一

种共同的历史记忆，祖先与历史传说对于族群认同，有着重要的作用。马克斯·韦伯在对族群下的经典定义中，就强调了"迁移中的共同记忆""共同的世系"对于建构族群的重要性①。同样有此观点的还有凯斯②、纳盖塔、郝瑞③等学者。

秦史的资料历来因为缺乏而令人遗憾。秦人不像周人那样，有《尚书》以及《周颂》之类的史诗，让我们可以知道秦人是怎么样来追溯自己建国前的历史的，只有《史记·秦本纪》这样单一的材料。可稍补其缺憾的是一些金文材料。

《史记·秦本纪》是从秦人官修史书《秦记》而来，已经有学者加以专门研究④。《秦记》"不载日月，其文略不具"⑤，内容简略。司马迁作《秦本纪》，是参考了《秦记》并综合了其他资料而成的。从云梦秦简《编年纪》等秦人记事形式来看，我们知道《秦记》的风格，是以记录"秦人"所认定的"大事"为主的。

《秦本纪》记载，文公十三年（前 753 年）"初有史以纪事，民多化者"。"初有史以纪事"，可以简单地理解为设立史官记载秦人的大事，只是记载秦人的史书《秦记》就由此开始产生，这与诸侯的"百国春秋"没有什么区别，没什么特别的含义。可是从族群理论的角度来看，这是秦人官方建构"秦人"历史的行为。按照民族学、人类学的例证，一个族群在建构自己历史的时候，必然要涉及祖先与历史传说、世系等方面。笔者曾经在一篇文章中指出，襄公之兄世父，并不是其本名，而是文公（襄公子）时代才开始设立的史官，站在秦人的角度追述文公以前的历史，"世父"是文公对他伯父的称呼，史官写入《秦记》，而司马迁在作《秦本纪》时照抄了《秦记》原文⑥。这个例子证明《秦本纪》所记的秦人在文公时代"初有史以纪事"的可信性。可是，我们今天看到的《秦本纪》，所记载秦人早期的历史，

① Max Weber, *Ethnic Groups*, In *Economy and Society*, Vol. I (Berkly and los Angeles: University of Clifornia press, 1978). From: *Ethnicity*, Edited by John Hutchinson and Anthony D.Smith, Oxford University Press, 1996.

② Chales Keyes, *Toward a New Formation of the Concept of Ethnic Croups*, Ethnictiy 3, 1976.

③ ［美］斯蒂文·郝瑞著，巴莫阿依等译：《田野中的族群关系与民族认同——中国西南彝族社区考察研究》，广西人民出版社，2000 年，第 58～60、126～127 页。

④ 顾颉刚：《中国上古史研究讲义》，中华书局，1988 年，第 136～153 页；金德建：《〈秦记〉考证》，《先秦诸子杂考》，中州古籍出版社，1982 年，第 415～423 页；王子今：《〈秦记〉考识》，《史学史研究》1997 年第 1 期。

⑤ 《史记·六国年表》。

⑥ 史党社、田静：《秦人历史新探——从西汉水流域新近的考古调查说起》，徐卫民、雍际春主编：《早期秦文化研究》，三秦出版社，2006 年。

已经到了颛顼的时代,远比春秋早期的文公为早。笔者认为,很可能在记载襄公、文公这样的"当代史"的同时,《秦记》也有选择的"追忆"了更早时期的历史,因为现今的《秦本纪》,在文公之前,还有大段的关于"秦人"早期历史的记载,我们显然不能把这些文字都认为是司马迁本人才有的记述,有的应是《秦记》时代就有的。

在《秦本纪》中,颛顼被认为是秦祖,颛顼后人秦祖女修吞了玄鸟卵,然后生子大业。大业娶少典氏之女,生秦祖大费,即伯益,伯益在舜的时代,既平水土,又为舜调驯鸟兽,被舜赐姓嬴。后来夏商周三代,秦祖都与三代王室有密切的关系,直到西周中期被封于秦,依然如此。

先来看看颛顼。颛顼为秦祖,大部分学者对此没有怀疑①。春秋时代,颛顼在人们心目中是古代圣王,曾经生活在东方卫地,卫为颛顼之墟②。卫国的地域包括今天河南东、北部以及山东西南部③。陈也被认为是颛顼之后④。还有有虞氏、夏后氏,都曾被认为是颛顼之后,以颛顼为祖先神⑤。同样被认为是颛顼之后的还有许多国家,例如《左传》记载的嬴、芈、姒、曹、妘、偃、董等姓方国,都是颛顼之后⑥。这些以颛顼为祖的族群,除秦、楚外,大部分生活在东方黄淮一带。在东周人的心目中,颛顼是一个被许多族群认同的祖先。

按照《尚书·吕刑》以及《国语·楚语》中楚臣观射父的解释,颛顼在历史上最有名的事迹,就是继少暤而立,"绝地天通",改变"家为巫史"的局面,绝民、神相通之道⑦。有意思的是秦立国后所祠上帝即为少暤,并认颛顼为祖。

---

① 司马贞有所怀疑。《史记·秦本纪》之司马贞《索隐》:"女修,颛顼之裔女,吞鳦子而生大业,其父不著。而秦、赵以母族而祖颛顼,非生人之义也。按:《左传》郯国,少昊之后,而嬴姓盖其族也,则秦、赵宜祖少昊氏。"

② 《左传》昭公十七年。

③ 《山海经·大荒北经》记载:"务隅之山,帝颛顼葬于阳,九嫔葬于阴。一曰爰有熊、罴、文虎、离朱、鸱久、视肉。"郭璞注:"颛顼,号为高阳,冢今在濮阳,故帝丘也。一曰顿丘县城门外广阳里中。"《大荒东经》:"东海之外大壑,少昊之国。少昊孺帝颛顼于此。"《大荒南经》:"又有成山,甘水穷焉。有季禺之国,颛顼之子,食黍。""有国曰颛顼,生伯服,食黍。"郭说、《大荒东经》《大荒南经》之记载,都是颛顼出东方说法的遗留。

④ 《左传》昭公八年:"陈,颛顼之族也。"

⑤ 《国语·鲁语》:"有虞氏禘黄帝而祖颛顼,郊尧而宗舜;夏后氏禘黄帝而祖颛顼。"

⑥ 严军:《〈左传〉姓氏相关问题的探索》,《浙江学刊》1994 年第 4 期。

⑦ 《国语·楚语下》。

颛顼在文献中被认为即高阳①。可是笔者认为,这个时候颛顼与高阳是否就是一人,还有可怀疑的余地。例如,《左传》文公十八年(前 609 年)说:"昔高阳氏有才子八人",同文又说"颛顼有不才子",似乎高阳跟颛顼不是一个人。稍后的春秋晚期的秦公大墓石磬铭文中也有"高阳"字样出现。产生于战国中晚期之交楚怀王时代(前 328～前 300 年)的《离骚》②说:"帝高阳之苗裔兮",也不提颛顼。直到汉初《大戴礼记·五帝德》才有了"帝颛顼……曰高阳"的说法。当然《五帝德》的成书可能在汉初,但颛顼即高阳的说法应在战国时代就已产生,此前颛顼是否高阳,并没有明确的证据。顾颉刚也因此怀疑颛顼即高阳的真实性③。

除了古史系统中的"圣王"角色,颛顼在战国秦汉白、黄、赤、青、黑的在天帝系统中,也是作为天上的"五帝"之一存在的,例如《楚辞·惜颂》④《吕氏春秋·十二纪》《礼记·月令》⑤等文献。这个系统经过了从西周到东周的一个发展过程。秦宣公立密畤祭青帝,秦灵公作吴阳上畤,祭黄帝;作下畤,祭炎帝。秦献公畦畤栎阳而祀白帝。秦人有"四帝",可是颛顼却在不其中。直到汉初高祖立祠把黑帝加了进去成了"五帝",这个黑帝,秦汉人理解的就是颛顼。令人注目的是颛顼一直不是秦人的上帝,他在秦人心目中,是没有"上帝"身份的,只是被当作秦祖存在于秦人与战国之后"华夏"的古史系统中。

自战国中后期开始,颛顼在以黄帝为首的古史系统中,正式拥有了古代圣王的身份地位,成为"五帝"之一,例如《秦本纪》所记载的"五帝"。此前的春秋时代,颛顼与黄帝的关系,仅仅是传说中并列的古代圣王而已,与战国以后"五帝"系统中变为父子关系的情况不同,春秋时代黄帝的地位并不突出。如《左传》昭公十七年郯子所言,就是黄帝、炎帝、共工、太皞、少皞并为古代"圣王"。《国语·鲁语》鲁臣展禽之言中,也是把黄帝、颛顼、帝喾、尧、舜、鲧、禹、契、冥、汤、稷、文、武等并列为祖先神灵。但黄帝地位之高,已经约略可以看出,此种排列已经孕育

---

① 《大戴礼记·五帝德》《史记·五帝本纪》、《国语·鲁语》韦注等。

② 《史记·屈原贾生列传》。

③ 顾颉刚:《中国上古史研究讲义》,中华书局,1983 年,第 97 页。

④ 《楚辞·惜颂》"令五帝以鲫中兮",王逸《章句》云五帝为:东方太皞,南方炎帝,西方少昊,北方颛顼,中央黄帝。

⑤ 《吕氏春秋·十二纪》五帝是:东方太皞、南方炎帝、中央黄帝、西方少皞、北方颛顼。《礼记·月令》同。

着后来《吕氏春秋·尊师》《世本·帝系》《大戴礼·五帝德》,直至《史记·五帝本纪》的"五帝"古史系统的萌芽。至于战国中后期,周秦诸子已经多言五帝三王,以五帝为中心的古史系统已经建立起来①,司马迁因此作了《五帝本纪》,作为《史记》"本纪"之首,黄帝的地位也真正变得突出,颛顼也"正式"成了黄帝之后。这个系统影响了中国历史几千年,对于"汉"族的形成起了很大作用,伴随五帝古史系统的建立,原先的华夏族群也过渡成了"汉"族。从"五帝"系统形成的历史来看,颛顼被作为"五帝"之一,秦人的推崇功不可没。就是说,作为"汉人"形成的标志之一,在"中华民族"形成的历史上,"秦人"也起了很大作用!

秦人的古史系统,从早期的《秦记》到《吕氏春秋》中的颛顼和五帝,可以看出秦人精英阶层打造并"扩展"祖先的过程,虽然后来的秦始皇并没有把五帝放在眼里。这个建构的过程,当从西周中期非子封秦、"秦人"族群意识觉醒的时候算起。"秦人"精英阶层"打造"的祖先,有从颛顼到五帝,即由小到大的变化,这跟"秦人"的"内涵"的扩大,是相一致的。按照此规律去推测,既然颛顼是春秋时代或者此前的西周中晚期"秦人"建构或强调的祖先,那么此前的"秦人"祖先,很可能就不是颛顼。这点也顺势割断了"秦人"与东方的联系:若说颛顼为秦祖乃是一种主观的建构、不承认颛顼乃更早时期"秦人"的祖先,则很难说秦人来自东方!

再来看"秦人"的历史传说和世系。《秦本纪》中"秦人"的历史传说的特点,很有西周春秋时代的影子。除了颛顼以祖先的面貌与华夏类似外,秦人的"历史",最大的特点就是把秦祖与少典氏黄炎之族②、舜、三代诸族扯在了一起。如上所述,春秋时代以周王室为代表的华夏族群,是以姬姜为主,混合古代圣王如神农、黄帝、尧、舜、禹及商之后的综合体。秦人与之有关,不正是西周晚期至于春秋时代秦与华夏关系的影射吗?秦人的世系,自西周以后基本完整,商以前比

① 按"五帝"的古史系统大致有二:《吕氏春秋·尊师》《世本·帝系》《大戴礼记·五帝德》《孔子家语·宰我问》《史记·五帝本纪》等等,均以黄帝、颛顼、帝喾、唐尧、虞舜为五帝;孔安国《尚书序》、皇甫谧《帝王世纪》及《世本》孙氏注等,皆以伏羲、神农、黄帝为三皇,少昊、颛顼、高辛、唐、虞为五帝。另外,战国时代人们心目中的古史系统很复杂,如除了上述著作外,还有《庄子·胠箧》《管子·封禅》,以及新出土的上博楚简《容成氏》等,都有异说。在上述两个系统中,颛顼都位列其中,足见其在东周时代人们心目中的地位。

② 《国语·晋语》说:"昔少典娶于有蟜氏,生黄帝、炎帝。"《秦本纪》记载秦祖也娶少典氏,即黄炎之族。

较混乱模糊。《周礼·小史》记载："小史掌邦国之志，奠系世"，秦人的世系，也当是由史官记载的。这个记录想必是与"秦人"祖先与历史传说的建构同时进行的，也是一种"追溯"与重构。这个世系的真实与否对我们来说都不重要，重要的是它与秦人的历史故事，构成了一个比较完整的秦人"历史"，而且这个"历史"颇有西周春秋时代的影子。

祖先及历史传说，是构成一个族群的主要因素及标志，历来受到人类学家、历史学家的重视。作为一种社会历史记忆，祖先及历史传说是创作、记录、强调这个系统的人，为了合理化当时的现实利益和人群区分的主观创造。把颛顼放在古史中的"五帝"系统形成过程中去看，从东周秦汉这个系统的形成与华夏到"汉人"的演变的关系中，我们可以体会春秋时期"秦人"以颛顼为祖先的深刻含义：以颛顼为祖，"秦人"靠上了东方的华夏；与颛顼、黄帝之族、三代的关系，反映了西周春秋时代秦与"华夏"的关系。通过建构自己的祖先、强调与"华夏"祖先的关系，秦人也获得了"华夏"的身份。同时，那些想进入"秦人"的异族，完全可以假借为颛顼之后，从而获得"秦人"的身份。后一方面的例子还是有的。例如，比《左传》《国语》时代稍后的《山海经》，其中《大荒北经》记载："西北海外，流沙之东，有国曰中𪚔，颛顼之子，食黍。"东方的颛顼又到了西北流沙之中。《海内东经》记载："汉水出鲋鱼之山，帝颛顼葬于阳，九嫔葬于阴，四蛇卫之。"颛顼又到了西南。《大荒西经》记载："有国名曰淑士，颛顼之子。""有芒山、有桂山、有榣山，其上有人，号曰太子长琴。颛顼生老童，老童生祝融，祝融生太子长琴，是处榣山，始作乐风。"等等。这些显然都与处于西方的秦人对颛顼的认同有关，是秦人使颛顼从较早传说的东方流传到了西方。又如，《汉书·地理志》记载，汉代陇山之麓的朝那县有端旬祠十五所。朝那在今宁夏固原，"端旬"就是颛顼。显然这么多数量的颛顼祠不是汉代才有的，因为灭了秦的汉人不可能去立祠祭祀秦人的祖先。朝那一般被认为先秦时代为乌氏戎之地[①]，这应是先秦时代秦甚强大后，处于"边缘"的乌氏戎，为了改变自己的身份，假借或被假借了"秦人"的祖先，使是自己也成为"秦人"。按理，这个过程必发生在春秋中期秦霸西戎以后。这

----

① 顾颉刚推测在今甘肃平凉西北，与此相合。参顾颉刚：《秦与西戎》，同作者：《史林杂识初编》，中华书局，1963年，第59页；罗丰：《固原青铜文化初论》，《考古》1990年第8期。

个传说的最初来源,一定像大戎狐氏出自唐叔的说法一样,是乌氏戎自己或者秦人的上层从秦的祖先传说中假借过来的。上引《山海经》中的一些材料,来源也当如此,都是随着秦人势力的扩展,那些比邻的族群主动或被动地改变自己的身份,因此改变自己的祖源记忆,从而使颛顼的传说流布扩大的。

所以,在建立"诸侯"国家的同时,若要以祖先传说作为边界标志,构建新的族群,则必重新组织、建构一个共同的祖先及历史传说。襄公立国五年而卒,可能无暇顾及这个工作,因此就自然落在随后在位长达五十年的文公身上,文公十三年"初有史以纪事"的一个重要内容,就是重新"塑造"自己的祖先及历史传说,一如上文已经论述的那样。祖先及历史传说对于"秦人"建构的重要性,在540年后秦始皇三十四年(前213年)的焚书行动中,仍然显示了出来:在这个活动中,"史官非《秦记》皆烧之"①,史官所存的秦人史书《秦记》唯独保留,而其他国家的史书例如原来的《春秋》之类,则被全部焚毁,同样没有被烧掉的是社会影响较小的卜筮种树之书。

强调"秦人"祖先及历史传说的主观建构性质,并不否认秦人早期历史中具有的一些合理真实的"内核""质素"。我们想知道的是,在什么情况下,秦人的上层利用这些已有的资料,加上强调和遗忘、甚至虚构,重新组织、选择、阐释,从而书写了自己的历史。这个"历史"建构的基本背景,就是在西周晚期以来族群对立和区分的情况下,"秦人"强调自己与华夏的相似、而与戎狄有别。

(二) 文化

文化被许多历史学者、人类学者认为是先秦时期区别夷夏的主要标志之一②。在人类学家的眼中,"文化"是一个宽泛的概念,有可观察的文化,也有不可观察的,包括物质技术、社会政治制度与伦理、精神文化等不同层次③。文化作为一种根基性的因素,可以促使族群认同的产生;而一些有重要意义的文化特征,也可被当作族群的标签即"文化标识",这些特征会被族群成员认为是自身独有的、区别于别的族群的特征④。在可观察到的文化特征中,我们可以列

---

① 《史记·秦始皇本纪》。
② 童书业、顾颉刚、陈致、马戎等论著。
③ 李亦园:《人类的视野》,上海文艺出版社,1996年,第100~108页。
④ [美]郝瑞著,巴莫阿依等译:《田野中的族群关系与民族认同——中国西南彝族社区考察研究》,广西人民出版社,2000年,第111页。

举属于物质层面的秦之器物,还有语言,以及精神层面的陈宝及怒特(牛神)祠,等等。

先说物质文化的一面。近年,考古学者对西汉水流域与秦文化相关的 38 处周秦遗址进行了调查,可知从西周晚期到春秋早期,本地出现了一个文化繁荣的阶段,几乎是本地区自新石器早期至汉代早期以来,文化最为繁盛发达的一个时期;而且,秦文化的特征也开始显现,已经有别于周文化,形成自己独特的文化特征。据调查者说,在西周早中期,这里的文化与关中周文化类似,但在西周晚期,则出现了新的情况:"西周晚期遗存与关中周文化虽也相似,但鬲多敛颈鼓肩,鬲、盆口沿面的内外较多出现旋纹,出现了喇叭口罐等,已经显示出一定的特点,与秦文化有一定的相似性,似乎已经属于早期秦文化的范畴。"东周时期也以春秋早期的遗存发现最多,属于秦文化的范畴①。秦文化形成特色,就在西周晚期以后;繁荣则在西周晚期—春秋早期,这正是我们上面屡屡提到的秦人族群建构的关键时期,这应是"秦人"族群意识产生后,在文化上的一种自觉。

如果上述普通的陶器还因为比较平民化、级别较低,不能说明"秦人"的主观的族群认同,因为族群的主观建构大部分都是精英即上层的行为,那么我们上面提到的本时期属于秦上层的礼乐器的存在,就是最好的说明了②。这些礼乐器,一方面有秦之区域文化的特色,也有强烈的华夏色彩,而与戎狄文化决然不类。这说明秦人在建构族群的时候,也是用这些"自我"的文化特征,作为族群的标志,以区别戎狄而厕身华夏。分辨作为族群"边界"标志的文化特征,是一个复杂的问题,因为不是所有的文化特征都会被拿来作为族群的标志,有的特征甚至是没有物质表象而不可观察的。我们从族群关系这个"情境"来分析,只能肯定那些秦贵族使用的青铜礼乐器之类,是秦上层刻意用来作为"秦人"的标志的。其他哪些文化因素还可以作此用途,我们还不能进一步知道。

同时,我们还需要注意的是,如同郝瑞所指出的那样,国家一旦确定了民族,

---

① 早秦文化联合考古队:《西汉水上游周代遗址考古调查简报》,《考古与文物》2004 年第 6 期;张天恩:《甘肃礼县秦文化调查的一些认识》,《考古与文物》2004 年第 6 期。
② 除了原来发现的青铜礼器,近年在礼县大堡子山发现的春秋早期的"乐器坑",也是绝好的证明。参早秦文化考古联合课题组:《甘肃礼县大堡子山早期秦文化遗址》,《考古》2007 年第 7 期。

民族就将具有永久性,随着时间的流失,文化特征对于民族来说,将越来越不重要,这将又一次把地盘让给原生论和工具论的解释①。也就是说,一个民族、族群的认同一经产生,它的维持、变迁、消亡,既受现实的工具利益的影响,也可能受原生的族群情感的影响。马戎也指出:"民族划分与族群名称一旦形成和确立,即会产生一定的固定形象(image)和符号象征(symbol)意义,称为人们相互认同和进行社会动员的工具。即使各族群之间在体质、文化(语言、宗教等)、经济活动、生活习俗方面的差别逐步消失之后,'民族'的象征意义仍可能借助其他工具(古代传说、圣迹、英雄人物等)来得到维系,甚至'再创造'。"②秦人的建构过程(如下文所将要论述的),在春秋早期告一段落,作为族群标志的文化特征,地位随之降低。通过春秋早期秦上层的努力,"秦人"已经有了基本的构架。"秦人"与"戎狄""华夏",在三者心目中,都已成了有区别的人群,无论族群标志如何变迁,这种主观的差别即族群的界限是一直存在的。"秦人"——连同与之互动的"戎狄",都可能不再需要强调文化特征来表达各自的族群特性。这是一种基于根基性的分析。另一方面,换个角度来看,夷夏对立在春秋中期以后变得不那么尖锐,而且夷夏之界并不被像以前那样刻意被强调,这种工具利益的变化也促使"文化标识"的作用降低。这可以解释为什么春秋晚期到战国早期在臣服于秦的"戎狄"地域内,鄂尔多斯文化因素的扩展。

其次说语言和文字。

共同的语言(包括文字)有时可以促使族群认同的产生,也可以被当作族群的"边界"标志。

秦人也使用与"华夏"共同的语言,即所谓的"华夏共同语",起码社会的上层如此。例如,我们上文所举的"世父"的例子,除了对于"初有史以纪事"可靠性的证明,也可以说明以下问题:两周之际秦人的亲属称谓,已经与周相同。亲属称谓是人类学极端重视的一个问题,经常被用来研究不同的社会结构,这不但证明秦、周制度深刻悠久的历史联系,也说明秦、周两个族群,使用的是同一语言。又如,《左传》《诗经》《史记》,记载春秋时代的秦人上层,有赋诗以言志的习惯,这本

---

① ［美］郝瑞著,巴莫阿依等译:《田野中的族群关系与民族认同——中国西南彝族社区考察研究》,广西人民出版社,2000年,第27页。

② 马戎:《关于民族研究的几个问题》,《北京大学学报(哲学社会科学版)》2000年第4期。

是周人习俗，秦人却学得很地道，也足证秦人上层与周贵族一样，使用的是与周人相同的语言。特别应该注意的是《诗经·秦风》的证据，《秦风》诗的来源包括有秦地的下层，它告诉我们，秦人的下层，也应与上层一样，使用的可能也是"华夏共同语"。

至于作为语言外壳的文字，对于周文字的继承，有青铜器铭文等类证据可说明其无可置疑。从西周晚期的不其簋，到春秋初年的"秦公"诸器、"秦子"诸器①、秦公及王姬钟、镈，再到春秋中晚期的传世秦公钟、秦公簋、秦公大墓残石磬铭、石鼓文②等材料，都说明所谓的"秦系文字"③，是直接从西周文字继承而来，并在春秋早期形成了自己的风格。

秦人的上层使用的"华夏共同语"，可能是作为一种官方的交际语而存在，在日常生活中，也可能用的是秦地方言。无论如何，秦人的语言，都与西周春秋时代的"戎狄"语言差别更大，而与"华夏"语言具有更多的相似性。因此，语言在"秦人"心目中，是作为一种"华夏"认同的标志而存在的。

最后说陈宝和怒特祠。

根据《秦本纪》的记载，那个人文气息浓厚、在位时间在秦的历史上只比昭王短的秦文公，在其十三年（前753年）做了像"初有史以纪事"那样的大事之外，在十九年（前747年）还立陈宝祠、二十七年（前739年）立怒特祠。《封禅书》记载："作鄜畤后九年，文公获若石云，于陈仓北阪城祠之。其神或岁不至，或岁数来，来也常以夜，光辉若流星，从东南来集于祠城，则若雄鸡，其声殷云，野鸡夜雊。以一牢祠，命曰陈宝。"陈宝无论按照哪种文献记载，其都是一块石头而已，不过这块石头是灵异的④，秦文公以一牢祠之，比起九年前所立的以三牢祠之的鄜畤来说，也够隆重了。后来也一直如此，《封禅书》说秦代"唯雍四畤上帝为尊，其光景动人民唯陈宝"，陈宝在民间的影响力是相当大的。由于陈宝神若雄鸡，现在的宝鸡得名，也与此有关。这个传说中的神灵叫声跟雄鸡差不多，让人不由得想

---

① 关于"秦子"诸器的统计，可参梁云：《"秦子"诸器的年代及有关问题》，《古代文明》（5），文物出版社，2006年。

② 凡此文字资料，除"秦子"器又可参梁文外，其余皆见王辉：《秦出土文献编年》，新文丰出版有限公司，2000年。

③ 陈昭容：《秦系文字研究：从汉字史的角度》，中研院史语所，2003年。

④ 参《史记》之《秦本纪》《封禅书》，以及《汉书·郊祀志》注等。

起周人有天下之前"凤鸣岐山"的传说,这个祠之所在,当在今宝鸡市东渭水北岸的大塬上。

怒特即牛神,怒特祠在南山之上,也就是今天宝鸡市南侧的秦岭之上,流传时间很长,一直到汉魏时代[1],祠所在汉魏故道县,大致在今凤县东北嘉陵江源头附近[2]。

陈宝与怒特一样,都是因应妖祥随地所立之神灵,这种随意性,反映的是秦祭祀的特点,秦人连上帝祠都立了四个,其他神灵随地而立,也是可以理解的。

陈宝、怒特祠与上帝不一样,后者从初衷到形式(畤),都与商周以来的天命观,以及周人的立畤祠上帝的习惯有关,是周人传统的延续,陈宝、怒特祠则是具有秦人祭祀特点的神灵。可是,为什么一块石头或者灵异的神牛,会得到这么隆重的祭祀,恐怕不能单单用秦人好鬼随时随地立祠之类的说法来解释。

其中原因,与上文说的秦器特点在西周晚期到春秋早期的形成,是一个道理,都是秦人族群意识觉醒后,在文化上的一种自觉。通过不断重复的祭祀仪式,秦人上层的权威得到的宣示,而"秦人"这个概念,也成了所有"秦人"心目中永久的集体记忆。按照社会记忆的观点,这种活动的形式比内容可能更为重要,重要的是仪式的宣示性:通过对陈宝、怒特神灵的信奉和祭祀仪式的不断重复和操演,共同的"集体记忆"得以强调[3],"秦人"族群因此也得以凝聚。

(三) 姓氏

西周春秋时代,姓氏是与血缘密切相关的概念,例如《左传》记载:"凡诸侯之丧,异姓临于外,同姓于宗庙,同宗于祖庙,同族于祢庙。"[4]同时又说"男女同姓,其生不蕃"[5],都说明了姓氏乃是区别血缘的标志这个道理。如《左传》僖公三十一年(前629年)"鬼神非其族类,不歆其祀",指的是同姓(即杞、鄫等小国,同为姒姓)、同血缘之人群。成公四年(前587年)的"非我族类,其心必异",所言晋、鲁为同一"族类",也是同姓血缘人群的意思。"非我族类,其心必异"中的"族类",有的人类学者认为,应以杜注"与鲁异姓"为是,是以姓为区别的。笔者不同

---

① 《史记·秦本纪》之《正义》引《录异传》。
② 《史记·秦本纪》之《集解》引徐广说。
③ [美]保罗·康纳顿著,纳日碧力戈译:《社会如何记忆》,上海人民出版社,2000年,第59页。
④ 《左传》襄公十二年。
⑤ 《左传》僖公二十三年。

意有的学者认为"族"虽是表示以血缘姓氏为纽带的群体,但并不是"民族"或"族群"的观点①。这里以姓氏血缘划分的"族类",其实就是"族群"。

姓氏也是春秋以来区分、界定华夏与非华夏族群的一个标志,虽然这个标志有时被使用得并不那么严格②。秦人也是如此,不然不会在《秦记》《秦本纪》中加以特别地记述与强调。

按照《秦本纪》的记载,秦人得名为"秦",是在西周中期的周孝王时代③,秦祖非子因为养马有功,被周王室封于"秦",这个地名所指现在还不能肯定,但大致不出今陕西宝鸡市西到甘肃清水、张家川一带,秦人得以"复续嬴氏祀",即作为嬴氏之后而存在。秦祖非子也被称作"秦嬴",是因"秦"这个地名而得名,"秦嬴"即秦地的嬴姓之后的意思。从此以后,"秦人"的政治地位开始逐渐显赫,最终完成了从附庸到诸侯,再到帝国的社会演变过程。

得姓为"嬴",以及名族为"秦",是两个不同的事情,下面分开叙述。

先说得姓为嬴。

笔者认为,这个姓的得名,与姜氏之戎自认为姜姓的四岳之后、鲜虞姬姓、莱夷姜姓、越为姒姓(与夏同姓)、吴为姬姓等相似,都是蛮夷族群想跻身华夏族群的证据。

嬴姓是起源于山东半岛的古老族群,其后至少有 13 支:徐氏、郯氏、莒氏、终黎氏、运奄氏、菟裘氏、将梁氏、黄氏、江氏、修鱼氏、白冥氏、蜚廉氏、秦氏、赵氏④。这些嬴姓后裔,分布于今山东、河南、安徽、山西、陕西、甘肃一带,除了秦、梁(即将梁,地在今陕西韩城)分布于陕西、甘肃外,大部分分布于东方,但都在秦以东。"秦人"自认为嬴姓正宗,表明的其实是一种自我认为东方族群的意识,隐喻了与其所处的西方戎狄的不同和差异。秦人卑贱的时候,是不可能有姓的⑤。笔者十分怀疑,秦为嬴姓,很可能西周中期以来至于春秋时代"秦人"上层的主观造

① 如马戎:《中国传统"族类观"与先秦"族"字使用浅析》,乔健等主编:《文化、族群与社会反思》,北京大学出版社,2005 年。

② 有的学者不同意姓氏作为区分族群的条件,如童书业、顾颉刚各自的文章,其实是忽视了族群"边界"的情境性和包容性。陈致还把姓氏作为夷夏的边界之一。

③ 按照"夏商周断代工程"所公布的年表,孝王大致公元前 891—前 886 年在位。

④ 《史记·秦本纪》司马迁之言。另参史党社:《秦人早期历史的相关问题》,《秦文化论丛》第 6 辑,西北大学出版社,1998 年。

⑤ 即《国语·周语下》中的"失其氏姓"。

作,目的是向"东方"靠拢,以与西方戎狄有别。此点的作用与秦人的祖先和历史传说所具有的东方华夏色彩是同一个道理。

其次说族名"秦"。

秦,其实是以国为氏①,即以所在地为族群名。

"氏"在传统文献中是常见之词,从族群的角度看即族群之名,在本书中,笔者把"秦"看作一个族群名,非子封秦,就是秦人得名为"秦"的开始。从此,"秦"作为秦的族群名,存在于中国历史 600 余年②。《秦本纪》载非子被封于秦,"号曰秦嬴","秦"这个名称可以断定不但是其他族群对秦人的称呼,也是秦人的自称。因为如果单是他人对秦的称呼而秦人自己不承认,则不会有以后以"秦"名之的诸侯国了。

人类学理论认为,族群之名,对于族群认同的产生和族群的建构,具有重要的作用③,特别是共同的自称族号,是族群形成的标志之一④。这种族号,具有不同的内涵,同时具有排他性。"秦"是嬴姓的分支,在得名为"秦"后,"秦"就像一面旗帜,在认同这个名号的前提下,把无数的人群与个人纳于其内,使"秦人"由一个大致只有百千人的群体,演变成了一个拥有数百万以上人口的庞大族群。从"秦"这个族名来看,真正的社会人类学意义上的"秦人"族群的建构和形成,就是从非子封秦开始的。

这个名称由周王室封秦祖非子于秦而得名,成为"秦人"自身以及与其互动的"华夏"和"蛮夷"都认可的族名。可见,秦人族群意识的产生,就应从非子封秦算起。"秦人"族群的建构历史,也应从此算起。从此开始,"秦人"认同作为一种根基性的感情,一直影响着秦的历史。我们在强调现实利益的争夺在建构"秦人"中的作用的同时,也不能忽视"秦人"的族群意识这些根基性的原因。

(四) 地理因素

在西周中晚期、春秋以来的夷夏对立中,华夏的精英阶层在塑造夷夏之界时,夷夏的地理分布,也常常被当作区分夷夏的标志。华夏、"诸夏"经常被称作

---

① 关于以国为姓等姓氏制度,参看李学勤:《考古发现与古代姓氏制度》,《考古》1987 年第 3 期;陈絜:《商周姓氏制度研究》,商务印书馆,2007 年。

② "秦"之名,甚至在秦以后还发生着影响,例如居延汉简中的"秦胡"。

③ 陈志明:《族群的名称与族群研究》,《西北民族研究》2002 年第 1 期。

④ 王明珂:《华夏边缘——历史记忆与族群认同》,社会科学文献出版社,2006 年,第 147 页。

"中国",而蛮夷被想象为本来居住于"中国"之外四裔的人群。这就如同今天所谓的城里人、乡下人,或者平原地区人士与山里人士之差别一样。西周、东周时代的"中国",大致是指南到汉水流域、北到燕山、东到山东半岛、西到陇山的一个广阔的地理区域,而且总的趋势是逐渐扩大的。包括的国家,有三晋、东西周、齐鲁、燕、赵、宋、卫诸国,还有汉水流域之姬姓小国如随之类①,而处于边缘的秦、楚、越等,曾经不被认为是"中国"。从东周华夏认为夷、夏的分布有"中国"与非"中国"的区别可知,东周时代人们的主观意识中,区分华夏与非华夏族群时,还夹杂着地理因素。

"秦人"与"西戎"的地理差异,是以千水、陇山为坐标的,这也曾是东周秦汉时代"中国"的西界之一②。在上文中,我们已经提到"秦人"自称"夏""中国",都是就"秦人"自我认为的地理分布而言的,秦自认与戎狄居地是不同的。可见,地理因素也是"秦人"自我认为的秦与夷相区别、与华夏则同类的边界。在战国中期以后,这个观念发生了变化,下文还有叙述。

在分析界定、区分族群的边界标志时,体质血缘、祖先历史传说(包括世系)、文化特征、语言、宗教、姓氏、地理、政治、经济形态等因素,都经常被当作考察的对象。在我们分析的主要文献资料《秦本纪》中,可以观察到,从西周中期非子被分封于"秦"这个立国的关键时期,至于春秋中晚期之交的德公始居雍,与"秦人"建构有关的标志有如下一些:政治、族名、姓氏、祖先及历史传说、世系等等。结合古文字、考古学资料,还可以观察到文化的边界标志作用。秦人就是以这些因素,建构了自我族群。有些因素并不仅从文献的角度可以观察得到,从其他两个方面材料同样可以感觉到,例如政治因素在构建"秦人"中作用,还可以通过秦青铜礼器的发现来说明。

上述几项"秦人"的边界标志,只要承认、拥有上述几方面或一方面特征的人,都可以进入"秦人"之中。西周晚期以来的"周余民"、戎狄之人亦是如此。

这四个方面,可以肯定是西周晚期到战国早期,"秦人"在主观建构自我族群的时候,刻意用来作为族群象征、边界标志的因素,是"秦人"的"标签"。秦人利

① 《左传》僖公二十八年。
② 《后汉书·西羌传》:"至周贞王八年,秦厉公灭大荔,取其地。赵亦灭代戎,即北戎也。韩、魏复共稍并伊、洛、阴戎,灭之。其遗脱者皆逃走,西踰汧、陇。自是中国无戎寇,唯余义渠种焉。"实际汧山也是广义的陇山的一分支。

用这些因素,限定、区分、建构了"秦人"族群。数个因素的并存,说明了"秦人"边界的情境性、实用性和包容性,即随环境变化而变化的特色,对不同的历史时期、不同的人群,可用不同的边界来调整自我认同,从而排斥他们或者接纳他们。这种多样性,是"秦人"内部、"秦人"与蛮夷以及华夏复杂关系的反映,适应了春秋以来"华夏"与"蛮夷"尖锐对立与不断融合的历史背景。本阶段"秦人"认同的产生、界定以及维持,主要是通过组织、建构共同的祖先及历史传说、共同的宗教以及姓氏血缘和文化,并强调我群的地理分布来实现的。这些因素,就是"秦人"的边界标志,形成了判定"秦人"的标准。其中,按照民族、人类学的实践,共同的祖先及历史记忆,应是判断"秦人"的主要标准。按照这些限定,我们可以给西周晚期—战国早期的"秦人"下一个定义:在秦的政治版图内,自认为或被认为拥有共同的祖先及历史传统,拥有自己文化特征并自认为"华夏"的人们共同体。

必须注意的是,西周春秋时代"秦人"对于自己历史的主观建构,是具有历史阶段性的,是一步一步实现的,我们把西周中期—战国早期划分为一个大的阶段,并不排除本阶段内部更细的划分,因为建构"秦人"的力量对比,在本时期还是有变化的。本时期有三个节点值得注意:一是西周中期秦祖非子被封于秦,二是春秋初年秦人立国的过程,三是春秋中期秦穆公霸西戎。我们也可以按照这三个标志,把本时期"秦人"的建构过程划分为三个阶段。

第一阶段,从非子封秦到襄公立国。西周中期"秦人"被封于秦、得名为"秦"之时,因为此时"秦人"的族群意识开始产生,必然要追溯自己的祖先及历史。此时的"秦人",必甚弱小,主要的构成,当即非子及其兄成二支。居秦的非子、居犬丘的大骆两支,相当于人类学单系继嗣群中的世系群,即一群血统上溯自共同祖先而血缘关系明确的亲属群,或经由确定的联结而知道源自同一祖先的亲属群体。世系群在英语中表述为 lineage 一词,中文往往译为"宗族"。非子被封于秦,是作为"附庸"的身份的,与居犬丘的其兄成的一支,当构成为同一宗族。有的学者经常用"氏族"来指称此时的"秦人",认为即秦氏族,实际并不准确。按氏族,是一群相信自己来自共同的祖先,却又无法厘清血缘关系的亲属群体。除了与宗族相比,氏族的祖先有点"说不清"外,从成员规模上讲,宗族也比家族大、比氏族小[①]。在非子封秦

---

① 庄孔韶主编:《人类学通论》,山西教育出版社,2004 年,第 293~297 页。

后,已与其兄成的一支把秦人一分为二,所以用家族来表述此时的"秦人",显然是不适合的,因为不能把成这一支排除在外。所以用世系群即"宗族",可能是合适的。

可是,这个情况也是逐渐变化的,从秦"宗族"到更大的社会组织,随着秦人实力和政治地位的上升,必有更多的人群加入到"秦人"之中。非子为附庸,秦仲为周大夫,庄公为西垂大夫,襄公为诸侯,伴随着这个过程,恐怕还有"秦人"构成与数量的变化。

附庸,按照《孟子·万章下》《礼记·王制》的记载,附庸是依附于诸侯的。《左传》定公四年(前506年)说封周公子伯禽于鲁,所封诸项有"土田倍敦"。《诗·鲁颂·閟宫》也说鲁受周封有"土田附庸",与《左传》同。召伯虎簋有"仆墉土田"。自孙诒让①以来,学者们习惯于将"土田附庸"与"土田陪敦"等同。2006年在扶风县五郡西村发现的西周晚期青铜器窖藏中,有同铭的五年琱生尊2件,铭文中有"仆庸土田"。李学勤根据这一发现,对"附庸"作了新的解释,认为《诗经》与《左传》中的"土田",乃是鲁国的封地,"附庸"则是依附鲁国的小城。其说有一定道理,后来春秋初年秦文公在追述这段历史时说"昔周邑我先秦嬴于此",所谓"邑"就是建立城邑的意思,或可作为"附庸"之为小城说的注脚②。笔者认为,无论"附庸"所指为何,都表明了一种身份,并且这个身份并不高。"附庸"的所在,大概也就是小城连同周围一块不大的地方。

在古文字材料中,有"秦夷"的记载,如果这些材料的年代在非子之前,那么就推测在非子被封到秦之前,秦地是有"夷"这种非周族群的居住的③,或许一起都被封给非子了,此前的"秦"与此后才有的"秦人"无关。这有点像周人之"周"名,也是在太王(?)时代到了周原之"周"地居住后,才有了"周"之名的④。还有

① 孙诒让:《古籀余论》,中华书局,1989年。
② 李学勤:《琱生诸器铭文联读研究》,《文物》2007年第8期。
③ 见师酉簋、询簋铭文。有关师酉簋、询簋最新的年代判定,可参李学勤:《师询簋与〈祭公〉》(《古文字研究》第22辑),朱凤瀚:《师西鼎与师酉簋》(《中国历史文物》2004年第1期)。二人说法的相异点,在师询簋与询簋年代的判定上,李学勤认为二者年代分别是恭王元年、十七年;朱凤瀚认为是夷王元年与厉王十七年。在此基础上,二人关于师西与师询关系的先后判定,也恰好相反。
④ 《史记》之《集解》引皇甫谧说:"邑于周地,故始改国为周。"杜正胜推测,这里原来有个周国,可能就是一期甲骨卜辞中的"周",而太王最早也只能属于卜辞三期,即廪辛、康丁时代,那时太王的祖先,根据《今本竹书纪年》,是称作邠公的。见杜正胜:《周秦民族文化"戎狄性"的考察——兼论关中出土的"北方式"青铜器》,《周秦文明研究》,陕西人民教育出版社,1999年,第507~536页。

一些例证,也可说明,"秦人"的内涵,除了自己的"宗族"之外,也有"外人"的加入。不其簋记载的庄公伐戎有功,被伯氏赐以"臣五家、田十里"等项,地虽甚小,但仍可作为秦地扩大的证据。其所属民也非"秦人"一项,除了上述古文字材料中的"夷",还有"臣"即奴婢。此外,周宣王所给庄公兄弟五人伐戎的七千兵力,也应加入到了"秦人"之中。庄公被封为"西垂大夫",这个职位有点像文王为纣之"西伯",就是西方诸侯之长,统领周室西方事务,所辖人众想来也不应只是秦人自身而已。虽然如此,此类证据仍然是薄弱的,所以在非子封秦后,"秦人"的内涵,虽也发生着变化,但"秦人"的内涵,主要还是指有血缘关系的秦宗族。

第二阶段,从襄公立国到武公。

本阶段最大的变化,是构建"秦人"族群的主体,变成了被称作"秦"的诸侯国家,而不是第一阶段的"秦人"宗族。就是说,此时的"秦人"与"蛮夷",主要是被秦诸侯国家"识别"和认定的。另外,国家的力量是如此强大,使"秦人"的建构,也在本时期基本完成,这奠定了以后直至秦亡500余年间"秦人"的基本格局。

春秋初年秦襄公七年(前771年)秦人立国,此时秦人建立的"诸侯"国家,地域已经横跨陇山东西,绵延几百里,此前犬丘成一支早已灭于戎,其地尽为非子一支所占领。如此广大的地域,断非非子后裔一支全可占领的,其必有原属别的族群人士的存在。例如《秦本纪》记载的"周余民",这其中有来不及东迁的下层人士,也有未把青铜重器埋藏起来随王室东迁的贵族。秦武公及王姬钟、镈铭文记载在襄公——武公的时代,与秦对应的族群有"蛮方""百蛮",这里的"蛮",就是《诗》与金文所记载的猃狁①,以及《秦本纪》记载的文公十六年(前750年)败走离于岐下之戎(可能就是犬戎),宪公所伐灭的西安附近之荡社(一名荡杜),武公时代伐灭的位于关中东部的彭戏氏、甘肃东部天水一带的邽、冀戎、西部宝鸡一带的小虢等"戎狄"的不同分支。这些人群,除了岐西"败走"的那些外,都尽为秦所有,秦在其地设"县"直接管辖之,例如邽、冀、杜、郑,大约都与"蛮"有关②。武公及王姬钟铭说"事蛮方",使"百蛮具即其服"的理想,在春秋早期的武公之时(前697~前678年在位),已经初步实现。在本阶段,"伐戎"乃是秦的第一大

---

① 《诗》之《采薇》《出车》《六月》《采芑》,以及兮甲盘、虢季子白盘、不其簋、多友鼎铭。
② 按《秦本纪》原文及注释,邽、冀,杜为戎所曾居无疑,郑也当是彭戏氏所侵夺之地,在华山以西,正在郑(今陕西华县一带),而不是《正义》所说的"同州彭衙故城",后者在华山北百公里之遥的白水县。

事,在这样尖锐的族群对立中,秦之实力增强,统治也逐渐建立和稳固。"秦人"族群所处地方,主要是渭水上游的甘肃天水、中游陕西的关中,以及西汉水上游的陇南一带,还包括泾水上游的小块区域。

那些被秦设"县"直接管辖的"蛮",已经必是"秦人"了。这样"秦人"的内涵,已经包括非子之后的直系"秦人"、"周余民"——属于"华夏"、境内"戎蛮"三个部分。在其后很长一段时间内,直到秦亡,"秦人"的这个构成——"秦""华夏""蛮夷"的格局都没有改变,因此笔者认为本阶段是"秦人"建构的初步完成阶段。

第三阶段,从春秋中晚期之交的德公—战国中期的献公时代。

本时期是不同的"华夏"族邦,特别是大量的"戎狄"邦国融入秦之统治体系的时期,春秋中期秦穆公霸西戎,是这个过程的高峰。与秦对应的族群,除了属于"蛮夷"的"蛮""戎"等族群外,又有了"夏"即华夏,例如德公时代臣服的姬姓的芮和嬴姓的梁。从春秋早期到晚期,在金文中与秦所对应之族群名的变化就可说明:

武公及王姬钟镈(春秋早期)铭:"蛮方""百蛮"。

传世秦公簋(春秋中晚期之交的景公时代):"蛮夏"。

传世秦公钟(春秋中晚期之交的景公时代):"蛮夏""百邦"①。

第二阶段以前的"蛮方""百蛮",自是指"西戎"等族群,而在本第三阶段后出现的"蛮夏",指的是"西戎"等"蛮夷"以及梁、芮等"华夏"。此等臣服于秦的族邦,数量必甚多,因此秦公钟称作"百邦",其君称"百辟"。这个"百邦",已经孕育着秦简中后世战国时代"臣邦"的萌芽,下文还有详述。从文献与金文来看,"百邦"与杜、郑等设县直接控制的地区不同,与秦是一种主从关系,秦在这些地区是有一定的政治、军事控制力的,秦公钟铭文说秦君"柔变百邦,于秦执事"、景公大墓残石磬铭则说"竈(肇)尃(敷)縊(蛮)夏,极(亟)事于秦",说的都是这个关系。在战国中期秦在这些地区广泛设立县、道之前,这种关系是秦在此主要的统治

---

① 张天恩、王辉已经注意到这些变化,参王辉:《秦铜器铭文编年集释》,三秦出版社,1990年,第14~15页。

方式。

　　从族群的角度看,本阶段的秦统治者所面对的人群,在金文中除了世袭的官员("胤士",秦公簋、秦公钟铭)①,还有"百辟"即"百邦"之君,"迈(万)民"(秦公簋、秦公钟铭)、"万生(姓)"(秦公钟铭)等人群,文献记载还有从春秋早期就属于秦的"周余民"之类。"万民""万姓",指的就是在秦统治下的"蛮夏"不同人群,包含有"蛮夷"和"华夏"两部分,不单是血统"纯正"的秦人宗族。此时秦与戎的关系,已经不是第一、二阶段那么尖锐的对立,而是一种"协和"(秦公钟铭)的臣服关系了。

　　生活在秦"县"等直接控制的人群,当是"秦人";而臣服于秦的"百邦",由于与秦的密切关系,也会改变自己的认同而成为"秦人"。例如上文所举颛顼传说向西的扩展,就是"秦人""西戎"利用祖先传说改变族群边界、把不同族群纳入"秦人"的例子。如果说第一、二阶段由于秦、戎的尖锐对立,使二者的融合变得不再可能,那么在本第三阶段,二者密切的臣服关系使融合即"秦人"内涵的改变,则变得非常可能并切实发生过。与处于西周晚期至于春秋早期的第一、二阶段一样,政治因素仍是本阶段促使"秦人"内涵变迁即建构的重要因素。

第三节　战国中期以后的"秦人"

　　上文已经说明,一个族群的特性,即一个族群之所以如此,是由一个族群内部的族群关系,以及与其他互动族群的关系所决定的。我们之所以以战国中期为分界点,是因为这时建构"秦人"的三种力量发生了根本的变化。

　　战国中期以来,与秦对应的两种势力华夏与"蛮夷"的情况,也发生了变化。不过,虽然原本是三种力量、三种关系都发生了变化,但族群的差异与区分,仍然是存在的。这说明我们从族群关系的角度观察"秦人"的"建构"、形成、变迁的历史,仍然是适宜的。

　　先说"蛮夷"。春秋以来,与华夏比邻的"蛮夷戎狄",逐渐被晋、齐、秦、楚等大国吞并,夷夏也在各种各样的接触中走向融合,自西周晚期以来对华夏造成极大威胁的"戎祸",也基本消弭。原先进入中原的戎、狄之类,不但本身融入到华

---

　　① 　王辉:《秦铜器铭文编年集释》,三秦出版社,1990年,第16页。

夏之中,其土地也成了中原诸侯的版图。有实力的诸侯国如秦、齐、楚、魏、赵等,还向外扩展自己的领地,他们在这些地方设县立郡,建立塞徼,并把华夏农业生产方式向更远的周边扩展。在这些国家内部,除了原来的"蛮夷"被同化而融入华夏外,所谓"蛮夷"的地理界限,已在更远的徼外。这些人群,在秦就是羌、胡(如匈奴)等人群了。

在这个情况下,春秋以来甚嚣尘上的"夷夏"之辨,自然也归于沉寂,有的智者甚至揭起了一些华夏代表人物的"老底",例如《孟子·离娄下》记孟子曰:"舜生于诸冯,迁于负夏,卒于鸣条,东夷之人也;文王生于岐周卒于毕郢,西夷之人也。"就是因为此时舜等人物所在族群"出身"对于某些人群来说,不像春秋以前那么生死攸关需要特别的强调。原来的诸侯国,由于外来威胁的消失,周天子天下共主的地位失去,原来的团结不再,都想出头称王,一切都变得须用实力说话。重要的是,这些活动都不需要假借王室或攘戎狄的名义进行了,有实力的诸侯如秦、齐等都表现出成为天下新主的强烈愿望。这个原因促使原来以周天子为核心的"华夏"也发生了变化,在大量融合"蛮夷"的基础上,新的"华夏"正在形成,这是后世"汉人"的前身。中原主要的族群关系,也由原来的华夏与蛮夷的关系,变成了诸侯之间的关系。为了增强实力,战国初年许多诸侯进行了改革,如韩昭侯、魏文侯的改革。

再说山东诸侯,基本就是原来的"华夏"蜕变而来,改革使他们的实力上升,但对秦来说,却是一件不幸的事情,如魏使秦自穆公以来越河而东的愿望到战国早期还是不能实现。"战国"诸侯,都在谋求更多的土地人民,在这个"周室微,诸侯力政,争相并"①的时代里,秦内部的族群关系、秦与诸侯的关系,跃升而成建构"秦人"族群的主要决定力量。为了取得胜利,秦不得不在战国中期孝公时代进行所谓的商鞅变法。

最后说秦内部。商鞅变法以行政和法律的力量,厉行"耕战";郡县制的实行,可以使政治的力量到达秦领土内的各个角落。由于重视的"耕战"政策使秦实力增强,秦重新获得了与诸侯"对话"的权力,以前被鄙视为"夷翟"的地位得以改变。在秦的内外,另外一种势力即戎狄,也相对衰落:境内之戎狄逐渐被秦兼

---

① 《史记·秦本纪》。

并,虽还被目为"蛮夷",但已经成为法理上的"秦人",正在逐渐被华夏化;境外之匈奴、羌等族群,皆被逐于秦徼之外。秦自春秋中期穆公以来,雄霸西戎。在中原戎狄趋于衰落的情况下,秦对戎狄也始终能保持优势,不像春秋早期以前那样,与戎狄的关系往往是生死存亡的。至战国早期,秦又灭了关中东部的大荔戎,唯留北边的义渠戎。此时的戎狄,并不能对秦构成致命的威胁。特别是秦自战国中期孝公改革后,"威服羌戎"①,原来的"西戎"逐渐被秦收于羽翼之下,羌人则多处洮水以西,远在秦徼之外。随后的昭王时期,匈奴兴起,只有秦、赵、燕三国边于匈奴,作为建构"秦人"力量的一个方面,也是不可忽视的。

下面我们对战国中期以来秦"内外"的族群关系加以具体分析。

战国中期以后,通过法律以及郡县制的推行,秦之统治力量理论上到达了其版图内的各个角落。秦人继承了春秋时代"夏"的地理意义,秦的版图,皆可谓"夏",如下文将要引证的秦简《法律答问》的第3条。位于秦境内的所有人,包括"臣邦"即我们常说的"蛮夷"之人,都被秦看作"秦人"。

可是,在这个名义上的同一与相似性之下,秦社会内部实际上还是存在着族群的差异与"分裂",如秦内部除了"故秦人"②即原本的秦人,还有被称作"戎"的"蛮夷",还有"新民"即新加入"秦人"行列的六国人士。这种族群差异与"分裂"现象,可分以下几个方面加以说明。

一、秦与内外"蛮夷"的关系

(一) 从"属邦""臣邦""外臣邦""道"的含义来说明

在云梦秦简《属邦律》与兵器铭文中"属邦"被发现以前,属邦并没有被人注意。此后开展的研究,对于属邦的人士是有分歧的。有的学者认为,属邦就是臣服于秦的"蛮夷"之邦③;或认为是管理少数民族降者所设立的,就是汉代的属国④。还

---

① 《后汉书·西羌传》。

② 云梦秦简《游士律》:"有为故秦人出,削籍,上造以上为鬼薪,公士以下刑为城旦。"注释认为即《商君书·徕民》的"故秦民",指本国的居民,与原属六国的"新民"对称。见整理小组:《睡虎地秦墓竹简》简装本,文物出版社,1978年,第130页。

③ 陈力:《试论秦国之"属邦"与"臣邦"》,《民族研究》1997年第4期。下引臣说出处同。

④ 孙言诚:《简牍所见秦之边防》,中国社会科学院研究生院硕士论文,1981年,第56～60页;同作者:《秦汉的属邦和属国》,《史学月刊》1987年第2期。

有人认为,属邦是"管理戍卫秦王室的戎狄之人的机构名称"①,这都是错误的。从秦简、兵器铭文、封泥、《汉志》等材料来看,都不支持这一说法。属邦就是一机构名。

秦简中有《属邦律》记载:"道官相输隶臣妾、收人,必署其已禀年日月,受衣未受,有妻毋(无)有,受者以律续食衣之。"由此条律文看,属邦具有管理"道"的职能。

在兵器铭文中,有多处记载,根据王辉先生《秦出土文献编年》(下简称《编年》)辑录如下:

> 五年相邦吕不韦戈(前 242 年):诏事 属邦(传世品,《编年》第 101 页)。
> 八年相邦吕不韦戈(前 239 年):⋯⋯诏事 属邦(传出陕西三原县。《编年》第 102～103 页)。
> 十三年少府矛(前 234 年):⋯⋯武库受属邦(《编年》第 103 页)。
> 少府矛(与上十三年少府矛约同时):少府 武库受属邦(燕下都出土。《编年》第 103～104 页)。
> 十四年属邦戈(前 233 年):十四年属邦工⋯⋯属邦(广州罗岗秦墓出土。《编年》第 104 页)。
> 寺工矛(约秦王政时期:前 246～222):⋯⋯武库受属邦 咸阳 戊午(山西南部出土。《编年》第 112 页)。
> 属邦矛(战国末至秦代:前 206 年前 50 年内):属邦(《编年》第 278～279 页)。

秦玺印有"属印"、封泥有"属邦工室""属邦工丞"②。后二枚可与十四年属邦戈铭对比,后者曰:"十四年属邦工□□ 丞□[工]□属邦",可知属邦有时是设有工室制造兵器的。属邦的兵器,有时也从别的部门例如诏事、武库接受而来,前者的例证如五年、八年吕不韦戈,后者如十三年少府矛。从兵器刻铭与封

① 董珊:《战国题名与工官制度》,北京大学博士论文,2002 年,第 224 页。
② 据周晓陆、路东之的《秦封泥集》第 31 页统计。印后二封泥"属邦工室"(12 枚)、"属邦工丞"(17枚)见《秦封泥集》一·二·93、一·二·94,三秦出版社,2000 年,第 181～183 页。

泥等秦文字材料来看,属邦之为机构名,益可得到证实,陈力等人所说的"属邦"为"臣邦""外臣邦"等臣属国的统称的看法,是不对的。

《汉书·百官公卿表》说:"县……有蛮夷曰道。"《汉旧仪》:"内郡为县,三边为道。"《后汉书·孝灵帝纪》注:"谓东、西与北边"为"三边"。由此知"道"乃有"蛮夷"生活的县份之名。《汉书·百官公卿表》:"典属国,秦官,掌蛮夷降者。武帝元狩三年昆邪王降,复增属国,置都尉、丞、候、千人。属官,九译令。成帝河平元年省并大鸿胪。"汉之典属国,《汉志》明言为秦官,汉代典属国是承秦而来的。从职能看,典属国在秦应当就是属邦。属邦,大意当取臣属于秦的邦国的意思,汉人改邦为国,乃避高帝刘邦之讳。在秦简中,有"臣邦""外臣邦"的称谓,与属邦和道关系密切。这些记载"臣邦""外臣邦"的律文如下:

(1)《法律答问》:"擅杀、刑、髡其后子,谳之。可(何)谓'后子'?官其男为爵后,及臣邦君长所置为后大(太)子,皆为'后子'。"

(2)《法律答问》:"可(何)谓'赎鬼薪鋈足?'可(何)谓'赎宫'?臣邦真戎君长,爵当上造以上,有罪当赎者,其为群盗,令赎鬼薪鋈足;其有府(腐)罪,赎宫。"

(3)《法律答问》:"臣邦人不安其主长而欲去夏者,勿许。可(何)谓'夏'?欲去秦属是谓'夏'。"

(4)《法律答问》:"真臣邦君公有罪,致耐罪以上,令赎。可(何)谓'真'?臣邦父母产子及产它邦是谓'真'。可(何)谓'夏子'?臣邦父、秦母谓殴(也)。"

(5)《法律答问》:"使者(诸)侯、外臣邦,其邦徒及伪吏不来,弗坐。可(何)谓'邦徒''伪使'?徒、吏与偕使而弗为私舍人,是谓'邦徒''伪使'。"

1~4都提到了"臣邦",在第3条律文中,"臣邦"所在的秦的属地被称为"夏",说明秦与中原诸侯一样,也自称为"夏"①,所以"诸侯"并不能包含在"臣

---

① 《战国策·秦策》说魏惠王"乘夏车,称夏王,朝为天子,天下皆从",是战国时代诸侯犹称"夏"。当是承春秋"华夏"而来。

邦"之内。"臣邦"之上层——"君长""君公"之类（第1、2、3、4条），以及作奴婢的下层（第3条），都受秦律约束；在第4条中，"臣邦"与"它邦"即别的国家相对而言，据此二证据益可知"臣邦"所在也是"夏"，就是在秦境内。在第5条中，"外臣邦"与"诸侯"并列，可证"外臣邦"不是诸侯，所处地域也与"臣邦"不同，应在秦境之外。综上可知，"诸侯""臣邦""外臣邦"在秦律中，是三个并列的名词，具有不同的含义。诸侯不用说就是常言的山东诸侯。"臣邦"当指臣服于秦的"蛮夷"之邦，并非指山东诸侯而言，其地也不若秦称"夏"。"外臣邦"，显然是与"臣邦"相对而言的。

　　孙言诚[①]、陈力[②]、刘瑞[③]等人都注意到了"臣邦"与"外臣邦"的差别。孙言诚认为，"臣邦"是居于边地臣服于秦的少数民族，境外或许还有他们的同族，所以才可以脱离秦境而投奔他们。他们居地为秦郡县，可能还保留着原来的社会结构，只不过首领不再称王，与秦政府的关系是比较松弛的。因为要为秦守边，所以秦政府给他们许多优惠，采取无可奈何的羁縻政策。"外臣邦"，则相当于汉代的"外臣"，在秦徼之外，例如南越王赵佗和朝鲜王满。《汉书·南粤王传》记载："高皇帝幸赐臣佗玺，以为南粤王，使为外臣，时内贡职。"《史记·朝鲜列传》："孝惠、高后时，天下初定，辽东太守即约满为外臣，保塞外蛮夷，无使盗边。""外臣"可以称王，与"臣邦"（内臣）只能称"君长""君公"不同，是有一定的独立性的，臣服只是表面。汉代的"外臣"也可以内属，或为汉之属国，或为郡县。由于其境成了汉之领土，所以必须除边关、置官吏。外臣也和"内臣"一样，有的还有保卫边关的作用，如青海大通上孙家寨汉简338："诸塞外蛮夷为外臣葆塞及不〔葆〕塞者，外有急，军吏谨以辨道。其不入葆及不居堑内与吏卒相佐者，辄言二千（石）。"[④]刘瑞也认为，上引简文第4条所表明的，承认"臣邦"的前提条件是首先它是秦的土地，是受秦管辖的。

---

　　①　孙言诚：《简牍所见秦之边防》，中国社会科学院研究生院硕士论文，1981年，第56~60页；同作者：《秦汉的属邦和属国》，《史学月刊》1987年第2期。
　　②　陈力：《试论秦国之"属邦"与"臣邦"》，《民族研究》1997年第4期。
　　③　刘瑞：《秦"属邦"、"臣邦"与"典属国"》，《民族研究》1999年第4期。下引刘说出处同。
　　④　简文见《文物》1981年第2期。孙言诚：《简牍所见秦之边防》，中国社会科学院研究生院硕士论文，1981年，第56~60页。

　　笔者认为,孙说基本得之。"外臣邦"与"臣邦"应是有差异的:"臣邦"是秦领域内的"蛮夷","外臣邦"则是秦域之外具有独立性的,虽然臣属于秦,但其地不在秦境内。"臣邦"之人,在秦的领域内,既要像上文已指出的那样受属邦的管辖,也要受所在郡的管辖,那些有"臣邦"存在的县份,就是"道"了①。在战国中期以后,人们的"天下"观变化了,"夏""中国"的概念扩大了,在秦已经到达"臣邦"本居的"蛮夷"之地,上引秦简第3条所说"夏"的概念就是证明。从族群建构的角度来说,把"臣邦"与真正"秦人"所居之地统称为"夏",淡化族群与地域间的关系,应是一种促进"蛮夷"族群产生"秦人"认同的有益手段②。

　　从文献记载来看,在战国中期孝公时代商鞅变法之后,属于秦之"臣邦"的,当主要包括被秦设立道来管辖的陇山东西的戎、氐等族群,秦在此设郡、道以管辖之;属于"外臣邦"的,有陇山以东的被剿灭前的义渠戎、蜀、巴之类,匈奴是一直未曾臣属于秦的。《后汉书·西羌传》记载战国中期,"孝公雄强,威服羌戎,孝公使太子驷率戎狄九十二国朝周显王",这"戎狄九十二国",其中应该就既有"臣邦",又有"外臣邦"。不过把那些"外臣邦"变为"臣邦",是需要一个过程的,是逐渐进行的。随着秦势力的上升,像义渠这样由"外臣邦"变成秦之"臣邦"的族群,必定不在少数。《史记·秦本纪》记载秦惠王十一年(前314年)"县义渠,归魏焦、曲沃,义渠君为臣"。有学者指出,秦在义渠设县应是局部性的,义渠仍然有政权的独立性,首领可能仍然称王,《战国策·秦策》记载此后秦派使者与义渠交通、义渠也与魏有外交活动,所以义渠当是秦某种意义上的臣属国③。笔者认为,这里的义渠,就是秦的"外臣邦"。这是秦灭义渠之前的情况,至于战国晚期秦昭王时代,秦宣太后诈杀义渠王于甘泉宫,秦借机剿灭"残义渠"④,义渠之地皆为秦之郡县,秦在此设义渠道⑤,管理义渠故人。经过这个过程,义渠遂由"外臣邦"变成"臣邦"了⑥。

①　秦之道受郡、属邦的双重管辖,刘瑞等人也注意到了此点,参刘文。
②　马戎:《关于民族研究的几个问题》,《北京大学学报(哲学社会科学版)》,2000年第4期。
③　陈力:《试论秦国之"属邦"与"臣邦"》,《民族研究》1997年第4期。
④　《史记·匈奴列传》。
⑤　《汉书·地理志》。
⑥　义渠自战国初年以来对秦时服时叛,《后汉书·西羌传》记载至战国后期昭王三十五年(前272年)秦灭之。

从"外臣邦"到"臣邦"转换的例证,见于文献的除了义渠,还有绵诸①、蜀②等等。此前战国初年的厉共公时代,蜀、义渠都曾来秦进贡③,绵诸也来"乞援"④,这种关系说明他们都曾是秦之"外臣邦"。无疑这些"臣邦"还要更多,例如《后汉书·西羌传》所载"孝公使太子驷率戎狄九十二国朝周显王"就是证明。归秦后这些"外臣邦"则转化为"臣邦","臣邦"数量的增多,管理必提上日程,因此需要设立的专门的机构属邦、制订专门法律——《属邦律》加以管辖。由此推测《属邦律》的产生年代也可能在商鞅变法之前。

战国中期孝公时商鞅变法,秦开始大规模设县⑤。与县同级的道的设置,当也不早于此。推测秦大规模设道,是在战国晚期灭义渠而有上郡、北地、陇西之后的。

由以上对属邦、道等机构,以及"臣邦""外臣邦"名词的辨析,可知属邦是中央管理民族事务的最高机构,道则是与县同级的地方管理"蛮夷"的机构。"臣邦"主要指的是秦地域内的"蛮夷"族群,名义上都属于"夏"即秦,而"外臣邦"则指的是秦外部臣服的邦国。上面我们已经提到了这些秦内部"臣邦"的生活地,下面由秦"道"的设置,我们可以推测这些秦境内"蛮夷"的具体分布地。同时,还可以由"道"推知,"秦人"心目中的"蛮夷"具体指的是那些人。

(二) 从"道"的设置看秦内部"蛮夷"的分布

从上引秦简第 3 条律文来看,秦内部"蛮夷"所居之地,也被称为"夏",这是"秦人"已经把这些边缘族群的生活地看作秦版图的证据。

张家山汉简《二年律令》所列县道,是高后二年(前 186 年)前后汉初的情况,下面根据《二年律令》以及文献记载,首先对汉初道之设置以及地望、族属加以推测。

---

① 《史记·六国年表》记载的秦与绵诸关系,最后一条是惠公五年(前 395 年)"伐绵诸",此后绵诸不见于秦史,绵诸属秦,不早于此年。

② 《史记·秦本纪》记载惠文王后元九年(前 319 年)司马错灭蜀,又历经反复,终于在昭王六年(前 301 年)司马错"定蜀",秦对蜀之统治才稳定下来。

③ 《秦本纪》记载厉共公二年(前 475 年)"蜀人来赂";《六国年表》厉共公六年(前 471 年)"义渠来赂"。

④ 《史记·六国年表》记载此事在厉共公六年(前 471 年)。

⑤ 《史记·商君列传》记载商鞅变法"集小都乡邑聚为县,置令、丞,凡三十一县"。

内史：

翟道（简 451）。秦封泥中有"翟道"印文者 1 枚①，可知在汉初以前秦时已有翟道。按《清一统志》记载其地当在今黄陵县西北四十里。翟通狄，或是"狄"所曾居。《汉书·高帝纪》记载项羽封"董翳为翟王，王上郡，都高奴"。《集解》引文颖曰："上郡，秦所置，项羽以董翳为翟王，更名为翟。"由此知所谓秦上郡曾称为"翟"。秦之翟道，与汉不同，恰是属于上郡的，所以翟道当是秦汉人心目中的北方之"翟"所居。

故道（简 268）。《史记·曹相国世家》记载汉王还定三秦的路线，所经由有下辨、故道。是知故道秦时已存在，周振鹤先生疑其属内史②。按故道仍有属于陇西郡的可能，此姑置于内史下。

故道很早就是周人交通蜀汉与关中的通道，曾被称为"周道"③，或许出于这个原因，后世遂称"故道"。周振鹤先生曾疑，故道或因道路得名，而与"蛮夷"无关④。按《魏书·氐列传》记载"自汧渭抵于巴蜀，种类实繁，或谓之白氐，或谓之故氐，各有侯王，受中国封拜"，马长寿据此认为，故道是因为有氐羌之分支"故氐"，所以名之的，"故道"乃是"故氐道"的简称⑤。按秦汉道之起名多与族群相关的习惯，这个说法或可信从。

上郡

雕阴道（简 459）。雕阴道外另有雕阴县，乃魏故地，地当不出今陕西延安市富县、甘泉二县附近，雕阴道推测也当不会距离同名之县太远。上二县之东黄龙县曾出土有"雕阴"陶罐⑥，因为更靠东而近故魏地，故雕阴道无关，而应是本属于魏、后属秦的雕阴县属地。《史记·匈奴列传》记载"魏有河西、上郡，以与戎界边"，以此推测雕阴道或为"戎"所居。

北地郡

义渠道（简 451）。根据《清一统志》其地在今甘肃宁县西北。为故义渠所

①　周晓陆、路东之：《秦封泥集》二·三·24，三秦出版社，2000 年，第 287 页。
②　周振鹤：《西汉政区地理》，人民出版社，1987 年，第 149 页。
③　散氏盘铭文。
④　周振鹤：《西汉县城特殊职能探讨》，《周振鹤自选集》，广西师范大学出版社，1999 年，第 15～35 页。
⑤　马长寿：《氐与羌》，广西师范大学出版社，2006 年，第 29 页。
⑥　王辉：《秦出土文献编年》，新文丰出版有限公司，2000 年，第 292 页。

居,当是秦灭义渠后以其余部居此。

略畔道(简451)。地在今甘肃庆阳合水县西南。

朐衍道(简451)。整理者以为是朐衍之抄重,周振鹤先生认为不然。《汉志》武都与武都道并存,雕阴与雕阴道并存,则朐衍自可与朐衍道并存。在秦印中有"朐衍道丞"[1],确证秦有此道。汉代有32道,朐衍道当为其一[2],晏昌贵也持此观点[3]。按《汉志》北地郡属县有朐衍,此又有朐衍道,可补文献之不足。只是其所属郡不能确定,故暂置于北地郡。朐衍道地在今宁夏盐池县。

除道(简459)。王先谦以为或与直道有关,与直路县近,后者在今黄陵县西北200里[4]。

按,凡北地郡属道所居之"蛮夷",当以"西戎"为主。

蜀郡

青衣道(简459)。地在今雅安北名山县一带(?)。《史记·彭越传》记载高帝十年捕彭越,"传处蜀青衣",周振鹤先生据此认为青衣当为秦道[5]。

严道(简459)。《汉书·佞幸列传》说"赐通蜀严道铜山,得自铸钱,邓氏钱布天下,其富如此"。颜师古注:"严道属蜀郡。县有蛮夷曰道。"《太平御览》卷166引《蜀记》:"秦灭楚,徙楚严王之族于严道。"《太平寰宇记》卷77、《太平御览》卷166引《十道志》、《元和郡县志》卷33皆云"本秦旧县"[6]。地在今四川荥经县。

县(縣)遰道(简465)。地在今四川汶川县。

湔氐道(简466)。《华阳国志·蜀志》记载,周灭后,秦孝文王(按前250年在位)以李冰为蜀守……乃至湔氐县,因此湔氐道也可能设置于战国后期之秦。地在今四川藩县。

按蜀郡四道的族群的族属,应都属汉人心目中的氐等西南夷。

① 傅嘉仪:《篆字印汇》,上海书店,1999年;王辉:《秦封泥考释(五十则)》,四川大学历史文化学院考古学系编:《四川大学考古专业创建四十周年暨冯汉骥教授百年诞辰纪念文集》,四川大学出版社,2001年,第295～311页。
② 周振鹤:《〈二年律令·秩律〉的历史地理意义》(修订本),见简帛研究网站,2003年11月23日。
③ 晏昌贵:《〈二年律令·秩律〉与汉初政区地理》,《历史地理》第21辑,上海人民出版社,2006年。
④ 王先谦:《汉书补注》,中华书局,1983年。
⑤ 周振鹤:《西汉政区地理》,人民出版社,1987年,第147页。
⑥ 骈宇骞:《秦"道"考》,《文史》第9辑,中华书局,1980年。

广汉郡

阴平道(简 465)。地在今四川文县西。马长寿认为乃阴平氐所居[1]。

蜀(甸)氐道(465)。简文写作"蜀氐道",注即诸论者皆认为即"甸氐道",王子今、马振智先生认为或许本来就是写作"蜀氐道",后来才分为甸氐道和刚氐道[2],这种可能性是存在的。蜀氐道亦在今四川文县西。

按广汉郡二属道,所居为氐人。

陇西郡

平乐(道?)(简 453)。《地理志》武都郡有平乐道。周振鹤先生认为"平乐"后或脱一"道"字,汉初或属广汉郡,也可能属于陇西郡。王子今疑属广汉郡[3]。晏昌贵认为当属陇西郡。笔者按,以其在简 453 中与属于陇西郡的狄道相接,故汉初以前可能属陇西郡。地在今甘肃成县西南。马长寿认为即氐所居[4]。

狄道(简 453)。《汉书·地理志》颜师古注:"其地有狄种,故云狄道。"《太平寰宇记》卷 151 云:"狄道本秦旧县,其地故西戎别种所居,秦取以为县。"按《太平寰宇记》说狄道因西戎一支狄而来,是正确的。《史记·西戎列传》说陇西有翟戎,翟、狄同,为西戎一支,非为狄种,狄道当本狄戎故地。狄道地即今甘肃临洮。

辨道(简 459)。辨道地望不详,整理小组疑属陇西郡,以其与武都道相连,这种怀疑是有理的。由于简文中同时有"下辨",周振鹤先生认为其存在固无可疑。

按辨道是与下辨道相对而言的。下辨在今甘肃成县,临古浊水,即今嘉陵江支流青泥河。推测辨道当在下辨之北、或青泥河更上游,即今成县以北。

武都道(简 459)。《地理志》中有"武都",后无"道"字,马长寿先生曾怀疑有阙文,张家山汉简证实马说是非常正确的。武都道在今成县西。马长寿并认为武都道为白马氐所居[5]。

予道(简 459)。予道不知所在,但在简文中处武都道与氐道之间,想必在今甘肃东南部天水、陇南一带,族属也当是氐。

---

① 马长寿:《氐与羌》,广西师范大学出版社,2006 年,第 30 页。
② 王子今、马振智:《张家山汉简〈二年律令·秩律〉所见巴蜀县道设置》,《四川文物》2002 年第 5 期。
③ 同上注。
④ 马长寿:《氐与羌》,广西师范大学出版社,2006 年,第 29 页。
⑤ 马长寿:《氐与羌》,广西师范大学出版社,2006 年,第 29~30 页。

氐道(简459)。《水经注·江水》:"县本秦始皇置。"以此则氐道本秦旧道。

王先谦《汉书补注》引钱坫说,氐道大致在今天水市东渭河谷地,但《后汉书·西羌传》记载汉初景帝时羌人研种留何率种人求守陇西塞,所守狄道、安故、临洮、羌道,都在秦汉西边塞徼附近,南北基本呈一条直线,故推测氐道不可能太靠东而在天水一带,应该从今洮河向南寻找,大致位于今岷县(秦汉临洮)—舟曲(秦汉羌道)之间。

氐道民之族属自然为氐,《地理志》颜师古注:"氐,夷种名也。氐之所居,故曰氐道。"

下辨(道?)(简459)。简459"下辨"后无"道"字,有学者认为与"下辨"同简的"武都道"之"道",或是"下辨"后应跟之"道"的误写,即认为"武都道"当作"武都",而"下辨"当作"下辨道"。这样的理解实无必要。按上引周振鹤先生的观点类推,在《汉志》中武都与武都道并存、雕阴与雕阴道并存、朐衍与朐衍道并存。则武都之为道并与武都县并存,是可以的。因此所谓"武都道"后之"道"字为误写,是站不住脚的。但"下辨"后或脱一"道"字,亦当如周振鹤先生所说,则是可能的。周振鹤先生猜测属于同样情况的还可能有"绵诸",其后也或脱一"道"字。下辨道、绵诸道汉初可能都属陇西郡。地在今甘肃成县,所居也或是氐。

薄道(简459)。由于其在简文中处氐道与下辨之间,推测其汉初属陇西郡,推测其地也必在今甘肃天水、陇南间,所居也当为氐。

獂道(简459)。地在今甘肃陇西、漳县、渭河上游。本"西戎"之一的獂戎所居,属因其地设道。

戎邑(道?)(简453)。简文中"戎邑"后无"道"字,但简文后有三字不识,或有一"道"字,或是简文本脱"道"字。《汉志》天水郡有戎邑道,在汉初当属陇西郡,推测汉初也很可能有戎邑道。

戎邑道在今甘肃清水县北、秦安县东百二十里,所居无疑当为"西戎"一支。在此发现的刘坪东周墓地,当是此戎之遗存,也可能属下文之绵诸戎①。

县(縣)诸(道?)(简459)。"县诸"后本无"道"字,周振鹤先生猜测可能脱

---

① 李晓青、南宝生:《甘肃清水县刘坪近年发现的北方系青铜器及金饰片》,《文物》2003年第7期;史党社:《刘坪墓地若干问题刍论》,中国秦汉史研究会网站。

误,见上文下辨道条。地在今甘肃天水市东。縣诸也是故"西戎"之一,因其地而设道。

羌道。在张家山汉简中未见,但羌道在汉初的存在是无疑的。《汉书·高后纪》《地理志》以及《后汉书·西羌传》等都记载有羌道,《地理志》及颜师古注都认为其在陇西郡;《后汉书·郡国志》则载其在武都郡。《高后纪》曾记载高后二年羌道、武都道地震之事,可证汉初羌道的存在。更早的秦时是否已经存在羌道,还没有可靠的材料证明。下面对羌道之设置年代稍作推测。

《史记》之《蒙恬列传》《匈奴列传》等文献都记载秦始皇长城是"起临洮",就是今天的岷县。秦徼的西端终点,当就在秦之临洮,并不往南延伸。可是在汉初的时候,这个情况发生了变化,有明确证据说明汉代塞徼已经由临洮向南到达更远的地方。《后汉书·西羌传》记载:"景帝时(前156～前141年在位),研种留何率种人求守陇西塞,于是徙留何等于狄道、安故,至临洮、氏道、羌道县。"由此知汉初在临洮以南,复有氏道、羌道的存在。写于高后二年以前的张家山汉简《二年律令》中有氏道;《汉书·高后纪》又记载同年羌道、武都道等地震事,想来氏道、汉羌道之设,必在高后二年以前、蒙恬将众筑长城以后。因为蒙恬所筑长城,西端终于秦之临洮,即今岷县,更南的地方并无秦徼,位于临洮南的氏道、羌道,作为塞防地点,必是后来才设置的。蒙恬筑长城,始于秦始皇三十二年(前215年),这是二道之设的上限[1]。如果没有证据表明秦徼在始皇三十二年后曾向南延伸,并同时有氏道、羌道的设置,则氏道、羌道之设,就只能在汉初了。汉初,匈奴趁秦末之乱,势力强大起来,"西击走月氏,南并楼烦、白羊河南王。悉复收秦所使蒙恬所夺匈奴地者,与汉关故河南塞,至朝那、肤施,遂侵燕、代。是时汉兵与项羽相距,中国罢于兵革,以故冒顿得自强,控弦之士三十余万"[2]。文中所说"故河南塞",就是原来的秦昭王长城一线,原来蒙恬将众开辟的阳山以南包括"河南地",都重新被匈奴侵占。应付匈奴的威胁,是汉初最为紧要的大事,所以在高帝二年(前205年)出汉中后,"置陇西、北地、上郡、渭南、河上、中地郡,关外置河南郡。更立韩太尉信为韩王。诸将以万人若以一郡降者,封万户。缮治

---

① 《史记》之《秦始皇本纪》《蒙恬列传》。
② 《史记·匈奴列传》。

河上塞。诸故秦苑囿园池,皆令人得田之"①,对关中内外以及西北政区进行了大规模的重新设置,可以看出汉朝此时经营的重心在于关中和西北,其中就包括氐道、羌道所在的陇西郡,此二道很可能就是这个时候设立的,以作为秦与匈奴、羌边界的"故塞"向南延伸的塞防要点。

羌道地大约在今甘肃陇南地区武都以西至于甘南州舟曲县古羌水上游,居民当即羌,《汉书·地理志》羌道下记载"羌水出塞外";《水经注·羌水》说"羌水出羌中参狼谷",马长寿说此地之羌当即《后汉书·西羌传》所说的参狼种,也称白马羌②。

按上述陇西诸道中,平乐、辨道、武都、予道、氐道、下辨、薄道所居有氐;狄道、獂道、绵诸为故"西戎"所居;羌道自为羌人居地。大致的分布是:西戎、氐居东、南,而羌居西方以及更远的边徼之外。

南郡

夷道(简 457)。地在今湖北宜都。其族群当属楚境内"九夷"之类③。

不知所属郡者

督道。张家山汉简无督道。《史记·货殖列传》:"宣曲任氏之先,为督道仓吏。秦之败也,豪杰皆争取金玉,而任氏独窖仓粟。"《集解》引韦昭曰:"督道,秦时边县名。"骈宇骞从之④。估计督道汉初仍存。

以上粗得 27 道:内史 2,上郡 1,北地 4,蜀郡 4,广汉 2,陇西 12,南郡 1,不知所属者 1。这些"蛮夷"(张家山汉简 19),由文献、云梦秦简、张家山汉简,其名可知有"戎"(张家山汉简 453)即"西戎"、氐(张家山汉简 459、465)、狄(同翟,张家山汉简 451)、羌、夷(张家山汉简 457)之名,分布地可粗总结如下。

"西戎"所居,主要为雕阴道、义渠道、略畔道、朐衍道、除道、狄道、獂道、绵诸道等,分布在北地、陇西二郡。上郡之雕阴道是否"西戎"所居,还有疑问。

氐主要分布于故道、湔氐道、阴平道、蜀(郇)氐道、武都道、予道、氐道、卞道、下辨道、薄道,以陇西郡为主,兼及内史(?)、广汉、蜀三郡。《史记·西南夷列

① 《史记·高祖本纪》。
② 马长寿:《氐与羌》,广西师范大学出版社,2006 年,第 88～89 页。
③ 《史记·李斯列传》(李斯言)"包九夷,制鄢、郢",《索隐》"九夷即属楚之夷也。"
④ 骈宇骞:《秦"道"考》,《文史》第 9 辑,中华书局,1980 年。

传》："自冉駹以东北,君长以什数,白马最大,皆氏类也",上列汉初道的情况与此记载相符。冉駹即今四川茂汶,其东、北多为氏所居,今西汉水、白龙江、涪水上游,是氏的主要分布区,大致区域在今汧陇以南、汉中以西,洮岷以东及茂汶东北①,在秦当陇西郡以南。

夷,至少南郡之夷,在汉初以前被称作夷。

羌,主要分布在比"西戎"更西的地方,在汉初当主要分布于西边塞徼以西,即临洮、安故、氏道、羌道一线的西边。这条分界线大致从今洮河河谷向南,一直延伸到白龙江的上游,其西为羌,东则为"西戎"、氏所居。

以上我们以张家山汉简为主,结合文献以及文字资料,对于汉初"蛮夷"的分布、族属作了推测。这些"蛮夷",集中于关中北方、西方、西南方向的北地、陇西、蜀、广汉诸郡。汉初人心目中的"蛮夷"之界,已基本局限于汧陇以西、泾洛以北,中原已基本不复有"蛮夷"分布。秦时之道以及"蛮夷"的分布地,想必与此不会有太大的出入,我们可以据汉初的情况推测更早时期的战国中后期—秦代的秦道以及族群分布。

在27个汉初之道中,翟道、故道、青衣、严道、湔氏道、狄道、氏道、下辨、督道等9个,可以基本肯定为秦旧道。实际的秦道无疑比这个更多,因为:第一,汉初高帝二年虽重置陇西郡,但其地域要比秦陇西郡为小,与匈奴、羌相界的"故塞"——秦昭王长城以外,皆为匈奴所有;第二,在文帝之前,也没有像羌人研种留何入塞归顺那样大规模的事件,因此不可能在汉初的十余年间就多出18个以上的道。秦在昭王三十五年(前272年)灭义渠后,置陇西、北地二郡,连同已有的上郡,在三郡"筑长城以拒胡"②,陇西、北地二郡皆成秦之属地,所以二郡属道当是此后设置的。上述"属邦"器,最早的是公元前242年的五年相邦吕不韦戈,距离秦设陇西、北地之年,已越整整30年;"属印""属邦工室""属邦工丞"玺印和封泥,年代在战国晚期至于秦代,也在秦有陇西、北地诸郡以后,这两个方面的证据都支持了这个判断。若把汉初陇西、北地之道全部认定为秦旧道,共得16道,除去可以肯定为秦旧道的9道中重复计算的属于陇西郡的狄道、氏道、下辨3

---

① 马长寿:《氏与羌》,广西师范大学出版社,2006年,第30页。
② 《史记·匈奴列传》。

个,共得6道,二者相加,则秦道的数目,至少在22道以上,已经接近文所考的汉初27个的数目。这说明,张家山汉简所反映的高后二年(前186年)前道的设置情况,基本因袭于秦。

以前,关于战国—秦代秦道的设置情况,由于资料的缺乏,学者们并不能确切知道,专门研究秦道的文章很少,笔者知见有限,所见专门研究秦道的论著仅为骈宇骞的《秦"道"考》一文。在该文中,作者所考索的秦道,有督道、严道、狄道、氐道四个,并根据秦简《语书》第一句话"廿年四月丙戌朔丁亥,南郡守谓县、道啬夫……",推测秦道之设,最晚不过此年——秦始皇二十年(前227年)①。在张家山汉简《二年律令》发现后,这种情况得以改观。首先是《二年律令》的整理者的注释②,后来又有一些学者如王子今、马振智③、周振鹤④、晏昌贵⑤等发表文章,都涉及了汉初道的问题。笔者以为,虽然汉初道的设置,不能与秦道完全等同,有的道的设置年代还没有坚实的根据,但我们仍然可以看出秦道设置的大略。至少,我们可以由这些道的设置看出战国中晚期至于秦代,"秦人"心目中"蛮夷"分布的大致情况,以及秦人心目中的族群分类和认知。

从道的设置看,在汉初的版图内,所谓的"蛮夷",就是被名之为戎、氐、羌、翟、夷的诸族群,其中以前二者戎、氐为主。溯推秦徼内的"蛮夷"之名,有"戎"⑥"氐"⑦"翟"(同狄)⑧等等,从秦简来看,秦人对这些族群的统称则叫作"戎",这一点与同时代称呼边缘族群叫作"蛮夷"⑨"戎狄"⑩并无不同。仔细体

① 骈宇骞:《秦"道"考》,《文史》第9辑,中华书局,1980年。
② 《张家山汉墓竹简[二四七号墓]》,文物出版社,2001年;《张家山汉墓竹简[二四七号墓]》(释文修订本),文物出版社,2006年。
③ 王子今、马振智:《张家山汉简〈二年律令·秩律〉所见巴蜀县道设置》,《四川文物》2002年第5期。
④ 周振鹤:《〈二年律令〉的历史地理意义》,《学术月刊》2003年第2期,修订本见简帛研究网,2003年11月23日。
⑤ 晏昌贵:《〈二年律令·秩律〉与汉初政区地理》,《历史地理》第21辑,上海人民出版社,2006年。
⑥ 云梦秦简《法律答问》"臣邦真戎君长"、张家山汉简453"戎邑"等可证。
⑦ 秦有"氐道""故(氐)道"之类可证。
⑧ 见秦封泥"翟道"。
⑨ 《战国策·秦策》中,陈轸谓秦惠王:"义渠君者,蛮夷之贤君。"此时义渠未为秦灭但臣服于秦,即秦之"外臣邦"。
⑩ 《战国策·秦策》说蜀为"戎狄之长","戎狄"与上文所谓义渠为"蛮夷"一样,显然指秦周边的边缘族群。

会起来,这些"蛮夷"名称——戎、氐、翟(狄)等等,是秦人心目中的对这些族群的称谓,并不一定是这些人群的自称,反映的是"秦人"主观的族群分类。在同一个时代存在,说明处于秦版图内的"蛮夷",在"秦人"心目中除了在皆被视为"蛮夷"这一点上是相似的之外,或许还存在着某些差异,此点在下文中我们还要讨论。

秦对于"蛮夷"的征服和伐灭,自西周晚期一直进行,其中重要是对位于泾渭流域的"西戎"的征服。这个过程进行得十分艰难,真正大规模地灭戎,把他们的版图纳入秦之地域,是战国时代的事情。在战国晚期灭义渠后,秦的版图到达了洮河一线,秦在戎地设陇西、北地二郡。随着被征服、兼并入秦的版图,这些地区的"蛮夷"也逐渐地华夏化,并也被看作"华夏"了。所以我们必须动态地看待秦人对于境内"蛮夷"的看法。例如义渠,在秦惠王时代,还被秦称作"蛮夷"①。大约同时代的蜀,在未被秦灭之前,也被看作"戎狄"②。随后秦惠王后元九年(前316年)司马错灭蜀、秦昭王三十五年(前272年)又灭义渠,根据上文论证,蜀(包括其中的氐等族群)、义渠肯定是又被看作"夏"即秦人的。可是,秦人在这些地区设道,明显又表现出"秦人"心目中这些人群与正宗秦人的不同,相对于"故秦人",他们还是"蛮夷"。笔者以为,这个矛盾,正是这些地区融入"华夏"的历史进程的具体体现,在以后的历史时期,当这些族群完全华夏化后,因这些族群被看作"蛮夷"而所设置的道的消亡就是不可避免的了。

上面我们从秦道的设置,推测了秦领域内"蛮夷"的存在;在秦徼之外,则有羌、胡之类。"羌",对于战国晚期至于秦代的这个名词的解释,当如王明珂所认为的,随着"戎"的华夏化,"羌"变成了更加遥远的西方"蛮夷"的代名词③。从文献、简牍来看,所有的边缘族群可统称为"戎",但却从不称"戎"为"羌",就是由于秦等中原人士心目中"羌"与"戎"的这个差别。"胡",即北方的林胡、楼烦、东胡、匈奴等族群。羌、胡之类,在秦都被视为"蛮夷"④。

① 《战国策·秦策》陈轸谓秦惠王:"义渠君者,蛮夷之贤君。"鲍注在惠文王后元七年(前318年)。
② 《战国策·秦策》记载司马错对秦惠王语,时间在惠王后元九年(前316年)。
③ 王明珂:《华夏边缘——历史记忆与族群认同》,社会科学文献出版社,2006年,第161页。
④ 《史记·秦始皇本纪》记载,秦始皇三十四年(前213年)咸阳宫大会,仆射周青臣说秦始皇"平定海内,放逐蛮夷","蛮夷"即指被称为"胡"的匈奴。

(三)"蛮夷"在秦社会的一般情况

从秦道来看，"蛮夷"的生活地，主要在北地、陇西、蜀等郡。北地、陇西二郡，大部分属于典型的黄土高原，黄土大塬、丘陵与河谷是主要的生存区域，陇西郡地形要比北地郡稍为崎岖，这二郡都是宜农宜牧的。蜀郡边缘的"蛮夷"生活地，以山地、草原为主，较适合畜牧。在战国晚期秦设北地、陇西郡后，以关中为代表的传统农业区也向西北扩展，到达河、洮秦徼一线，徼西则是称作"羌"的人群，其生业类型以畜牧为主。故"西戎"等"蛮夷"生业类型的农业化，可能是这些族群被看作"秦人"的原因之一。这里的自然条件跟关中差不多，也是宜农地区，也可兼有一定数量的畜牧业，所以到了汉初的时候，经济发展水平与人口数量，已经与关中内外之县没有差别了①。

除了生业类型的变化，原来的戎狄在归秦后，文化面貌的物质层次也逐渐变化，与秦文化趋同。像清水刘坪墓地②、张家川马家塬战国墓③、秦安上袁家秦代墓葬M7④所表现的不同於秦文化特征的现象，是一些"异例"，我们将在下文阐述其中原因。

秦境内"蛮夷"，要受所在郡与属邦的双重管辖。秦对道的管理，总的看来无疑比同级的县要宽松。道中的"蛮夷"君长，还会保留豪酋式的统治体系，道中可能不设乡里，行政制度与县相较大不相同⑤。由于许多道位处边地，所以有为秦戍边的义务，上文孙言诚用汉代史实所推测的秦之情况，可能是合理的。秦政府对于道如何管理的详细情况，由于资料的缺乏，我们现在并不能有进一步的讨论。

从云梦秦简来看，故"蛮夷"都属于受法律约束的秦人。实际除了上述与"故

---

① 从张家山汉简来看，汉初长吏秩级 500 石的只有阴平、甸氐、緜邍道、湔氐道 4 个，其余翟道、义渠、略畔、胸衍、平乐(?)、狄道、戎邑(?)、夷道、辨道、武都、予道、氐道、薄道、下辨(?)、豲道、緜诸(?)、除道、雕阴、青衣、严道等 20 道(故道长吏秩级无记载)，长吏秩级都是 600 石，属于最为普遍的县，已与中原无别。参前引周振鹤先生文修订本。

② 李晓青、南宝生：《甘肃清水县刘坪近年发现的北方系青铜器及金饰片》，《文物》2003 年第 7 期；史党社：《刘坪墓地若干问题刍论》，中国秦汉研究会网站。

③ 周广济：《甘肃张家川发现战国墓葬》，《中国文物报》2007 年 2 月 2 日第 5 版。

④ 甘肃省文物考古研究所：《甘肃秦安上袁家秦汉墓葬发掘》，《考古学报》1997 年第 1 期。

⑤ 周振鹤：《西汉县城特殊职能探讨》，《周振鹤自选集》，广西师范大学出版社，1999 年，第 15～35 页。

秦人"的差别外,他们内部的社会地位也是不同的。"蛮夷"的上层,不但参加秦统治阶层的事务①,而且在法律上也享有特权②,有罪可以用钱赎买,如上引秦简《法律答问》第2、4条所载;他们还往往拥有较多的财富③。但是,他们毕竟是秦之臣民,与归秦前相比,从名号的变化就可以看出来。春秋以来称"王"者,都是不遵从"周礼"之"蛮夷",如西周时楚王熊渠宣称:"我蛮夷也,不与中国之号谥。"④《后汉书·西羌传》记载春秋中期"义渠、大荔最强,筑城数十,皆自称王",獂戎可能也曾称王⑤。在归入秦后,其地皆为秦之郡县,这些人群的首领自然不能在秦王的领导下再称王了,只能叫"君长""君公"之类。《史记·东越列传》记载汉闽越王无诸,及东海王摇,乃越王勾践之后,"秦已并天下,皆废为君长,以其地为闽中郡"。在秦简与文献中,这类人有"臣邦君公""臣邦真戎君长"⑥"戎翟君公"⑦等称谓,绝无再称"王"的。

仔细体会起来,由于华夏化进程的不一致,秦境内"蛮夷"的上层也是有差别的,即"真"与非"真"的差别,上引第2条说"可(何)谓'赎鬼薪鋈足'? 可(何)谓'赎宫'? 臣邦真戎君长,爵当上造以上,有罪当赎者,其为群盗,令赎鬼薪鋈足;其有府(腐)罪,赎宫。其它罪比群盗者亦如此",第4条说"真臣邦君公有罪,致耐罪以上,令赎。可(何)谓'真'? 臣邦父母产子及产它邦是谓'真'。可(何)谓'夏子'? 臣邦父、秦母谓殹(也)",律文记载,只有被认为是"真"即真正的"蛮夷"上层,才可享受法律的优待,这些人即父母是"蛮夷"的人,或者出生于其他邦国的人。关于第4条的解释,于豪亮曾经指出,律文暗含的还有一个不用说明的意思,就是在秦那样的父权社会中,若父亲是"秦人"、母亲是"蛮夷",则生子为"夏

---

①　《史记·秦始皇本纪》记载秦始皇时嫪毐之乱,"戎翟君公"曾参与其中。

②　参于豪亮:《秦王朝关于少数民族的法律及其历史作用》,中华书局编辑部编:《云梦秦简研究》,中华书局,1981年,第316~323页。

③　如刘坪、张家川马塬埋藏丰富的战国墓葬可证。

④　《史记·楚世家》。

⑤　《史记·秦本纪》记载,厉共公三十三年(前444年)"伐义渠,虏其王",可证义渠确实曾称王。大荔戎称王已如前引《西羌传》记载。笔者十分怀疑,大荔戎所居之"王城",也可以作为大荔戎称王的证据。《秦本纪》记载孝公元年(前361年)"西斩戎之獂王",獂戎也称王。由此推测,在被秦兼并以前,诸戎中的许多是各自称王的。

⑥　二称谓皆见云梦秦简《法律答问》。

⑦　《史记·秦始皇本纪》。

子"即"秦人",这点不需要特别指出①。可是,如果这些人的父亲是"蛮夷",而母亲是秦人,则其生子是"夏子",也就是"秦人"了。看来这些称为"臣邦真戎君长""真臣邦君公"的"蛮夷"上层,只有父母是真正的蛮夷之人,才可被认为是真正的"蛮夷",与秦通婚所生子,属于"秦人",而非"真"蛮夷了。当然,这种区别的前提还是:"真"与非"真"的"蛮夷"上层,都是"秦人"。通过这二条律文,我们可以看到秦境内蛮夷与"故秦人"不断通婚而融合,以及他们正在被华夏化的事实。

　　蛮夷之下层,在现有材料下看不出与普通秦人有没有区别,从秦简看,他们也是秦重要的人力资源。他们的身份地位,有的也受到秦政府的优待,例如《后汉书·南蛮传》记载"秦惠王并巴中,以巴氏为蛮夷君长,世尚秦女;其民爵比不更,有罪得以爵除"。有的则沦为奴婢,上引秦律第3条说:"臣邦人不安其主长而欲去夏者,勿许。可(何)谓'夏'? 欲去秦属是谓'夏'。"这里的"主长",于豪亮解释为臣属于秦的"臣邦君公"等"蛮夷"的上层,可能是拘泥的。按照秦简,"主长"就是奴婢的主人,既可是秦境内"蛮夷",也可是"故秦人"。这里所说的"臣邦"人的奴婢身份,是明白的。《属邦律》说"道官相输隶臣妾、收人",说明作为"蛮夷"生活地的道,有"隶臣妾"②即官奴婢的存在,推测官奴婢肯定又有来源自这些族群的。按秦"隶臣妾"即官府奴婢的来源有二:一是犯法之人,秦简有多处记载;另一是降敌③。这两个来源中,必也包括"蛮夷"之人,"蛮夷"乃秦奴婢"隶臣妾"的重要来源。官奴婢"隶臣妾"从事于公,或劳作,或畜养④,或从事牢狱(?)杂务,还可作为官府赏赐的对象⑤。

　　除了以"隶臣妾""臣妾"的身份作为官私奴婢从事各种劳役外,秦境内的"蛮夷"人士,也是秦兵力来源之一。例如昭王二十七年(前280年)秦使司马错将众取楚黔中,所率领将士,来源就是陇西郡⑥。陇西郡乃"西戎"故地,士卒来源于

　　① 于豪亮:《秦王朝关于少数民族的法律及其历史作用》,中华书局编辑部编:《云梦秦简研究》,中华书局,1981年,第316～323页。

　　② 关于"隶臣妾",自云梦秦简中发现以来,有很多讨论,兹不备举。云梦秦简中,在称官奴婢时,有"隶臣妾""隶臣""隶妾"(屡见)、"臣妾"(《法律答问》)、"妾"(《仓律》《法律答问》等)等称谓;私奴婢有"奴妾"(前者见《法律答问》等)、"奴"(《法律答问》等)、"臣妾"(《法律答问》《封诊式》《日书》甲种)、"臣"(《法律答问》《日书》乙种)、"臣徒"(《日书》甲种)等称谓,绝无称"隶臣妾"者。可见,"隶臣妾"当是官奴婢在法律上的正式称呼,也可称"隶臣""隶妾";私家奴婢则只能称"臣妾"之类,不能称"隶臣妾"。

　　③ 云梦秦简《秦律杂抄》:"寇降,以为隶臣。"

　　④ 云梦秦简《秦律十八种·厩苑律》。

　　⑤ 云梦秦简《法律答问》:"有投书,勿发,见辄燔之;能捕者购臣妾二人,毄(系)投书者鞠审谳之。"

　　⑥ 《史记·秦本纪》记载,此年"使司马错发陇西,因蜀攻楚黔中,拔之"。

其中者肯定不在少数。上述秦文字中的"属邦"类材料,也可足为证。这类材料只出现于兵器铭文与封泥中。前者"属邦"铭文,发现于兵器上,与兵器的关系自不待言;后者封泥中的"属邦工室"一类材料,也可断定与兵器制造有关。因此可知兵器的制造、保管和发放,是属邦重要功能之一。这些材料的年代集中于战国末至秦代,大致都在秦王政以后。本时期与兵器相关的中央机构,最重要的是少府,下有寺工、诏事,还有属邦①。属邦可以制造、保管、发放,对象自然是其管辖范围内出身"蛮夷"的将士。这也说明,战国末期至于秦代,属邦所辖的原来的"蛮夷"人士,已经成为秦重要的兵力来源。

　　通过以上论述,可知在秦境内的"蛮夷",无论从血统、分布地域,以及法律制度所反映的身份内容来看,都与真正的"秦人"存在着差异。秦也认识到了这种差异,属邦、道的设置以及相关法律的制订就是证明。秦用这些手段(政治、法律、地域归属和区分)把他们划归于"蛮夷";同时,这些"蛮夷"自身也乐意以自己的身份获得法律上的优惠,承认自己是与真正的"秦人"有差异的族群。族群,作为一个主观上归属和被归属的概念,在这里得到了很好的体现,在"秦人"内部本阶段存在"蛮夷"族群,已是不争的事实。虽然总的看来,他们都属"秦人",都已经处在华夏化的进程之中,并且从商鞅变法的战国中期到秦代,这个事实都没有改变。

二、秦与诸侯之民的关系

　　上文我们分析了与"故秦人"相对应的秦境内"蛮夷"的情况,认识到他们之间的差异。在秦社会中,还有诸侯之民的存在。这个情况从战国时代一直延续到秦代。战国时代,秦与诸侯一样,或有"厚招游学"②,或有"徕民"③的政策,使秦社会中有大量的"游士"④"新民"⑤"客"⑥存在,这些人大多当属六国之人。在战国中期以后具有洞室、直肢葬的墓葬的主人,我们虽然不同意把一定的文化类

---

①　董珊:《战国题名与工官制度》,北京大学博士论文,2002年,第220~224页。

②　《史记·秦始皇本纪》。

③　《商君书·徕民》。

④　如《秦始皇本纪》记载:"吕不韦为相,封十万户,号曰文信侯。招致宾客游士,欲以并天下。"秦简也有专门的法律《游士律》。战国游士多属六国,《史记·留侯世家》张良说"今复六国,立韩、魏、燕、赵、齐、楚之后,天下游士各归事其主",由此可知游士多六国人。

⑤　《商君书·徕民》。

⑥　《商君书》之《徕民》《境内》。

型、文化因素机械地跟某个族群对应的做法，但仍然相信，拥有这些文化特征的人群，至少有相当一部分是这些关东人士①。云梦秦简《游士律》中有"游士"，与"故秦人"即秦本土居民相对而言："游士在，亡符，居县赀一甲；卒岁，责之。·有为故秦人出，削籍，上造以上为鬼薪，公士以下刑为城旦。"类似的记载还见于《商君书·徕民》，其中有"故秦"民与"新民"即三晋之民对举。《徕民》与《境内》还有"客"的记载，后者曰："能攻城围邑斩首八千已上，则盈论；野战斩首二千，则盈论。吏自操及校以上大将尽赏。行间之吏也，……爵五大夫，有税邑六百家者，受客。"这里的"客"，当是指诸侯在秦之客民。这些"游士"之类的在秦的诸侯之民，从《游士律》来看，是有户籍和爵位的，并守秦法约束；《徕民》说"民客之兵"，说明他们也是秦兵力来源，在此方面与秦本土之民已经没有区别。凡诸名称之别，反映了统一前秦社会中在秦—戎之外另外一种族群差异。在吞灭六国之后，六国之民在法律的意义上，皆成秦之子民，但与"故秦人"即本土之民的差异仍然存在，原来不同国家的诸侯之民，各自根基性的情感联系与族群认同仍然存在，特别是在随着统一带来的认同危机的情况下，一些旧有的六国贵族，其离于秦的心理还是非常强烈的，"秦人"认同也没有随着秦的强大和统一而自然产生。

例如，在秦代有"亡秦者胡也"的谶语，这是始皇三十二年（前 215 年）北巡之时，燕人卢生所献图书中所言。秦始皇听说后，"乃使将军蒙恬发兵三十万人北击胡，略取河南地"②。此言虽说的是胡——匈奴亡秦的预言，但传播者却为燕人。"始皇帝死而地分"③之语，则是秦始皇三十六年（前 211 年）被东郡民刻于陨石之上的。这些谶语反映了故山东诸侯与秦之间的裂隙，秦始皇常言"东南有天子气"④，反映的就是对原来东方诸侯不放心的态度。韩、赵、魏被灭后，"三晋大夫，皆不便秦，而在阿（今山东东阿西南）、甄（今山东甄城东北）之间者百数"⑤。韩国贵族出身的张良，先人"五世相韩"，秦灭韩，张良"悉以家财求客刺秦王"⑥。楚亡后，与齐一样，"鄢（今湖北襄樊）、郢（今湖北荆州）大夫不欲为秦，

---

① 滕铭予：《论关中秦墓中洞室墓的年代》，《华夏考古》1993 年第 2 期。

② 《史记·秦始皇本纪》。

③ 《汉书·五行志》。

④ 《史记·高祖本纪》。

⑤ 《战国策·齐策》。

⑥ 《史记·留侯世家》。

而在城南下者百数"①。秦末有楚阴阳家南公言:"楚虽三户,亡秦必楚。"②凡此东方故诸侯之人的行为和谶言,反映了东方之民的族群分裂意识。秦之统一,并没有使天下之民都接受"秦人"的认同,有的可能还导致更加强烈的对立意识,例如最后一条楚之谚谣所反映的故楚人对秦之仇恨,可谓不共戴天。

总之,无论是统一之前以"游士"等名称或者统一后以子民身份出现于秦社会中,这个时期在"故秦人""臣邦"之外,在法律或是现实中,还存在着秦本土之人与六国之民的差异,秦虽然把六国"异民"③纳入其统治范围,但却没完全使其归顺,秦上层统治阶层的系列行为,虽然在主观地"建构"着"秦人",但却没得到关东之民的完全认同。在秦与境内"蛮夷"的关系之外,秦与六国故民的关系,构成了秦内部族群关系的另外一个重要方面。

三、战国中期—秦代"秦人"的建构

通过以上两节的论述,可知道西周晚期以来作为建构"秦人"的三种力量之一的"秦人"内部的情况变化。虽然战国中期以后,春秋时代的夷夏之辨趋于沉寂,事实上的民族融合也在发生之中,旧的族群"边界"也正在消亡之中。但是战国中期至于秦代"秦人"族群内部"分裂"现象的存在,也是不争的事实,这个现象的本质并没有因为本时期秦由地方性诸侯国走向统一的帝国而发生变化。在战国至于秦代,族群边界跨越了经济、政治的界限而存在,并不与秦的政治、经济版图重合。例如"秦人"心目中的"蛮夷",不但包括其境内的"戎"、"氐"等族群,还包括境外的羌、匈奴等族群;而境内"蛮夷",其生业类型战国后期以农业为主,境外"蛮夷",则主要是游牧了。另外两种外部力量——"戎狄"和"华夏",也是变化的。

自春秋以来,中原"华夏"的主要强国,例如齐、楚、晋(后来的赵、魏等国)、秦国,对于各自周边的"蛮夷"族群"戎狄",进行了大规模的征服、兼并。这些族群

---

① 《战国策·齐策》。
② 《史记·项羽列传》。
③ 《商君书·徕民》:"今以故秦事敌,而使新民作本,兵虽百宿于外,境内不失须臾之时,此富强两成之效也。臣之所谓兵者,非谓悉兴尽起也。论境内所能给军卒车骑,令故秦兵,新民给刍食。天下有不服之国,则王以此春违其农,夏食其食,秋取其刈,冬陈其宝,以《大武》摇其本,以《广文》安其嗣。王行此,十年之内,诸侯将无异民,而王何为爱爵而重复乎!"其中"异民"就指的是山东诸侯之民。

也以各种方式融入到"华夏"之中,也成为"华夏"之人,新的包含有原来许多"蛮夷"的"华夏"开始形成,这是汉代以后"汉人"的前身,与春秋以前的"华夏"有很不相同。那时的"华夏",是以姬、姜等受封诸侯为主、包括有三代之后的族群,是"华夏"的精英阶层打造的,目的是为了联合起来,抵御"蛮夷"的侵暴。原来"华夏"与"蛮夷"比邻而居的情况,也有所改变。原来的"戎狄",西周以来与中原"华夏"形成了你中有我、我中有你的局面,中原这些传统的"华夏"区域,也被西北内迁的"戎狄"居住,所谓"南夷与北狄交。中国不绝若线"①。至于战国初年,这些"蛮夷",或被兼并融入到"华夏"之中,或被逐出中原西逃陇山以西他们的老家②,新的"华夏"不但形成,而且地域更加广大。到战国中期之时,列国经过改革,实力大为增长,辟土行动频繁,北方"华夏"的地域已经到达后世农业区的大致极限。在中原北面,赵、燕地域到达河套、辽河和鸭绿江下游,一直到今朝鲜半岛北部。齐基本已经居有黄河下游、山东半岛的土地。南方的楚,土地已经向南及于湘江流域今湖南和江淮一带。西方的秦,已经达到渭水源头、洮河流域,西北达到兰州一线。春秋时代强调"夷夏之防",到战国时已经形成"中国"与"四夷"五方之民共为"天下"、同居"四海"的整体观念③。所以,自战国中期以后,在人群构成上,"华夏"不但包括华夏化的原来的中原"戎狄";在地理空间上也有限定,大致指处在这一地理区域的人群。

在新的"华夏"重新占领了中原,并辟土扩张后,原来的"蛮夷"或被同化融入到"华夏"之中,华夏地域的扩张,使一些中原边缘的族群例如羌、林胡、楼烦、匈奴等等,出现于中原的视野里。这样的分布,促使了战国中期以来南蛮、北狄、东夷、西戎概念的产生,这个概念可以理解为中原"华夏"的精英阶层,利用这个概念重新界定了"华夏"的族群边界,是"华夏"产生的一个标志。在中原内部,统一的趋势也日趋明显,"四海之内若一家"④"天下定于一"⑤的思想越来越强烈,对于有实力的诸侯来说,称"王"称"帝"以统一天下,是最高的理想。

原来建构"秦人"的三种力量,也发生了变化:一、自昭王时代起(也可能在更

① 《公羊传》僖公四年。
② 《后汉书·西羌传》:"至周贞王八年(按即前461年),秦厉公灭大荔,取其地。赵亦灭代戎,即北戎也。韩、魏复共稍并伊、洛、阴戎,灭之,其遗脱者皆逃走,西踰汧、陇,自是中国无戎寇,唯余义渠种焉。"
③ 费孝通:《中华民族多源一体格局(修订本)》,中央民族大学出版社,1999年,第218～223页。
④ 《荀子·议兵》。
⑤ 《孟子·梁惠王上》。

早的惠王时代),"蛮夷"已经位于秦徼之外,战国末期至于秦代,秦更是对匈奴等"蛮夷"采取了攻势,把匈奴、羌等逐于更远的秦始皇长城之外,"蛮夷"在战国早期以前的那种致命威胁,已不复存在。对于建构"秦人"来说,徼外"蛮夷"的存在,一方面可以作为人群区分和分类的标尺,使"秦人"成为"华夏",而不是蛮夷;另一方面,还促使秦去增强政治军事实力,因为无论防御还是驱逐匈奴等蛮夷,实力都是基础。二、从秦、"蛮夷"、诸侯的力量对比来看,这时候最要紧的,还是秦与诸侯的关系,这才是生死攸关的。这三种力量中,秦内部的族群关系、秦与诸侯的关系(后者在秦统一后也成了秦的内部族群关系),是最重要的两种关系。

那么,这新的三种力量,以及两种主要的关系,又怎么样决定了新的"秦人"的建构?

战国时代,赢得兼并战争是诸侯的第一要务,这依赖国内的综合实力,因此,提升自身实力与民众的凝聚力,是秦上层建构族群的首要目的。商鞅变法后,秦以苛法治国,并通过县制的实行,使行政命令与法律的推行,可以到达秦地的各个角落。在秦统一后,其实质并没有发生根本的变化。秦始皇以改帝号、尚五德说而改正朔服色、出巡、刻石记功等等,以树立至高无上的皇权;又建立具有三公九卿的最高统治机;废封建、设天下以为郡县①,这些都是商鞅以来秦以法治民手段的延续。对于强力的迷信,在秦始皇时代达到了顶峰。可是,在提高自身实力与凝聚力方面,秦并没有重视春秋时代那些"象征"意义明显的各种边界标志,从而去正视族群边界与政治版图不相重合的现象并且去解决之,而是把政治的力量以政令和法律的形式,赤裸裸地推向了前台,成为界定、区分"秦人"族群的主要边界,只要顺从秦的国家权威、为"耕战"贡献的人,都可以成为"秦人"。自商鞅变法以来,直至秦统一天下后实行的一系列政策,都可以看作秦上层重新界定、建构"秦人"的措施。因此,战国中期以后,族群意义上的"秦人"概念,突出的是它的政治与地理的含义,可作如下界定:在秦的领土内,受秦的国家权威约束的人,就是"秦人"。这个界定,大致也可适用于秦帝国时代。总的说来,战国中期以后的"秦人"身份,是由国家给予的,而并非全体"国民"认同和接受的。政治归属,是判断"秦人"的主要标准。此时,在秦地生有名籍②的人,就是"秦人"。

---

① 白寿彝:《中国通史》(5),上海人民出版社,1995年,第173～191页。

② 秦人有名籍登记制度,生者有之,如《商君书·去强》说"举民众口数,生者著,死者削"。

可是,这个"秦人"的建构过程,却并没有真正完成。在商鞅变法后,所有的"秦人",都是统治阶级强加给他们的"名分",肯定不是所有人都具有"秦人"认同,无论是秦统一前还是统一后,秦社会内部还客观存在着"故秦人""蛮夷"、诸侯之民等等之间的差异和"分裂"现象,秦的强大和统一并没有带来原来旧有族群各自根基性的族群情感和认同的消失,包括"故秦人"也是如此。因此说,从族群是主观的建构和认同的角度来说,真正的天下一统的"秦人"概念,至秦亡也没有建立起来,或者说仍在"建构"的过程之中。其中原因除了可归结为秦之短祚外,还有以下原因。

在族群建构上,迷信强力的结果,伴随的必然是对其他手段的忽视。战国中期以后的秦人上层,只是以政治与地理的界限即族群标志限定了"秦人",但这样的手段是远远不够的。虽然在战国时代,旧有的族群"边界"发生了变迁,作为族群"边界"的标志因素也会发生相应的变化。但是,在客观的族群"分裂"仍然存在的情况下,重新选择族群"标志",以重新建构、整合族群,建立新的"秦人"认同,仍是十分必要的。在西周晚期、春秋时代至于战国早期,在秦的国家权力之外,秦利用祖先及历史传说、文化等为边界"标识",较好地维持了"秦人"认同,维护了族群的延续。虽然在身份上,"秦人"的"华夏"认同并没有完全被山东诸侯接受、地理上也不能东出崤函,但能把一个族群从西周中期延续到战国中期,时间大约在 500 年以上,不能不说本时期"秦人"的建构是成功的。在随后的 140余年间,秦人虽然逐渐强大并统一"华夏",但却二世而亡,不重视族群的建构,应是一个重要的原因。

例如,对于祖先历史传说的态度。共同的祖先及历史传说,不但是族群认同得以产生、维持的关键因素,也被认为是主要的族群"标识"之一。战国中期以来,随着统一趋势的加深,有远见的知识分子开始为统一制造舆论,以"五帝"为主的古史系统也建立起来。这个系统也见于秦人作品《吕氏春秋》中,因此也必定为秦最高统治者所熟悉。这是一个包容不同族群"历史"的系统,是新的"华夏"开始形成的一个主要标志。可是秦统治者并没有把这个系统放在眼里,从秦昭王与齐闵王互称东西帝,已可见藐视的端倪①。在秦始皇时代,这个心理和行为达到顶峰。秦始皇自立为始皇帝,把世人心目中以前的天地人王皆不放在眼

① 《史记·秦始皇本纪》。

里。《秦始皇本纪》记载秦并天下后,丞相王绾、御史大夫冯劫、廷尉李斯等建议说:

> 昔者五帝地方千里,其外侯服、夷服,诸侯或朝或否,天子不能制。今陛下兴义兵,诛残贼,平定天下,海内为郡县,法令由一统,自上古以来未尝有,五帝所不及。臣等谨与博士议曰:"古有天皇,有地皇,有泰皇,泰皇最贵。"臣等昧死上尊号,王为"泰皇"。命为"制",令为"诏",天子自称曰"朕"。

秦始皇采纳了他们的建议,并命去"泰"著"皇",采上古"帝"位号,号曰"皇帝",追尊庄襄王为太上皇,并去掉谥法,认为"太古有号毋谥,中古有号,死而以行为谥。如此,则子议父,臣议君也,甚无谓,朕弗取焉。自今已来,除谥法。朕为始皇帝。后世以计数,二世、三世至于万世,传之无穷。"从皇帝名号之变,充分显示了秦始皇不可一世的心理,把自己凌驾于被天下所认同的古代圣王之上,怎么可能用"五帝"作为标志,来促使天下人心中"秦人"认同的产生?相反,后来的汉代精英们却做得很好,他们把五帝奉为"汉人"的祖先,使自我族群顺利地完成了从战国"华夏"到"汉人"的过渡。司马迁把《五帝本纪》列为《史记》之首,就是汉代人重视"五帝"这个族群标志的体现。

又如对文化风俗的"标识"作用的忽视。

文化与祖先历史传说一样,不但可以作为族群认同产生的基础,也可以作为族群的"标识"。文化是共同的"集体记忆"产生的土壤,可以增加内部民众对于自我相似性的认同及其凝聚力并以之区分非我族群。上文已经论述,在西周中期"秦人"认同产生后,"秦人"族群意识觉醒,也形成了文化上的自觉。从考古发现所带来的物质层次观察,典型的秦文化在西周晚期—春秋早期这个时候形成。在历史形势的变化下,作为族群"标识"的文化内涵,也会发生改变。例如,春秋中期以来,在"戎祸"基本消失、真正的新的"华夏"集团逐渐形成的大背景下,秦称霸西戎,戎狄对秦的威胁也趋于消失;华夷之交往也在加深,对"夷夏之防"的强调变得并不那么严格。这些都磨灭了秦人心目中原来的华夏意象,原来一些作为族群"标识"的文化特征必然会随之改变。例如原来有着强烈"华夏"特征与含义的春秋型秦礼乐铜器,至战国早期已趋于灭亡,战国中期则是其基本绝迹的阶段。在此之中,人们熟知的那种侈口、浅腹、平底、蹄足、有的足上有一道凸棱的"春秋型"秦鼎，是最典型的例证。而春秋战国之际北方的游牧文化向南传播到秦的领域内、"战国型"文化的新气象的勃兴，也不能不说与"秦人"对文化的族群边界性的强调变弱有关。

战国中期以来，秦在文化风俗的统一方面，也并非了无作为。商鞅变法，那些不利"耕战"的因素被强制去除，以求"国无异俗"①。如代表宗周礼乐文化的礼乐诗书，被看作"虱子"遭到扬弃②。许多不利"耕战"的戎狄之俗，也被加以摧毁，例如关于"分异"的法律的制定、禁止"私斗"③等等。

这种文化借助政治力量的推广，也可带来文化的变化，导致了战国中期以后，秦文化迅速扩张，占领了原来戎狄以及六国故地。但是，这个文化风俗的变化，并不一定带来族群认同。因为，秦上层的统治者，并没有把文化当作一种族群的"标识"加以推广，用来促使"故秦人"以外的"新民"去产生"秦人"认同，而由文化统一所可能带来的新的族群认同，也由于秦的短祚而没来得及实现。起码，文化的力量并没有在族群的建构中得到充分的体现。但若观察一下考古材料所反映的物质层次的文化变化，在战国中期以后，甘肃东部、山西河南三晋故地、云梦楚故地等地，秦文化都迅速地扩张到了这些地区。这是秦之政治势力扩展——基本可以肯定是秦移民所带来的变化。但是在这些地区，更为大量存在的是这些地方原来的地方文化因素，秦文化的影响和分布地是有限的，文化认同并没有产生。作为族群认同的基础要素，文化认同的产生，必然会影响族群认同，但从考古资料的层面观察，这个族群认同的基础——文化认同却是不存在的④。就是说，秦推行的文化政策，并没有达到建立族群认同的效果。

秦所实行的政治法律方面的强力政策，我们可以推测其对于族群建构的实际效果，也是不理想的。这样的直接材料并不多，我们的探讨还是从秦简开始。

于豪亮曾经认为，前引第 4 条简文把秦与境内"蛮夷"所生子女一概认定为秦人，本意是为了给人口稀少的秦争取人力，精神实质与《商君书·徕民》主张招

---

① 《商君书·赏刑》。
② 《商君书·靳令》中把礼乐诗书修善看作"六虱"。
③ 《史记·商君列传》。
④ 李继利：《族群认同及其研究现状》，《青海民族研究》2006 年第 1 期。

徕三晋之民一致①。笔者并不同意这样的观点。因为,按照我们上文的分析,这条律文所针对的,是极少数的"臣邦"上层人士,并不是广大的"臣邦"下层,按照秦道的数量估计,也就数十百人而已,所以秦以此政策作为增加人力资源的手段,并无多大意义。把第 4 条与第 2 条律文合并考虑,可知第 4 条律文,是由于对于真正的秦人与"蛮夷"上层所实行的法律有所差别,后者是受到法律照顾的,即可以用钱赎罪,这些律文就是为了照顾后者。不过,我们可以从这条律文的文本中看出两个基本的事实:一是战国中期以来秦与境内"蛮夷"不断通婚;二是由通婚而带来的"蛮夷"的华夏化过程也正在进行。

作为缜密的秦律,必有其面对的客观背景。本条律文的背景,就是"蛮夷"与秦通婚的事实。婚姻作为亲属关系的一种(另一种是血亲关系。其实还当包括人为建立的亲属关系,例如收养关系等),是社会结构的重要原则②,所以经常被有意识地利用。在中国先秦时代,血亲关系即父母与子女的关系,一般指的是群体内部。婚姻形式的亲属关系,则常常发生在族群之间,被用来加强族群的联系和认同。秦人与"戎狄"的婚姻很早就存在,《秦本纪》记载商末秦祖戎胥轩、西周中期大骆都曾娶于骊山氏。可是,从西周晚期以后,除了襄公以其妹缪嬴为戎丰王妻外,春秋以来没有秦—戎互相通婚的记录。这是在"华夏"与"戎狄"对立的情况下,秦人自认为"华夏"的必然结果。有必要指出,这些事例,都是秦人的上层,普通秦人的婚姻我们并不得而知,但秦戎关系的尖锐对立,春秋时代无论秦人上层与下层,都较少与"戎狄"通婚,也是可以想见的。到了战国时代,情况发生了很大变化,"华夏"与"戎狄"的融合在逐渐加深,秦也大规模地兼并戎之土地,例如上郡、北地、陇西等地,大批戎人转而生活在秦的版图内,这使秦戎婚姻的增多变得不可避免。

我们可以推测这两条律文的实际效果。如果"臣邦"上层由于自身纯正的"蛮夷"血统而获得好处即法律的照顾,则何不如同巴王一样世世保持这个身份呢? 所以,这两条律文的实际效果,必定是促使秦境内的"臣邦"上层极力维持自己的"蛮夷"身份,保持纯正的"蛮夷"血统。刘坪、马家塬、上袁家战国"蛮夷"墓

① 见于豪亮:《秦王朝关于少数民族的法律及其历史作用》,中华书局编辑部编:《云梦秦简研究》,中华书局,1981 年,第 316~323 页。
② [英]雷蒙德·弗思著,费孝通译:《人文类型》,华夏出版社,2002 年,第 82~83 页。

葬或许就可以说明这一点。这三处墓地的主人,都可断定为"蛮夷"上层,就是秦简常说的"臣邦真戎君长"、文献中的"戎狄君公"之类。这些墓葬的共同特点是随葬品丰富而级别较高,文化面貌复杂:既有秦文化特色,也有浓郁的"戎狄"文化因素(既有"西戎"文化因素、又有游牧文化因素)。为什么在这些地区已成秦之郡县以后,本地"蛮夷"上层的墓葬中反倒表现出以往没有的强烈的"戎狄"文化色彩? 笔者认为,这些物品是被当作身份地位的象征的,是"臣邦"的上层刻意用这些非秦文化的特征来强调自己的"蛮夷"身份的。秦人政治军事势力的扩展,没有使与其"互动"的境内"蛮夷"族群产生更加强烈的"秦人"认同,却产生了更加强烈的族群意识,并使他们以独具特色的文化作为"标识",表示与正宗"秦人"的差别。在战国中期以来中原"华夏"逐渐形成、秦文化也逐渐占领秦境的情况下,这个情况的出现,明显属于一种反常现象。看来,秦人给予"蛮夷"上层以法律上的优惠,实际上是以这个方式强调了"秦人"与"蛮夷"的差别,我们不能不说这是一种消极地建构"秦人"的方式,相关法律的实行并没有起到弥平"秦人"与"蛮夷"差异的作用。

对于政治强力作用的检验,最好的就是秦之短祚了。秦追求政治上的统一与一体化,但却不重视族群的"分裂"现象,甚至人为制造"分裂",忽视族群认同的其他身份内容的作用,不重视族群边界与政治版图的不重合现象的解决,迷信强力、偏重政治及军事的力量,在族群的建构上必然产生许多问题,并导致这些问题最终在秦末爆发,使秦走向灭亡。秦的统一,并没有最终使"秦人"认同超越地域空间与族群之界,变成一种全国性的认同。从族群的角度看,不重视族群的建构即共同的族群意识的产生、延续、维系和扩展,不重视共同的祖先及历史传说以及作为族群"标识"的文化认同对族群认同的促进等等因素的作用,正是秦短祚而亡的重要原因之一。

第四节 小 结

以上我们用时下流行的族群理论,把"秦人"当作一个族群现象来分析。笔者不否认"秦人"与非子之前的秦祖之间的联系,因为历史是不能割断的。但是,作为一个西周中期才得名的族群,"秦人"同时是一个主观"建构"下的概念,决定这种建构的是秦人以及与秦互动的族群。"秦人"的"边界",具有情境性,随地点、情势的变化而变化。"秦人"的族群认同,既是西周中期以来"秦人"族群意识产生后的一种根基性的情感归属,也是当时"秦人"的上层为了合理化当时现实与人群区分的主观建构。

族群作为一个归属和被归属、自我界定和被界定的范畴,本书所有的材料和分析的视角,都是站在秦人自身的立场上的,笔者是站在"秦人"的立场对"秦人"及其互动的"蛮夷"族群加以界定和分类的。因为如同中国历史中绝大部分关于四裔的记载一样,与秦相区分的"蛮夷"材料,是站在以秦人为主体的视角所作的记录,考古、文字材料也以秦的为主,像马家塬战国墓葬的那些可以反映"蛮夷"君长的族群自身认同的材料是很少的。但我们仍然可以看出这个定义的适应性,"秦人"如此,"蛮夷"亦如此,都是被自我以及互动的族群归属和被归属,然后才成为一个完整意义的"族群"的。

下面回答本章的几个核心问题,作为本章的结论。

第一,谁是历史中赫赫有名的"秦人"? 谁是与之"互动"并存的"蛮夷"?

本书认为,"秦人"虽然与以前的历史有渊源关系,但"秦人"是一个在非子之后才开始形成的人群,其中"秦人"上层的"主观"建构,是"秦人"形成的主要原因。

西周中期秦祖非子养马有功,被周王室封为"附庸","秦人"政治地位逐渐上升,最终在春秋初年建立了自己的"诸侯"国家,至于春秋早期的阶段,各个国家机器已经建立了起来。与这个过程相适应,"秦人"的上层也"主观"地"构建"了自己的族群,他们以共同的祖先历史传说、文化、政治等因素为标志,限定、维持了"秦人"的边界。从西周晚期到战国早期,"秦人"指的是在秦的政治版图内,具有同一祖先及历史传说、共同的文化等特征的人群,他们自认为是与"蛮夷"有别、与"华夏"相似、具有自身特性的一群人。

战国中期到秦代,"秦人"大致是指在秦的版图内,具有名籍的"国民",政治(在政治法律等条件下属于秦)和地理分布(如道所标志的"蛮夷"地域),是构成"秦人"边界的主要标志。但必须清醒认识到,本阶段真正统一的"秦人"认同并没有建立起来,在"秦人"内部还存在着客观的族群差异和"裂隙"。这种差异主要存在于"故秦人"与关东之民、境内"蛮夷"之间。

作为"建构""秦人"的力量之一、与秦"互动"的"蛮夷"族群,在西周中晚期至战国早期,主要指的是生活于陇山东西陕甘一带的戎人,以及晋陕间的白狄。至战国中期以后,西方戎人的生活地大部分为秦之郡县,也受秦法约束,其名义上也成了"秦人",但其与正宗的"秦人"还是存在着差异,还是被称作"戎"。北方秦长城之外,是与白狄有关的楼烦以及匈奴等族群,在西方洮水以西,则是被称作羌的族群。这些位于秦徼内外的族群,就是"秦人"心目中的"蛮夷"。

第二,"秦人"与"蛮夷"的关系。

在"秦人"的历史中,有两个与秦"互动"的族群,对于"秦人"的建构起了重要的作用,一个是以周王室为代表的"华夏"集团,一个就是曾与秦尖锐对立被目为"蛮夷"的"戎狄"。不同人群之间差异感的存在,是"族群"产生的基础,没有"他们"也就没有"我们",与秦互动的"戎狄"族群,是"秦人"存在的条件。当然同时起作用的,还有秦内部的族群关系。

秦兴起于西方甘肃一带的戎人之中,在西周晚期—春秋早期,作为周王朝的政治附庸,秦与戎矛盾尖锐对立,军事上的"伐戎"行为是秦的主要任务。同时,也必定有戎人融入到"秦人"之中。春秋中期,由于东进受阻,秦穆公向西发展,称霸"西戎","西戎"与秦维持着一定程度的政治军事联系,对于秦来说,这些戎人族群,就是秦简所说的"臣邦"或"外臣邦"。北方的白狄,可能也受到秦之攘却。战国中期以后,西方戎人所在区域,皆为秦之郡县(道),这些戎人名义上都成为"秦人",但真正的"秦人"认同却不一定建立起来,在一定程度上还被正宗的"秦人"看作"蛮夷"。本阶段在北方与秦发生关系的,先有楼烦等族群,后来则并称匈奴了。

总之来说,自从西周中期"秦人"产生以来,"秦人"对于西、北方的"戎狄",以攘却、融合为主,西方戎人大部成了"秦人",北方族群则被驱除。"秦人"的内涵和边界,也随之不断变化。

第三,"秦人"的来源。

"秦人",是从西周中期非子养马有功,被封于"秦"才开始得名的。此前"秦人"的祖先大概还处在养马阶段,默默无闻,并且也不叫"秦"。从天水毛家坪等西周时期秦文化的面貌来说,西周时期的"秦人",部分应是文化上受西周影响的当地族群。《秦本纪》那样的文献记载,因为有强烈的虚构色彩,所以并不可靠。除了文献记载,从文化面貌上来看,还不能必然得出秦祖在更早时期来自东方的结论。

第三章　考古学上的秦文化及其渊源

本书将经常从考古资料出发加以论证,所以对于考古学的"秦文化",也须有一个概略的认识和探讨。

第一节　考古学上的秦文化

张忠培先生认为,考古学文化是"反映了人类活动遗存的类别或不同群体的的区分与联系,以及由它所表述的人们共同体的演进过程",滕铭予根据这个定义认为,对考古学上的秦文化的界定,实际是对"秦"所包含的内涵的界定。她认为,"秦"的内涵,包括了秦立国之前活动于"汧渭之间"的非子之族,即作为人们共同体的嬴秦族,"始国"后作为诸侯的秦国和统一天下后建立的秦王朝。"就'秦文化'的概念而言,其时间上限可以早到商代晚期,下限亦应进入西汉初年,即在长达 800 多年的历史阶段中,早于秦国存在的嬴秦族,作为秦国、秦王朝主体的族群的嬴秦族,在其生活、活动所至范围里,创造、使用、遗留至今并已被科学的考古工作所发现的考古遗存。那些在秦的发展过程中由于各种原因被纳入秦国或秦王朝统治范围的、与嬴秦族有着密切关系,并基本接受嬴秦族文化的其他人群,在同样的时期,同样的地域里所使用的,与秦文化面貌相同或相近的古代遗存,亦应属于'秦文化'的范畴。"[①]

梁云认为,界定秦文化的首要标准是文化特征,而非时间、空间和国别。秦文化"指存在于一定时间、分布于一定空间,主要有秦族秦人及相关人群创造和使用的,有自身特点的考古学文化遗存。它包括目前发现的遗迹和遗物的总和,

---

① 滕铭予:《秦文化:从封国到帝国的考古学观察》,学苑出版社,2002 年,第 4 页。

及其所反映的物质和精神两方面内容"①。

如同国内经常定义考古学文化一样，他们的定义有两个核心：一是秦文化应拥有什么样的内涵，一个就是所对应的人群是谁。

对于秦文化的考古学内涵，滕铭予认为，当今对秦文化这样的界定，"多是在对中小型秦墓随葬器物进行研究的基础上完成的"，而那些"典型的"秦文化因素，"据目前对秦文化的研究，已知蜷曲厉害的屈肢葬、战国中期以后出现的洞室墓以及独具特点的仿铜陶礼器和日用陶器等，是秦墓区别于其他国家和地区墓葬的典型特征"②。因为秦文化所经历的时间长达 800 年，秦文化也呈现出阶段性的变化，所以她选择发现数量多、连续性强的中小型墓葬以及墓葬中一组具有鲜明特色的、连续发展的器物群作为重要的观察对象和界定秦文化的主要标准③。她把考古学的秦文化分为 4 段 10 期④，按照她的 10 期说，属于第一阶段的 1～2 期年代在西周

① 梁云：《秦文化的发现、研究和反思》，《中国历史博物馆馆刊》2000 年第 2 期。下引梁说出处同。
② 滕铭予：《秦文化的考古学发现与研究》，《华夏考古》1998 年第 4 期。
③ 滕铭予：《秦文化：从封国到帝国的考古学观察》，学苑出版社，2002 年，第 4 页。
④ 滕铭予把秦文化分为 4 段 10 期，并与一定的历史阶段相对应。
　第一阶段，1～3 期。年代为西周时期，此时的秦文化主要分布在陇东南天水地区。此时已经可以从考古遗存中确认秦文化的存在，此时的秦文化的起源与形成阶段，在文化面貌上与周文化有很大的相似性。
　与之相对应的历史阶段，此时是"嬴秦"居于陇东时期，与周王室关系密切，西周中期非子被封于秦为附庸，为王室与西戎间的和睦关系起了很大作用（此跟春秋时代无终子嘉父的作用差不多，都是戎之代表人物）。
　第二阶段，4～5 期。时间相当于春秋初年到春秋中期，秦文化主要的分布地是天水、长陇和宝鸡地区，秦文化的特点开始形成，可以明显区别于周文化以及其他国家和地区的文化，是秦文化的确立阶段。
　此阶段从平王东迁（前 770 年）到春秋中期的秦穆公三十九年（前 621 年），大约 150 年。此时是秦人受封，向关中扩展时期，并向东与晋争河西，秦穆公霸"西戎"，使秦真正在关中站稳了脚跟，拥有了自己的土地和人民，并得到周王室的认同。
　第三阶段，6～8 期。年代大体从春秋晚期到战国中期，除大荔地区外，上述各地区均有分布。此时是秦文化的稳定发展阶段，秦文化将自身的特点发挥到了极致。
　此阶段从康公元年（前 620 年）到秦惠王称王（前 325 年），近 300 年时间。此阶段秦人与东方晋在河西展开争夺，同又伐戎，这都是以巩固自己的疆域为主。孝公时期，利用商鞅变法，使秦富强起来，天子致伯、诸侯毕贺，秦并会诸侯以朝天子。此时秦终于获得东方诸侯的认同，并成为战国诸侯间的强者。
　第四阶段，9～10 期。年代大致从战国晚期到西汉初年，分布范围包括整个陇东和关中地区。由于秦文化在这一阶段大规模向外扩张并建立了秦帝国，一方面将自身特点带入帝国的其他地区，另一方面大规模吸收所到之处的当地文化，从而使自己的文化面貌和性质都发生了明显变化，所以她认为此阶段是秦文化的转型阶段。当秦王朝灭亡后，各地留存的秦文化因素，与其他各地列国的文化因素一起，成为汉文化形成的主要因素之一。
　本阶段大体自秦惠王灭巴蜀（秦惠王后元九年，前 316 年）一直到汉武帝元狩五年（前 118 年）发行五铢钱为止，共约 200 年。此时，秦经过商鞅变法，国力大增，是称王并进而统一天下时期，并最终建立了秦王朝。秦二世而亡，但最终"汉承秦制"，由汉武帝完成了统一大业。
　参滕铭予：《秦文化：从封国到帝国的考古学观察》，学苑出版社，2002 年，第 37～42 页。

早中期,她后来在别的文章中把 1 期的年代上推到商代后期①。

对于与秦文化对应人群的主体,他们都认为即"秦人",在滕与梁的定义中,都把"秦人"当作界定"秦文化"的基础概念,因为"秦文化"是"秦人"及其相关人群所主要创造和使用的。因此,科学界定"秦人",也是界定"秦文化"的要求,而问题恰恰就出在这里。"秦人"与"秦文化"的关系,是最难处理的。上述滕铭予的"秦文化"界定中,就谈到了文化与人群的关系。梁云也指出,秦文化与"秦族秦人",有着复杂的辩证关系。不能简单认为秦文化就是"秦族秦人"的文化:并非所有秦人所使用的文化都属于秦文化;反过来,也并非使用秦文化的都是秦人,有些非秦人使用的文化反倒可以归入秦文化的范畴。

对于"秦文化"的界定,笔者基本同意滕铭予、梁云的核心思路。

考古学的上"秦文化",是一个综合体。秦文化的来源,与西北的古文化以及周文化都有联系。根据现在的发现,西周时期的秦考古学文化,主要分布于甘肃东部天水、陇南地区的西汉水上游、渭水上游一带,主要在陇山以西地区。此时的秦文化与周文化有密切的关系,至迟在两周之际已经受周文化的强烈影响。秦文化在这些地区与寺洼戎人文化比邻分布。西周中晚期以后,随着秦人政治地位的上升,秦文化特点逐渐形成并变得突出,分布地域也由陇山以西扩大到了陇山以东的关中一带。战国中期以后,秦文化内涵发生了很大变化,形成一种全新的战国型文化,并扩大到秦所占领的东方一些地区。秦文化因素一直延续到西汉前期,至西汉中期,秦文化在考古学上才正式宣布消亡。

按照本书一再强调的"秦人"是在西周中期孝王以后才开始得名、"建构"的观点,此前与秦有源流关系的人群,并不能称为"秦人",含混地表述为"嬴秦",或者"秦族秦人",可能都有问题。作为使用"秦文化"的主要族群,若"秦人"不存在,则"秦文化"无从谈起。所以笔者倾向于这样的看法:西周中期非子之前秦文化的上源,不管它与此后的秦文化源流关系多么紧密,也多么具有秦文化特色,都不应该叫作"秦文化"。此时使用先"秦文化"的人群,既有秦的祖先,也应有西方其他土著。因为按照西周时期秦文化的分布范围,秦人没有那么大的活动区

---

① 滕铭予:《秦文化起源与相关问题再探讨》,张忠培、许倬云主编:《中国考古学跨世纪的回顾与前瞻》,科学出版社,2000 年,第 281~296 页。

域;再根据考古发现和《秦本纪》来看,秦人是非子之时才从西汉水上游陇南地区礼县一带到达渭水上中游的"秦"的。

所以,"秦文化"的时段限制,应是指西周中期以后。此后使用秦文化的族群,也不一定就是"秦人",而还有其他人群,是随着"秦人"内涵变动而变化的,例如原来的戎人族群。战国以后,"秦人"也不一定就使用秦文化,最近发现的天水张家川回族自治县的马家塬墓葬,就可说明。使用这个文化的主人,是秦境内被看作"蛮夷"的戎人首领,虽然在法理上都是"秦人",但使用的文化却有浓厚的"戎狄"色彩①。

最后,笔者给本书所说的考古学上的"秦文化"下一个工作定义:秦文化是西周中晚期至于春秋前期开始形成和确立的、主要分布于今陕、甘一带的、以"秦人"为主要的使用主体的一种具有自身独特因素的考古学文化。

第二节　秦文化渊源探索

一、秦文化的考古发现与研究简述

秦文化的考古发现,时贤已经有很好的综述②,毋庸多费笔墨罗嗦,笔者此处只是在他们的基础上加以简述而有所补充。

回顾秦文化考古发现的历史,最早的是20世纪30年代苏秉琦先生在宝鸡斗鸡台发掘的战国"屈肢葬墓"时,但并没有指出这些墓葬的族属或国别,只是认为是一种外来的文化。20世纪50年代,中国科学院考古研究所在半坡、沣西客省庄清理东周时期的墓葬,同样没有明确地认为是秦墓。60年代,陕西省文管会、考古研究所,对秦都咸阳、栎阳、雍城以及秦始皇陵进行了有计划的调查。在对宝鸡福临堡、秦家沟春秋墓葬的发掘中,认识到当是秦国墓葬。对于秦文化的大规模发掘和真正的确认、分期,是20世纪70~80年代的事情,这得益于关中以及甘肃东部大量秦墓的清理和秦始皇陵的考古发现。特别是凤翔雍城中小型秦墓的发掘和分期,对于秦文化的认识,产生了十分重要的标尺作用;秦始皇陵

---

① 周广济:《甘肃张家川发现战国墓葬》,《中国文物报》2007年2月2日第5版。
② 滕铭予:《秦文化的考古学发现与研究》,《华夏考古》1998年第4期。

考古发现,对战国末期到秦代遗物的判别,提供了标准。在这些发现的基础上,对于秦文化的分期,也有了一定的研究成果。韩伟根据凤翔雍城的发现,在《略论陕西春秋战国秦墓》中,把关中地区的中小型秦墓分为 7 期,提出了秦墓发展序列和编年。叶小燕《秦墓初探》一文,则将秦墓分为 5 期。尚志儒则根据器物组合和形态,把中小型秦墓分为 7 期①。滕铭予的分期不但更加细致,从商周之际到西汉前期共 4 段 10 期,并且力图与秦人历史相联系起来考虑②。

这些中小型秦墓,分布地多在关中,年代区间为东周—秦代。20 世纪 80 年代,北京大学与甘肃省的考古学者在毛家坪的考古发掘,发现了更早的西周时期的秦文化③。

20 世纪 90 年代之前,在都城、陵园、居址、中小型墓葬、长城等方面,秦文化考古都取得了相当的成绩,对于墓葬、器物以及金文、陶文的研究,是其中比较突出的成就。90 年代以后,除了关中、河南等地继续有新的墓葬发现外,另外一个最受瞩目的是西汉水流域的考古发现。本地区与毛家坪同属甘肃东部,都在陇山以西,只不过后者在渭水上游,此地在西汉水的上游。这里最重要发现是因盗墓而引起的礼县赵坪村大堡子山秦公陵园的发掘,以及永兴乡圆顶山墓地、礼县县城西山遗址的发掘、整个西汉水上游地区的重新调查。

甘肃省文物考古研究所 1994 年在大堡子山共发掘中字型大墓 2 座、瓦刀形车马坑 1 座、中小型墓 9 座。在海内外流失以及公安机关缴获的器物中,还有来自大堡子山秦公陵园中的"秦公"鼎等器物多件。墓地年代在春秋早期④。近年,由北京大学、陕西、甘肃的学者组成的早秦文化联合考古队又在大堡子山发掘了城墙遗址以及"乐器坑",后者有大量春秋时代的青铜器被发现⑤。1998 年、2000 年,甘肃省考古研究所、礼县博物馆发掘了大堡子山对面隔西汉水相望的永兴乡圆顶山墓地,第一次计发掘中型墓 2 座、小型墓与车马坑各 1 座,后一次

　　① 尚志儒:《秦国小型墓的分析与分期》,《考古与文物》编辑部:《陕西省考古学会第一届年会论文集》,1983 年。
　　② 滕铭予:《秦文化:从封国到帝国的考古学观察》,《华夏考古》1998 年第 4 期。
　　③ 赵化成:《寻找秦文化渊源的新线索》,《文博》1987 年第 1 期;甘肃省文物工作队、北京大学考古学系:《甘肃甘谷毛家坪遗址发掘报告》,《考古学报》1987 年第 3 期;赵化成:《甘肃东部秦和羌戎文化的考古学探索》,俞伟超主编:《考古类型学的理论与实践》,文物出版社,1987 年,第 145～176 页。
　　④ 戴春阳:《礼县大堡子山秦公墓地及有关问题》,《文物》2000 年第 5 期。
　　⑤ 早秦文化考古联合课题组:《甘肃礼县大堡子山早期秦文化遗址》,《考古》2007 年第 7 期。

发掘中型墓1座①。根据遗物判断,圆顶山墓地的年代当在春秋中晚期。在礼县县城西侧的西山之上,近年也有西周中晚期以来的墓葬、城址的发现②。

2004年,早秦文化联合考古队对天水市天水乡—礼县西汉水上游的周秦遗址进行了全面的调查,共发现含周秦文化的遗址38处、包含有寺洼文化的遗址22处。周秦遗址的年代跨越西周、东周两个时期,文化面貌与关中和毛家坪相同。通过调查还发现,西周晚期—春秋早期,是周秦文化最为发达的时期,还有三个遗址密集的文化中心区,西犬丘当就在此三中心区里③。对于与周秦文化共存的寺洼文化的面貌,由此有了进一步的认识。对它的族属,在俞伟超的“羌戎说”以及赵化成的犬戎等戎人文化说等说法的基础上,有学者也进一步确认,寺洼文化就是与秦人同居一地的“西戎”的文化④。

伴随上述考古发现历史的,是对秦文化研究和探索的步步深入。研究的问题主要集中在秦文化的界定以及分期、特点、渊源、与甘青古代文化的关系等方面,由此衍生的秦人渊源和活动地等等,也是探索的热点。其中,毛家坪与西汉水流域的考古发现和调查,是深深刺激秦文化探索向深处迈进的两个最重要的节点。

二、秦文化渊源探索

自从1949年以来秦文化发现不断增多后,对于秦文化渊源的探索,就从来没有停止过。特别是20世纪80年代以来,毛家坪西周秦文化的材料公布后,这个问题成了秦文化研究的热点之一。

在探索的路径上,学者多从器物、墓葬(形制、葬俗)等文化的物质技术层面,结合文献加以探讨。俞伟超先生曾认为,秦文化是“西戎”文化之一,至少在两周之际,秦文化已经极大地接受了周文化的影响。秦文化有三点重要的特征:一是蜷曲特甚的屈肢葬,在西北辛店等古文化中也极为流行,说明秦人是戎人的一

---

①　甘肃省文物考古研究所、礼县博物馆:《礼县圆顶山春秋秦墓》,《文物》2002年第2期;《礼县圆顶山98LDM2、2000LDM4春秋秦墓》,《文物》2005年第2期。
②　王志友:《早期秦文化研究》,西北大学博士论文,2007年。
③　早秦文化联合考古队:《西汉水上游周代遗址考古调查简报》,《考古与文物》2004年第6期。
④　张天恩:《甘肃礼县秦文化调查的一些认识》,《考古与文物》2004年第6期。

支,后来随着两周之际平王的东迁,"大批西戎部落迁入中原。屈肢葬的风俗,就是在这个时候传到黄河中游的"①。二是甘肃东部和宝鸡一带秦文化中流行的被苏秉琦先生所称的"铲脚袋足鬲",这种鬲在辛店、卡约、寺洼、安国等类型羌戎文化中也存在,俞伟超称为"戎式鬲"。秦文化中的"戎式鬲",是相临戎人文化影响的结果。三是洞室墓。在陕西的东周秦墓中,流行洞室墓,除了竖穴墓外,秦墓中横穴和竖穴的洞室墓很多。而在河南等地,则是在战国中期以后才出现并流行,此应是从秦文化中传播过去的。洞室墓在甘青地区起源很早,初见于马厂文化,最迟到卡约文化时就很流行。由此也可以说明秦文化与羌戎文化的密切关系。俞伟超认为,这三个因素,都是源自甘青地区的羌戎文化,秦人由此也是"西戎"的一支②。刘庆柱有大致相似的观点。他通过对屈肢葬俗、图腾和陶器组合及文饰的分析,认为秦文化来源于辛店文化,其发展序列是:马家窑文化—齐家文化—辛店文化—春秋秦文化,而马家窑文化是关中仰韶文化在甘肃的发展。按他的说法,秦之先民,应是古代西北的人群③。叶小燕也根据秦墓中流行西向墓的特点,认为可能暗示了秦人的西方渊源④。

俞伟超先生的观点对学术界产生了很大影响,在辨别秦文化的时候,这三个因素经常会受到特别的注意。但随着材料的增多,俞说又被大家怀疑起来。

韩伟先生通过对上述三种因素的考察,认为上述在秦文化中出现的三种标志性因素,在秦文化中的存在是有历史阶段和条件的,并不是秦文化一以贯之的传统。例如屈肢葬,他认为来源于春秋时代的奴隶葬仪,是仿照奴隶执事的"踞坐"形式而为之的。在东周到秦代的统治阶层,尤其是宗室贵族,并不采用屈肢葬,而是直肢葬⑤。韩伟在后来的文章中并认为,刘庆柱所说的辛店文化为屈肢葬源头的说法,也是有失偏颇的。铲形袋足鬲,只是到了战国中早期才在关中的秦墓中出现,在春秋秦墓中,只有锥形实足鬲,铲形袋足鬲不是秦文化中绵延不

① 俞伟超:《关于"卡约文化"和"唐汪文化"的新认识》,同作者:《先秦两汉考古学论集》,文物出版社,1985年,第193~210页。
② 俞伟超:《古代"西戎"和"羌"、"胡"考古学文化归属问题的探讨》,同作者:《先秦两汉考古学论集》,文物出版社,1985年,第180~192页。
③ 刘庆柱:《试论秦之渊源》,《先秦史论文集》(《人文杂志》1982年增刊)。
④ 叶小燕:《秦墓初探》,《考古》1982年第1期。
⑤ 韩伟:《试论战国秦的屈肢葬仪渊源及其意义》,《中国考古学会第一次年会论文集》,文物出版社,1979年,第204~211页。

绝的典型器物,就是在辛店文化中,也不具有典型性。洞室墓,在陕西秦墓中出现的年代都在战国中晚期,除了与卡约、辛店文化之间有年代空白外,二者仅仅有墓葬形制的相似,而葬式仍然是有差异的。所以他认为,秦人并不是西戎的一支,而应该来自东方,那些战国以后才出现于秦文化中的因素,应是此时进入到秦人之中的"西戎"人士所留①。

根据后来越来越多的秦墓材料,上述三因素中,由于铲形袋足鬲、洞室墓是东周时代才出现的因素,所以不能当作秦文化的传统因素,并以之作为秦文化的特点去探索秦文化的渊源。这样,由东周阶段的材料得出的秦考古学文化的主要特点,剩下的就只有屈肢葬了。

韩伟曾说屈肢葬为春秋时代的奴隶葬仪,显然受资料的局限,他所用的资料也主要是关中一带的,后来的甘肃东部西周时期的屈肢葬材料他没有看到。笔者认为,使用屈肢葬的是否都为奴隶,还须加以继续研究,但直肢葬与屈肢葬墓主身份有高低之别,则是客观事实,韩说在此点上还是基本得其实的。屈肢葬作为一种特殊的葬俗,早年高去寻先生曾经对安阳大司空村、琉璃阁、城子崖的屈肢葬加以考察②,尽管这些墓葬的屈肢葬并不像秦墓那样蜷曲特甚。重要的是,高去寻已经用宽阔的民族学、人类学视角来考察这个问题。屈肢葬流传的时代和地域都不仅仅限于两周时代的秦人或者西北的远古族群,此后又有人类学家专门加以考察③。后来这样的视角也没有被足够注意并加以充分发挥,考古学者的视野基本局限于甘青地区的考古材料,这对说明屈肢葬的含义是不利的。近来有的考古学者也使用了更广泛的材料,可惜这样的文章并不多④。

上述关于秦文化特点和渊源的讨论,在甘肃天水毛家坪、董家坪西周时期秦文化被发现后,有所改变。毛家坪、董家坪遗址的发掘,使人们认识到了西周时期的秦文化,刺激着人们去寻找更早时期的"秦文化"的渊源、秦文化的代表性特征,以及相应的"秦人"早期历史和活动地。参与讨论的学者也不仅仅限于考古

① 韩伟:《关于秦人族属及文化渊源管见》,《文物》1986 年第 4 期。
② 高去寻:《黄河下游的屈肢葬问题》,《中国考古学报》1947 年第 2 册。
③ 容观琼:《我国古代屈肢葬俗研究》,《容观琼人类学民族学文集》,民族出版社,2003 年,第 324～342 页。
④ 韩建业:《中国古代屈肢葬谱系梳理》,《中国历史文物》2006 年第 1 期。

学者,历史学者也参与进来①。学者们重新从器物、葬俗等方面探讨秦文化与
"秦人"的渊源。例如,对于上述俞伟超先生所说的三个以及其他因素,毛家坪遗
址的发掘者赵化成先生认为,秦的贵族也是盛行屈肢葬的,"屈肢葬应是秦人特
有的葬俗,是秦文化的一个重要特点"。对于秦墓西向的特点,他认为可能与屈
肢葬一样,来源也是与甘青地区古代辛店、卡约文化有一定关系,同时并不代表
秦人就来自西方②。在毛家坪西周时期的秦文化中,没有铲形袋足鬲,而只存在
于 B 组遗存,因此他认为铲形袋足鬲与秦文化渊源无关,而应是东周时代戎人
(如冀戎)的文化遗存③。洞室墓由于只存在于战国时代,也不是秦文化的传统
特征。他说,毛家坪西周时期的秦文化,除去自身的特点,"总的来说与周文化相
似,而与甘青地区其他古代文化相去较远",周文化也只是秦文化发展过程中的
外来因素,所以对于秦文化渊源和秦人来源,还不宜过早下结论④。

现在看来,根据毛家坪的材料,多数学者据以探索秦文化渊源的,有以日用
陶器为主的器物、屈肢葬、墓葬西向这几个方面。有的学者并不认为如此,如牛
世山认为,东西向和屈肢葬是秦墓的主要葬俗特点,但不是西周时期秦文化的主
要特点,日用陶器组合才是判断一个文化性质和源流的核心,它所反映的应是一
个文化固有的传统,所以他对秦墓葬俗避而不论⑤。至今,许多学者同意这样的
观点:秦文化与商代后期的先周文化有渊源关系,商代后期也是至今为止秦文化
的"上源"比较令人信服的年代界限。

邹衡先生首先把秦祖与先周文化联系在一起。他认为,商代后期先周文化
中出土于西方陕、甘一带的广折肩罐,上面的"亚㟨""族徽",所代表的就是 1～4
期卜辞中"㟨"氏族、文献中的秦祖费、蜚、非之类。他们为商"哀田"(即开荒、开
拓疆土)于"京",即今天的关中西部周原一带,所以来到了西方。这件器物也是
秦祖所留,但仍属于先周文化⑥。刘军社在邹说的基础上认为,秦祖在商后期使

①   如黄留珠:《秦文化二源说》,《西北大学学报(哲学社会科学版)》1995 年第 3 期。
②   赵化成:《寻找秦文化渊源的新线索》,《文博》1987 年第 1 期。
③   赵化成:《甘肃东部秦和羌戎文化的考古学探索》,俞伟超主编:《考古类型学的理论与实践》,文
物出版社,1987 年,第 145～176 页。
④   赵化成:《寻找秦文化渊源的新线索》,《文博》1987 年第 1 期。
⑤   牛世山:《秦文化渊源与秦人起源探索》,《考古》1996 年第 3 期。
⑥   邹衡:《论先周文化》,同作者:《夏商周考古学论文集》,文物出版社,1980 年,第 329 页。

用的是壹家堡类型的商代文化①。毛家坪的材料公布后,牛世山认为西周文化与秦文化从陶器所表现的共性是主要的,而由葬俗所表现的差异则是次要的,秦文化因此可以看作西周文化的一个地方类型,它的渊源也要像西周文化一样,在先周文化中去寻找,在更早的商末归周前秦祖可能使用的是商文化②。滕铭予把毛家坪居址第一期第一段的陶器与扶风壹家堡、武功郑家坡等先周文化陶器相比较,认为本阶段的陶器属于先周文化郑家坡类型,它的渊源当然要到先周文化中去寻找③。张天恩也认为西周时期的秦文化来源于先周文化。他列举了礼县发现的"亚"字框铭文铜鼎、乳钉簋、联裆鬲等器物来说明,西汉水流域的文化谱系在商末出现了一次显著的变化,可能喻示的是以秦祖为代表的壹家堡类型(或称京当型)商文化的主人从关中向此地的迁徙,秦文化并不是来源于此处业已存在的寺注、刘家文化④。这些学者认为秦文化来源于商代后期的先周文化,这也是时下学术界流行的看法。对于此时同时存在于甘、青一带的寺注、刘家、辛店文化,他们认为,由于与毛家坪A组遗存所代表的西周、先周时期的"秦文化"差异甚大,完全属于不同的文化系统,秦文化不可能来自上述三种文化。

　　主张秦文化与先周文化有渊源关系的许多学者又认为,秦文化与商文化是有源流关系的。考虑到《秦本纪》等文献所记载的秦人的东方来源,学者们因此多相信:"秦人"来自东方。原来韩伟先生曾经从宗庙制度、宫寝、陵墓形制和殉人所反映的陵园制度等几个方面,论述了"秦人族种及文化渊源与殷周的密切关系"⑤。后来牛世山⑥、张天恩⑦等人则明确指出,在使用先周文化前,"秦人"使用的是商文化,并认为秦人不可能来自西方。张天恩认为,秦人的殉人制度,是继承了商文化的⑧。最近,梁云比较了秦墓殉人与殷墟、春秋"东夷"莒等地殉人

　　① 刘军社:《壹家堡类型文化与早期秦文化》,《秦文化论丛》(三),西北大学出版社,1994年。
　　② 牛世山:《秦文化渊源与秦人起源探索》,《考古》1996年第3期。
　　③ 滕铭予:《秦文化起源及相关问题再探讨》,张忠培、许倬云主编《中国考古学跨世纪的回顾与前瞻》,科学出版社,2000年,第281～296页。
　　④ 张天恩:《礼县所见早期秦文化遗存有关问题刍论》,《文博》2001年第3期;张天恩:《甘肃礼县秦文化调查的一些认识》,《考古与文物》2004年第6期。
　　⑤ 韩伟:《关于秦人族属及文化渊源管见》,《文物》1986年第4期。
　　⑥ 牛世山:《秦文化渊源与秦人起源探索》,《考古》1996年第3期。
　　⑦ 张天恩:《礼县所见早期秦文化遗存有关问题刍论》,《文博》2001年第3期。
　　⑧ 张天恩:《试说西山陵区的相关问题》,《考古与文物》2003年第3期。

墓的情况后,认为"春秋秦墓的殉人风俗和东夷族以及殷人墓类似,而与周人迥异,说明了秦国的统治者与商文化及东夷文化有较为紧密的历史渊源关系",腰坑、殉狗、殉人,就是秦人东来说的有力证据①。

对于上述学者们所论述的秦文化的渊源与商、周文化的关系,有的观点有很大的合理性,有的不尽合理,他们的探索成绩是值得肯定的,但笔者也想表明以下个人观点。

第一,上述考古学者认为,秦文化与西周文化、先周文化存在着渊源关系,不可能来自西方的寺洼、刘家、辛店文化,他们已经列举了充分的理由,但同时存在着以下疑问:

这样的认识,主要是根据日用陶器,以及某些疑似的零星铜器对比后得出的,而对于西周时期秦文化的另外两个特点,即屈肢葬和墓西向这两个特点,对于他们的渊源,至今没有明确的着落。恰恰是在这两点上,西周时期的"秦文化"与西周、先周文化不同,实际上这两点是判断西周时期"秦文化"与西周文化的主要根据。如许多学者所观察到的那样,与秦文化不同,西周墓基本都是直肢葬,并且墓向不定。

屈肢葬是新石器时代以来我国南北方都存在的一种丧葬形式。西北地区,在半山—马厂类型文化中,屈肢葬曾是流行的葬式,其分布地域从宁夏的固原、海原一直向西到达甘、青交界的永登、民和一线。到了齐家文化阶段,在甘、宁、青东部地区,屈肢葬已经不占主流。在大约随后的辛店、寺洼、卡约青铜文化中,仰身直肢葬又成了主流,但是屈肢葬仍然在辛店文化中有少量遗留②。辛店文化的年代,在夏代晚期到西周晚期,它的分布,东边可以到达陕西宝鸡一带的渭水上游,已经覆盖了毛家坪那样的秦文化分布地域,年代也与本地区所存在的毛家坪 A 组秦文化有所重合,所以与更早的"秦文化"发生关系,是十分可能的。在这里,毛家坪 TM7 屈肢葬墓,是值得注意的一个例证。

毛家坪 TM7,在毛家坪早期的 A 组遗存 4B 文化层下,形制也是竖穴土坑,方向为 50°,基本上是头向东北,无葬具,墓主的肢骨葬式是仰身屈肢,为一成年

---

① 梁云:《从秦墓葬俗看秦文化的形成》,《考古与文物》2008 年第 1 期。
② 韩建业:《中国古代屈肢葬谱系梳理》,《中国历史文物》2006 年第 1 期。

女性,在死者头顶部随葬有一彩陶双耳圜底钵①。发掘者赵化成认为 TM7 是甘肃东部一种新的文化遗存,其中的屈肢葬,应是甘青一带自新石器时代以来"当地土著习俗"的承继和发展②。水涛等人把这件彩陶双耳圜底钵与辛店文化的同类器物比较后,明确指出 TM7 遗存的文化性质,属于辛店文化的山家头类型。山家头类型属于辛店文化的较早阶段,主要分布于青海东部的河湟一带,年代的下限在距今 3400 年前后,大致相当于商代中晚期③。

笔者认为,由于同处一个遗址的毛家坪 A 组遗存叠压于 TM7 遗存之上,年代上是衔接的,那么,若无更加明确的来源,毛家坪 A 组遗存的屈肢葬,来源于 TM7 遗存所代表的辛店文化,就是非常可能的,赵化成的判断应是合理的。

还有墓西向。这个特点无论级别高低、年代早晚的秦墓都是最流行的。在甘青地区的古文化中,也曾流行西向墓,例如齐家文化墓葬,就大部分是西向偏北的,卡约文化也比较流行西向墓。赵化成因此推测,"秦的西向墓可能与屈肢葬一样,也与甘、青地区古代文化有一定关系"④。毛家坪的 12 座西周墓,方向均朝西,充分证明这个葬俗是秦文化的传统因素之一。对于赵化成的观点,现在还没有人提出充分的理由加以反驳,也充分表明赵的观点的合理性。

第二,对于秦文化渊源与商文化的关系,有些学者认为殉人、腰坑等因素,都是来自商文化,笔者认为这是一种"舍近求远"的看法,这些因素,最有可能就是来自周文化。因为从周秦文化的关系来看,二者关系密切,文献记载二者也有一定的政治联系,所以秦祖学习周文化是有先天的条件的。况且,在丰镐一带的周文化中,这些因素都是存在的。若那些因素都是从商文化继承来的话,则有巨大的时空落差! 笔者认为,"秦人"是西周中期非子之后才开始"建构"的,此前秦祖地位卑微,此后则逐渐上升,这些标志身份地位的殉人制度,也是此时才可拥有

---

① 甘肃省文物工作队、北京大学考古学系:《甘肃甘谷毛家坪遗址发掘报告》,图二五,图版拾陆:5,《考古学报》1987 年第 3 期。
② 赵化成:《寻找秦文化渊源的新线索》,《文博》1987 年第 1 期。
③ 水涛等:《辛店文化研究》,苏秉琦主编:《考古学文化论集》(3),文物出版社,1993 年,第 122~152 页。
④ 赵化成:《寻找秦文化渊源的新线索》,《文博》1987 年第 1 期。

的。这些论点下文在讨论直肢葬时还有论证。殉人、腰坑这两个因素,不可能从商文化中直接继承而来,用他来说明秦人的来源,更是靠不住。

从以上商周文化与秦文化的渊源关系来看,秦文化与周文化存在源流关系,是可能的;而与商文化则没有直接的继承关系。不能用与商周文化的关系证明秦人就来自东方。也没有充分证据说明,秦文化没有继承甘、青一带的地方文化因素,比如屈肢葬和墓西向。总之,秦文化的渊源,现在看来与周文化(先周文化)、甘青地区古文化应都有关系。

最近,有人根据礼县大堡子山、圆顶山、西山一带的新发现,认为应该按照秦人上层的传统——直肢葬的线索,去寻找秦文化的渊源,一定程度上否定了屈肢葬在秦文化渊源探索上的价值。例如王志友认为,现在所谓的屈肢葬,是根据东周时代的情况,学者们并以此去寻找西周时期的屈肢葬以及以此为代表的秦文化的渊源。但是,东周时代的屈肢葬,使用者大部分为人数占秦人多数的被统治的非秦人士,毛家坪遗址所代表的人群,与使用西向屈肢葬的"秦国中下层"人群有关系,由于墓葬等级、地理位置的限制,并不能作为探索秦文化的主要线索,而应该到秦人活动中心即西汉水流域以直肢葬为代表的统治阶级人群中去寻找。他说:"西山遗址2005年发掘的部分墓葬分区埋葬,采用仰身直肢葬的东西向墓葬位于山坡的顶端,而采用屈肢葬的人群的墓葬位于半山坡处,前者有较多的随葬品、殉人、腰坑、规模较大,后者的墓葬规模较小、随葬品少、南北向,时代最早的墓葬大致可到西周中期。……这些地点所表现出来的文化,可能代表的早期秦人最正宗的文化传统。而礼县地区的考古就表明,秦公室一族或占主导地位的统治部族所采用的葬式并不是屈肢葬,西山遗址墓葬的布局、葬制的情况就反映了这种情况。这说明甘谷毛家坪所表现出来的屈肢葬俗,并不能代表早期秦族的传统葬俗。"①

笔者认为,屈肢葬也是下层"秦人"所使用的,其为秦文化的组成部分,追溯它的过去,并以此作为秦文化的另外一个源头,是合情合理的。只要它曾在东周时代被秦人使用,追溯它的源头并以之作为秦文化的渊源,就并没有错。直肢葬

---

① 王志友:《早期秦文化研究》,西北大学博士论文,2007年,第240~243页。

所能表达的,只是秦文化的另外一个源头而已,而且这个源头的上限,以笔者之见,理论上只能到西周中期非子之时。

王志友的看法的最大问题,是否认了"秦人"历史的阶段性,即"秦人"在非子之时才开始"建构"的历史事实,此前的秦祖地位卑微,此后才逐渐显赫。并且,像许多学者一样,他在论证中还预设了秦人来自东方这个前提。以笔者之见,秦人的祖先在地位卑微的西周中期之前,使用屈肢葬的可能性是很大的,无论所谓秦宗室还是普通人都应如此。直肢葬很可能是西周中期以后与殉人等因素一样,从周文化的母体中假借过来的。因此,屈肢葬作为探索秦文化渊源的重要因素,其作用是不可否认的。

附录

下面笔者将以春秋、战国中期秦式青铜礼器以及出现于西周中期以来秦墓中的直肢葬俗为例,探讨这两个因素的含义,以求对秦文化的源流进行进一步的论证,同时具体说族群与文化的关系。

一、作为身份地位与族群标志的秦青铜礼器

秦在西周中期被封为附庸,政治地位逐渐上升,因此必须有象征身份地位的青铜器。例如,宣王以秦仲为大夫,《毛诗序》就说秦仲就有礼乐车马之好。秦仲的儿子庄公也贵为大夫、西垂大夫,也拥有不其簋等礼器。大堡子山发现的属于襄公、文公[①]之"秦公"鼎、簋、壶、钟、镈等,是更加确凿的证据。这个有趣的以青铜器为身份地位的象征的现象,是西周以来的传统。例如,在丰镐地区西周早期的较高级别的墓葬中,普遍随葬有不同于商文化的青铜礼器的组合[②],这说明周人的上层不但继承了商代青铜器身份地位的象征这样的含义,还以青铜礼器作为族群的标志,以表明与商人的差异和自己的族群属性。同样,自西周晚期以来

---

① 史党社、由更新:《从考古材料看周秦礼制的关系》,《秦文化论丛》第 6 辑,西北大学出版社,1998 年。

② 滕铭予:《丰镐地区西周墓葬的若干问题》,苏秉琦主编:《考古学文化论集》(三),文物出版社,1993 年,第201~229 页。

的秦人,何尝不是如此!

在本节中,笔者要论述的是:西周晚期—战国早期,青铜器不但是秦人上层身份地位的象征,也是精英阶层表明族群身份的标志。

让我们先对出土有秦式青铜礼器的墓葬材料加以梳理。

资料已公开发表的秦青铜礼器墓,以宝鸡地区最多,从青铜礼器出土的地域以及时代来说,都反映了宝鸡地区在春秋时代作为政治中心的地位①。这些墓葬有如下一些:

春秋早期:大堡子山墓地②,西高泉 M1③,姜城堡墓④,宋村 M3⑤,南阳 M1、M2、M3⑥,户县南关⑦,景家庄 M1⑧,边家庄 M1⑨、M5⑩。

春秋中期:福临堡 M1⑪,八旗屯 AM9、BM27、CM2⑫,洪塬村 M1⑬。

春秋晚期—春秋战国之际:大堡子山Ⅰ M25(?)⑭,圆顶山 98LDM1、98LDM2、98LDM3、2000LDM4⑮,秦家沟 M1、M2⑯,高庄 M10⑰,上孟村 M27

---

①　滕铭予:《秦文化:从封国到帝国的考古学观察》,学苑出版社,2002 年,第 33～34 页。

②　戴春阳:《礼县大堡子山秦公墓地及有关问题》,《文物》2000 年第 5 期;戴春阳:《礼县大堡子山秦国墓地发掘散记》,礼县秦西垂文化研究会、礼县博物馆:《秦西垂文化论集》,文物出版社,2005 年,第 554～558 页;礼县博物馆、礼县秦西垂文化研究会:《秦西垂陵区》,文物出版社,2004 年,第 7～18 页。

③　宝鸡市博物馆、宝鸡县博物馆:《宝鸡县西高泉村春秋秦墓发掘记》,《文物》1980 年第 9 期。

④　王光永:《宝鸡市渭滨区姜城堡东周墓葬》,《考古》1979 年第 6 期。

⑤　陕西省文管会秦墓发掘组:《陕西户县宋村春秋秦墓发掘简报》,《文物》1975 年第 10 期。

⑥　宝鸡市考古工作队、宝鸡县博物馆:《陕西宝鸡县南阳村春秋秦墓的清理》,《考古》2001 年第 7 期。

⑦　曹发展:《陕西户县南关春秋秦墓清理记》,《文博》1989 年第 2 期。

⑧　刘得祯、朱建唐:《甘肃灵台景家庄春秋墓》,《考古》1981 年第 4 期。

⑨　尹盛平、张天恩:《陕西陇县边家庄一号春秋墓》,《考古与文物》1986 年第 6 期。

⑩　陕西省考古研究所宝鸡工作站、宝鸡市考古工作队:《陕西陇县边家庄五号春秋墓发掘简报》,《文物》1988 年第 11 期。

⑪　中国科学院考古研究所宝鸡发掘队:《陕西宝鸡福临堡东周墓葬发掘记》,《考古》1963 年第 10 期。

⑫　陕西省雍城考古队:《陕西凤翔八旗屯秦国墓地发掘简报》,《文物资料丛刊》(3),文物出版社,1980 年;陕西省雍城考古队:《一九八一年凤翔八旗屯墓地发掘简报》,《考古与文物》1986 年第 5 期。

⑬　王志友、董卫剑:《陕西宝鸡市洪塬村一号春秋秦墓》,《考古》2008 年第 4 期。

⑭　早秦文化考古联合课题组:《甘肃礼县大堡子山早期秦文化遗址》,《考古》2007 年第 7 期。

⑮　甘肃省文物考古研究所、礼县博物馆:《礼县圆顶山春秋秦墓》,《文物》2002 年第 2 期;《甘肃礼县圆顶山 98LDM2、2000LDM4 春秋秦墓》,《文物》2005 年第 2 期。按,圆顶山的 4 座墓与车马坑,年代放在春秋中晚期之交,最为适合。

⑯　陕西省文物管理委员会:《陕西宝鸡县阳平镇秦家沟秦墓发掘记》,《考古》1965 年第 7 期。

⑰　雍城考古队:《陕西凤翔高庄秦墓地发掘简报》,《考古与文物》1981 年第 1 期。

（直肢葬）①，赵家来 M1②，西沟道 M3。

战国早期：高庄 M18?、M48、M49③，客省庄 M202④，邓家崖 M4、M7（皆直肢葬）⑤。

战国中期：西沟道 M26⑥，八旗屯 76BM31、CM9⑦、81M14(?)，84 任家嘴秦墓⑧，任家嘴 M56、M230⑨。

除了秦青铜礼器墓，可以补充为证的是仿铜陶礼（容）器墓，也可简要按年代罗列如下⑩。本节辑录的仿铜陶礼器墓，主要是以从西周时代延续下来的鼎、簋、壶、盘、瓿、匜等为主来区分的。

春秋早期：南阳 M2、M3。

春秋中期：福临堡 M3、5、6、7、11，任家嘴 M86、M82、M88、M190，西高泉 M2、M3，毛家坪 M12⑪，店子 M6、M86、M190⑫，任家嘴 M86、M108、M123，八旗屯 BM11。

---

① 陕西省考古研究所：《陕西长武上孟村秦国墓葬发掘简报》，《考古与文物》1984 第 3 期。

② 中国社会科学院考古研究所武功发掘队：《陕西武功县赵家来东周时期的秦墓》，《考古》1996 年第 12 期。

③ 雍城考古队：《陕西凤翔高庄秦墓地发掘简报》，《考古与文物》1981 年第 1 期。

④ 中国科学院考古研究所：《沣西发掘报告》，文物出版社，1962 年，第 131～140 页，图八七、八九、九一。

⑤ 陕西省考古研究所雍城工作站：《凤翔邓家崖秦墓发掘简报》，《考古与文物》1991 年第 2 期。

⑥ 陕西雍城考古队：《陕西凤翔八旗屯西沟道秦墓发掘简报》，《文博》1986 年第 3 期。笔者按，原报告把 M26 的年代放在战国早期，西沟道 M26 同出有战国早期的春秋型秦鼎（M26：30）与战国型秦鼎（M26：19），因此墓葬的年代当在战国中期。参滕铭予：《秦文化：从封国到帝国的考古学观察》第 34 页图二—13(1)"宝鸡地区秦墓随葬器物分期图"。

⑦ 笔者按，凤翔八旗屯 76CM9 出土的铜鼎，器形微小似盘，立耳外侈，长方钉足，平沿外折，浅腹，最大的高 3.5、口径 12.2 厘米，质地粗糙，制作草率，应是明器。此墓简报说当作者所划分的第 4 期，即战国早期，滕铭予等划分为战国中期偏早，把其年代放在战国早期—战国中期偏早，应大致是不差的，此处放在战国中期。滕铭予：《秦文化：从封国到帝国的考古学观察》第 34 页图二—13(1)"宝鸡地区秦墓随葬器物分期图"。

⑧ 咸阳市博物馆：《咸阳任家嘴殉人秦墓清理简报》，《考古与文物》1986 年第 6 期。

⑨ 咸阳市文物考古研究所：《任家咀秦墓》，科学出版社，2005 年，第 303、335 页。

⑩ 以下墓葬的年代判断，主要根据原报告而来，有的是笔者重新判别的，或有不准确的状况存在，但不影响本节的基本观点。

⑪ 甘肃省文物工作队、北京大学考古学系：《甘肃甘谷毛家坪遗址发掘报告》，《考古学报》1987 年第 3 期；赵化成：《甘肃东部秦和羌戎文化的考古学探索》，俞伟超主编：《考古类型学的理论与实践》，文物出版社，1987 年 5 月，第 145～176 页。

⑫ 陕西省考古研究所：《陇县店子秦墓》，三秦出版社，1998 年。

　　春秋晚期:圆顶山 98LDM3,韦家庄 M17、M20①,高庄 M10、M12②,八旗屯 76AM5、BM9、81M2③,西沟道 M8、M16、M18,茹家庄 M1～7④,赵家来 M1,店子 M67、M75、M90、M114、M188、M204、M206、M214,任家嘴 M103、M210、M211,毛家坪 M17、邓家崖 M3、枣庙 M22?。

　　战国早期:八旗屯 76AM6、BM12、CM4、81M3、M5、M7、M12、M15,西沟道 M4、M5、M17、M27,高庄 M3、M18、M19、M25、M26、M28、M34、M43,邓家崖的 5 座墓(直肢葬),上孟村 M6、M26,任家嘴 M74?,店子 M20、M25、M46、M65、M68、M69、M76、M77、M78、M82、M85、M103、M116、M122、M124、M127、M132、M135、M136、M191、M192、M202、M218,任家嘴 M74、M80、M96、M105、M180、M196、M212,赵家来 M5,枣庙 M8⑤。

　　战国中期:西沟道 M23,八旗屯 76AM2、AM3、BM8、BM103,韦家庄 M14、M18,高庄 M20、M24? M27、M37,晁峪 M6⑥,店子 M13、M27、M70、M73、M94、M97、M119、M123、M126、M201、M205、M213,任家嘴 M35、M36、M94、M101、M131、M171,洞山 M3⑦。

　　秦墓中的仿铜陶礼器,出现于春秋早期偏晚的时候,春秋中期大量出现,至战国中期以后被风格完全不同的另一组礼、容器代替⑧。仿铜陶礼器都是明器,一开始就是作为青铜礼器的替代品出现于秦墓中的,二者含义因此是相仿佛的。

　　战国中期以后的秦青铜器,由于世卿世禄制被军功爵制所替代,新的"华夏"及其界限已经产生,春秋以来的"秦式"青铜礼器,已经不再被作为身份地位的标志和族群象征(下文将要论述),许多变成了实用的青铜容器,所以本节不收录本时段的青铜器。现将上述墓葬详细情况列表如下:

　　① 宝鸡市考古队、陇县博物馆:《陕西陇县韦家庄秦墓发掘简报》,《考古与文物》2001 年第 4 期。
　　② 雍城考古队:《陕西凤翔高庄秦墓地发掘简报》,《考古与文物》1981 年第 1 期。
　　③ 陕西省雍城考古队:《一九八一年凤翔八旗屯墓地发掘简报》,《考古与文物》1986 年第 5 期。
　　④ 宝鸡市博物馆、宝鸡市渭滨区文化馆:《陕西宝鸡市茹家庄东周墓葬》,《考古》1979 年第 5 期。
　　⑤ 陕西省考古研究所:《陕西铜川枣庙秦墓发掘简报》,《考古与文物》1986 年第 2 期。
　　⑥ 陕西省考古研究所:《陕西宝鸡晁峪东周秦墓发掘简报》,《考古与文物》2001 年第 4 期。
　　⑦ 甘肃省博物馆文物队、灵台县文化馆:《甘肃灵台县两周墓葬》,《考古》1976 年第 1 期。
　　⑧ 韩伟:《略论陕西春秋战国秦墓》,《考古与文物》1981 年第 1 期;滕铭予:《关中秦墓研究》,《考古学报》1992 年第 3 期;梁云:《从秦文化的转型看考古学文化的突变现象》,《华夏考古》2007 年第 3 期。

年代	墓葬	形制	大小(长宽深,单位:米)	方向	棺椁	葬式	殉人	车马坑	随葬品	资料来源
春秋早期	姜城堡	不明	不明	不明	不明	不明			铜列鼎3、簋2、方壶2、盂1、盘1、戈2、矛1、车害2、车辖2、铜衔2、铜镳面2、铜泡6；残石圭2；骨镳20。	《考古》1979年第6期
春秋早期	景家庄M1	梯形竖穴土坑,口底同大,腰坑内葬猫1。	长3.78,东宽1.92,西宽1.81,深9米	220°,略呈东西向	一棺一椁	不明	葬坑M4,内有人骨架1,疑为殉人	马坑M2、葬马2；马坑M3、葬马1。M2出土有铜矛1、铜戈2、铜镞2、铜车饰2、铜马衔1。M3出土铜衔1、铜马衔1。	铜列鼎3、甗1、柄铁剑1、戈1、铃3；陶豆2、罐2；残石戈1；狗1、猫1、牛头骨1、羊头骨1、鸡骨。	《考古》1981年第4期
春秋早期	边家庄79LBM1	竖穴土坑	不明	不明	一棺一椁				铜镂鼎1、列鼎5、簋4,方壶2、盘1、甗1、盉1、盂1、矛2、戈4、镞71、车害2、铃7、环4,节约1、斯2、铺首1、伞弓帽2、石管1、石贝126枚。	《考古与文物》1986年第6期
春秋早期	边家庄M5	竖穴土坑,椁室北、南、西三面有生态二层台。	上椁室长5.2,宽3.5,底距墓口深7.5,下椁室长2.2,宽1.2,距墓口9.25米	335°,略呈南北向	一棺一椁	仰身直肢		二木俑拉木车一,位于墓室上方。	铜鼎5(分二式)、簋4,方壶2、盘1、盂1、车害2、铃15、兔4、鱼17、片形泡饰2、戈11；石圭4、管2、璧1、条型饰5、贝290;骨饰2;陶足5、蹄足4、蠡形饰385、耳饰2、珠20、串饰2。	《文物》1988年第11期

续表

年代	墓葬	形制	大小（长宽深，单位：米）	方向	棺椁	葬式	殉人	车马坑	随葬品	资料来源
春秋早期	西高泉M1	竖穴土坑	不明	不明	不明	屈肢			铜甬钟1,壶1,豆1,斧2,剑1,戈7,削1,尖状器1,鱼2,车马器5。也出土陶器,已毁环。	《文物》1980年第9期
春秋早期	南阳M1	口大底小竖穴土坑,有腰坑无熟土二层台。	墓口长4,宽2.2,墓底长4.5,宽2.7,深7.2米	15°	不明	不明			已遭破坏,追回铜鼎3,盏2,壶2,盘1,匜1。	《考古》2001年第1期
春秋早期	南阳M2	竖穴口大底小竖穴土坑,有腰坑殉狗,有熟土二层台。	墓口长325,宽墓底长345,宽208,深43米	305°	一棺一椁	仰身直肢			铜列鼎3,戈1,铃1,环1;陶鼎3,盏4,壶2,豆2,盘2,盂1;石圭8,石贝1。	同上
春秋早期	南阳M3	竖穴,有腰坑殉狗1,石圭1,有熟土二层台。	墓口尺寸不详,墓底长3.5,宽2,深5.2米	295°	一棺一椁	仰身直肢			铜鼎5,铃1;陶鼎5,盏4,罐2,盏2,盘1,盂1;石戈1,石圭1。	同上
春秋早期	苏村M3	竖穴,口小底大,有生土二层台,有腰坑殉狗1(另西二层台殉狗1)。	墓口已早破坏,墓底长5.2,宽4.5,最深处距现地表3.5米。	100°,略呈东西向。	一棺一椁	不明,通过殉人葬式推测为仰身直肢。	4	附葬坑M2,殉人1,马12,车马器14,铜矛2,盾牌1,陶罐2。	铜列鼎5,盏4,壶2,盘1,甗1,匜1,车马器106件;陶器7。还有玉、石、骨、蚌、漆器。	《文物》1975年第10期

续表

年代	墓葬	形制	大小(长宽深,单位:米)	方向	棺椁	葬式	殉人	车马坑	随葬品	资料来源
春秋早期	大堡子山M2	中字形大墓,墓室有二层台,墓室中央腰坑殉狗1。	东西全长88米,墓室为斗状,长6.8~12.1,宽5~11.7,深15.1米。	东西向	有棺椁	仰身直肢	19.墓室二层台殉人7,有直肢,西墓道殉人12,均屈肢。	K1当为M2,M3之附属车马坑。	被盗.有残留铜戈,刀,泡,以及陶罐,陶残片中有残留石磬可复原5件。流散文物有部分"秦公"诸器等。	《文物》2000年第5期。
春秋早期	大堡子山M3	中字形大墓,墓室中央腰坑殉狗1。	东西全长115米,墓室全长6.75~24.5,宽3.35~9.8,深16.5米。	东西向	有棺椁	仰身直肢	至少8人。被盗,墓室北二层台上有殉人1,西墓道填土中殉人7。		被盗。遗留的器物有琥珀珠,还有铜,陶,玉,石器等。流失的器物有部分"秦公"鼎类器物。	同上
春秋早期(?)	孙家南头墓地	竖穴土坑	墓口长8,宽5,墓深11.5米。	东西向	二椁一棺	仰身直肢	6人,均屈肢。	车马坑内有木车3组,马10,每车下有坑,坑内有殉人。	铜鼎6,簋4,壶2,铜瓶1,盘1,匜1,盉1,泡2,铃2,戈1;陶罐1组,石块1,饰1,串饰1组,环1,璧2,贝2,圭1,饰品1,圭1组3件;玉管3件,片,玉璧4,环1,片,玉璧1,铁剑1;共55件(组)。	田亚岐会议论文:《东周时期殉人秦墓再探讨》,2005年10月.甘肃天水。

年代	墓葬	形制	大小(长宽深，单位:米)	方向	棺椁	葬式	殉人	车马坑	随葬品	资料来源
春秋中期(?)	大堡子山9座中小型墓	竖穴土坑	长2~5.2，宽1.4~2.7，深3.06~7.6米等。	东西向	有棺椁	头朝西仰身直肢	2座有殉人		随身有小件玉、石器，另有随葬铜礼器，鼎、簋等铜礼器、陶礼器、陶器。	《文物》2000年第5期。并参文集《秦文化论丛》戴春阳《礼县大堡子山秦国墓地发掘散记》
春秋中期	福临堡M1	竖穴土坑	口略大于底，长3.75，宽2.1，深14.5米。	275°，东西向	有棺椁	不明		有车马坑即M2。	铜鼎3、簋2、方壶2、盘1、匜1、甗1、敦1、勺1、铃2、管8、环1、扣18；金扣6；玉鱼1、蚕1；石扣16、管18、珠1、玦2、圭27。铜器器壁较薄，质地不佳而易碎。	《考古》1963年第10期。
春秋中期	八旗屯76AM9	竖穴土坑	长3.8，宽2.6，深2.95米。	298°，基本呈东西向	一棺一椁	仰身直肢	1		被盗后留有随葬品铜鼎1、盂1、铃3；陶鼎2、匜2、鬲2、罐2、敛玉1；石圭2、璋1；铅片5；骨笄1；蚌壳2。	《文物资料丛刊》(3)

续表

年　代	墓　葬	形　制	大小（长宽深，单位：米）	方　向	棺椁	葬式	殉人	车马坑	随葬品	资料来源
春秋中期	八旗屯76BM27	竖穴土坑	长3.85、宽2.5、深4.1米。	292°，基本呈东西向。	二椁一棺	仰身直肢		车马坑内葬一车两马	铜鼎3，甗1，盂1，剑1，铜片、戈2，矛1；衔2，铃2，镞13，盾泡6；陶器48；玉璧2环1；石璜1圭1；海贝3，以及弓囊1，盾2，漆器等。	同上
春秋中期	八旗屯76CM2	竖穴土坑	长4.6、宽3.4米，深度不详。	288°，基本呈东西向。	二椁一棺	仰身直肢	2		铜鼎3，簋2，盘1，匜1，甗1，铃4；陶瓶4，罐3；玉玦3，晗1，璜1；石圭2；青膏；以及麻布、绿松石塞等。	同上
春秋中期	洪墚村2003BHM1	竖穴土坑	残	190°，基本呈南北向。	一椁一棺	屈肢葬			铜鼎3，铜甗1；陶罐3，陶壶1。石圭1。	《考古》2008年第4期。
春秋晚期	大堡子山1IM25	梯形竖穴土坑，腰坑殉狗1。	长4.8、东宽2.4，西宽2.7米，墓口距地表0.8米，墓坑深8.5米。	245°，东西向。	一椁一棺	仰身屈肢			铜鼎3，盂1，铃1，环1，短剑1，虎1；陶罐6，豆2；玉环4，蝉4；决2，铲1，石璧2，铲1，石圭1，石片124，以及残漆器等。	《考古》2007年第7期。
春秋晚期	圆顶山98LDM1	直壁竖穴土圹；墓室南北两侧有生土二层台，腰坑殉狗1。	墓底东南长4.9，宽2.8，底7米。	270°，东西向。	一椁一棺	不明	3		被盗。铜列鼎5，簋2，壶2，盘1，匜1，盂1，四轮方盒1等。	《文物》2002年第2期。

续表

年代	墓葬	形制	大小（长宽深，单位：米）	方向	棺椁	葬式	殉人	车马坑	随葬品	资料来源
春秋晚期	圆顶山98LDM2	直壁竖穴土圹，四壁有生土二层台，墓底有腰坑。	墓室东西长6.25，宽3.25，墓底距现地表7米。	东西向	一棺一椁	不明	7殉人，除X7殉人葬式不明外，殉人均屈肢		被盗。留存有铜鼎5（其中4件大小相次为列鼎，带盖鼎是7鼎），盨6，壶3（方壶2，圆壶1），盘1，盉1，匜2，削2，戈4，铜柄铁剑1，陶喇叭口罐8；铜喇叭口罐2，甗1，鬲1；玉石器48件。填土中有殉狗1。	《文物》2005年第2期
春秋晚期	圆顶山98LDM3	直壁竖穴土坑，墓室南北壁有生土二层台。	墓室东西长4.8，宽2.6米，现存墓口距地表深6米。	东西向	一棺一椁	不明	1		铜鼎1，戈1，剑1，铃3；陶鼎2，罐3；碎玉块3，石圭3，石玫3，石渣等。	《文物》2002年第2期
春秋晚期	圆顶山98LDM4	直壁竖穴土坑，墓室破坏严重。	墓室东西长6，宽2.65，墓底距现地表5.1米。	275°，东西向	不明	不明	不明	车马坑98LDK1，内葬车马五乘，被盗后出土部分车马器，车马饰，铜镞，铁器，漆器残片，其中1号车有铜人1。	被盗。铜列鼎5，列盨2，壶2，甗1，盨1，圆盒1；玉圭4，玉璜2；石圭9，石鱼2。	《文物》2005年第2期
春秋晚期	秦家沟M1	竖穴土坑		南北向	一棺一椁	仰身屈肢，头向南。			铜鼎3，盨4，方壶2，盘1，匜1，马衔2，铃7，饰品6，镳，车辖，陶罐；玉鱼3，端2，珠2，珠2，圭2，玉石玫2；海贝3；玛瑙珠2。	《考古》1965年第7期

续表

年代	墓葬	形制	大小(长宽深,单位:米)	方向	棺椁	葬式	殉人	车马坑	随葬品	资料来源
春秋晚期	秦家沟 M2	竖穴土坑		南北向	一棺一椁	仰身屈肢,头向南。			铜鼎3,簋4,方壶2,盘1,匜1;陶圭1,陶圭4.饰品。	同上
春秋晚期	高庄 M10	竖穴土坑		274°,东西向	二棺一椁	屈肢葬	殉人2,从葬1		铜鼎3,壶2,甗1,盂1,舟2,铜戈1,铜钩1,削1;陶簋6,盂1;玉璜6,玦1,镶钩1;石泡3,砺石2,串饰8组,饰件1,柱状器2;金襟钩1。	《考古与文物》1981年第1期
春秋晚期	上孟村 M27	竖穴土坑,腰坑中殉狗2。	长4.02,宽2.5,深7.3	272°,东西向	有棺椁	仰身直肢		有车马坑,内葬车1马2。	铜鼎1,甗1,铃5;陶鼎2,盆1;石圭7;贝壳3,贝饰30;骨珠2。	《考古与文物》1984年第3期
春秋晚期	赵家崖 M1	竖穴土坑	残长0.5,宽1.2,深1.5米,有二层台。	100°,基本呈东西向。	一棺二椁	仰身曲肢			铜列鼎3,铜盂1,铜带钩1,陶鼎2,陶簋2,陶豆2,陶罐1,石圭4。	《考古》1996年第12期
春秋晚期	南指挥村 M1	竖穴土坑		略呈东西向	一棺一椁	不明			陶鬲1,簋2,豆2,罐3,圉等。	《考古与文物》1987年第6期
春秋晚期	南指挥村 M2	竖穴土坑	残长1.8,宽1.26,深3.9米,有二层台。	略呈东西向	一棺一椁	不明			陶鬲1,簋1,豆2,匜1,罐3;石璜1,圭1;残漆器。	同上

续表

年代	墓葬	形制	大小（长宽深，单位：米）	方向	棺椁	葬式	殉人	车马坑	随葬品	资料来源
战国早期	客省庄M202	竖穴土坑	长3.5，宽2，深2.42米	280°，略呈东西向。	有棺椁	屈肢			铜鼎2，簋2，方壶2，盘1，匜1，方甗1；铜剑1，金环1，铜刀1，刀1，带饰1，铜条；石圭1；残石器；牛骨。	《沣西发掘报告》
战国早期	高庄M48	竖穴土坑	长4.2，宽2.4，深3.1米	282°，略呈东西向。	一棺一椁	屈肢			铜鼎1，敦1，甗1，襟钩1；陶鼎1，铃2，带钩1，襟钩1；陶鼎1，豆2，甗1，盘3，匜1，豆1，大口罐2；石饰1组；石佩2。	《考古与文物》1981年第1期
战国早期	高庄M49	竖穴土坑	长4，宽2，深2.9米	280°，东西向	一棺一椁	不明			铜鼎2，盂1，甗1，壶1，盘1，匜1，铃2，带钩1，襟钩2；陶壶2，豆2，陶甗2，盘2，匜2，大口罐8；石琮1，石佩2。	同上
战国早期	邓家崖M4	竖穴土坑，有二层台。	属小型墓	东西向	一棺	仰身直肢			铜鼎（原报告称）盘），豆，盆；陶鬲，罐等。	《考古与文物》1991年第2期
战国早期	邓家崖M7	竖穴土坑，有二层台。	属小型墓	东西向	一棺	仰身直肢			铜鼎，甗，盘，匜；陶鬲，罐等。	同上
战国中期	八旗屯76CM9	竖穴土坑	墓口长4.28，宽2.55，深12.8米。	285°，东西向。	有棺椁	不明			被盗后有铜列鼎3，敦1，剑1，壶2，盘1，匜1，削2，盆2，甑1；陶壶2，池1，罐1；玉璧1；石圭45；骨璧1。	同上

续表

年代	墓葬	形制	大小（长宽深，单位：米）	方向	棺椁	葬式	殉人	车马坑	随葬品	资料来源
战国中期	八旗屯81M14	竖穴土坑	长2.56，宽1.9，深4.95米。	290°，东西向。	一棺一椁	屈肢			铜鼎1、盘1、瓶1、匜1、盆1、削1、铃2、镯3、带形饰1；陶罐3（分二式）、盆2、茧形壶1；铁带形饰1。	同上
战国中期	西沟道M26	梯形竖穴，有二层台。	墓口长4.28，东宽2.42，西宽2.27；墓底长4.08，动宽2.22，西宽2.08，深6.6米。	292°，略呈东西向。	一棺一椁	侧身屈肢			铜鼎3（分二式）、豆2、壶3（分二式）、盘3（分二式）、镦13、戈1、剑1、削6、盆1、泡3；陶鬲1、盂5（分二式）、罐8（分二式）、铁环4、带饰2；玉璧2、楔形玉器1；石圭25。	《文博》1986年第3期
战国中期	任家嘴M56①	竖穴土坑	长3.6～3.7，宽2.78，深3.7米。	285°	一棺一椁				铜鼎3（2为明器）、甗1、瓿1、残环形饰1；带饰1；陶缶形壶1、罐1（明器）、囷1、圭2；玉圭1；圭1；玉璜1、黄1、圭1；石圭11；残铁带饰1；蚌壳3；蚌质纺轮1。	《任家咀秦墓》第303页
战国中期	任家嘴M230	竖穴土坑	长2.88，宽1.9～2.04，深2.8米。	285°	一棺一椁	仰身屈肢			铜鼎1、盘2、甑1（以上皆明器）；镯1、带饰1；陶高柄残片、盆1、罐1。	同上，第335页。

① 任家嘴 M56 原报告定在一期，即春秋中期，是错误的，按照出土器物，M56 出土的青铜鼎，既有 M56：4、M56：24 这类"春秋型"秦鼎的末期式样，也有 M56：2 这种标准的战国秦鼎，所以 M56 的年代当在战国中期。《任家咀秦墓》科学出版社，2005 年，第 194～195、221、303 页，图一五四，图一七四(13、14)。

　　上列表中,处于春秋早期—战国中期的"西周型""春秋型"秦的青铜器,绝大部分出于墓葬。对于多出于墓葬中的青铜器,由于许多已经明器化,或许它们的意义仅仅局限于葬俗的范围之内,而不是其他场合青铜器使用情况的直接反映,但由此也足可说明秦墓葬中的青铜器作为身份地位标志的含义。这是因为,第一,不是所有的墓葬都使用青铜器,使用青铜器的都是级别较高的墓葬,从上表可知,随葬青铜器的墓葬,一般规模较大,有葬具,并有丰富的随葬品,有的还有殉人和车马随葬;第二,随葬青铜器确实大多有数目与组合的规律,有的数目不够还用仿铜礼器来凑足,这说明青铜器的数目和组合,确实与一定的社会阶级或阶层相联系。

　　根据更进一步的材料,青铜器的含义确实不仅仅局限于葬俗,而是在仪式上展示身份地位之物。第一,在墓葬之外的地点,也有青铜器的出土,例如窖藏、祭祀坑①等等。第二,青铜器本身的说明。例如,秦子姬簋盖中,讲到秦子的威仪,而表达这些威仪的,青铜礼器也是其中一种。

　　由以上论述可知,秦墓以及其他地点出土的青铜器的象征身份地位的含义,是不容否认的。

　　那么,秦之青铜礼器,又怎么样"表达"了"秦人"的族群属性? 让我们首先从分析秦青铜礼器与西周、东周诸侯的青铜器的联系开始。

　　对于上表中墓葬的年代,我们还是根据以往学者的判断。从大堡子山的新出考古资料以及所发现的"秦公"鼎(16)、簋(8)、壶(3)、钟(7)、镈(2)②等器物来看,原来估计的秦青铜礼器以及墓葬的年代大概都有所偏早。单从器物来看,其形制、纹饰等等,都与西周中晚期器物相似,而这些"秦公"一般认为是春秋早期

---

　　① 如大堡子山的"乐器坑"发现的青铜礼器,有人就认为与太公庙村秦公钟、镈一样,是祭祀所用。参梁云:《"秦子"诸器的年代及有关问题》,《古代文明》(5),文物出版社,2006年,第301~311页。

　　② 根据李朝远的统计,出于大堡子山的"秦公"器,计有鼎9(上海博物馆藏4、礼县缴获2、美籍华裔收藏家藏3)、簋5(上海博物馆藏2、礼县缴获1、美籍华裔收藏家藏2)、壶3(纽约所见1对、伦敦所见1)、钟7(台北华裔收藏家藏3、日本MIHO博物馆藏4)、镈2(上海博物馆和台北收藏家各1),共计26件以上。见李朝远:《伦敦新见秦公壶》,《中国文物报》2004年2月27日。按甘肃省博物馆还藏有公安人员缴获的鼎的残片130余块,分属7鼎,已经有3件修复,属本书所说的垂鳞纹鼎。这样,"秦公"鼎的数量,当在16件以上。簋的数量,礼县缴获的是4件,所以总数也当为8件。戴春阳认为缴获的鼎、簋都属M3,而上博所藏或出自M2。见戴春阳:《礼县大堡子山秦公墓地及有关问题》;礼县博物馆、礼县秦西垂文化研究会:《秦西垂陵区》,文物出版社,2006年,第12页。图像可见甘肃省文物局:《甘肃文物菁华》,文物出版社,2006年,第104页,图105。

的襄公、文公等人。襄公在位共 12 年,但只有 5 年深入到春秋初年;继位的文公在位却长达 50 年,二人合起来的年数,已越春秋早期总年数的一半以上。这不但说明春秋早期秦人对于周文明的学习、模仿的事实,也说明对于春秋早期秦礼器的面貌与年代确定,需要重新考虑,原来对一些器物年代的判断,应是过早了。

　　下面我们用鼎、簋、壶等器物的例证来说明,西周晚期—春秋以降,秦文化对于周文明的学习和模仿。

　　先以秦鼎为例。

　　在本节论述中,以大堡子山"秦公"诸器为代表的秦鼎,还具有明显的西周风格,与以户县宋村、边家庄、圆顶山等地所出为代表的秦鼎风格存在着明显的差异。前者与西周器物差别不大,具有明显的承继关系,可以称作"西周型"秦鼎;后者已经具有典型的秦鼎风格,可以称作"春秋型"秦鼎。"西周型"秦鼎,从西周晚期延续到春秋早期,上限或可到西周中期,在春秋早期偏晚的阶段已经不见,只剩下"春秋型"秦鼎,时代一直延续到战国中期,才最后被"战国型"秦鼎所取代。

　　"西周型"秦鼎即"秦公"诸鼎,所出地点当即大堡子山,年代在春秋早期偏早的时代,相当于襄公、文公时期。"春秋型"秦青铜鼎,主要发现于甘肃东部西汉水上游的礼县、泾水上游的灵台,以及渭水中游的陕西宝鸡、西安一带,年代主体从春秋早期一直延续到战国中期。年代较早者有宋村以及边家庄的秦鼎,最晚者可举以下六批:陕西凤翔八旗屯 CM9:1~3,81 凤八 M14:11 鼎[1],邓家崖M7:3 鼎[2],西沟道 M26:30 秦鼎[3],任家嘴 M56:4 和 M56:24、M230:7[4]。这六批秦鼎,都腹浅似盘,制作草率,可算是"春秋型"秦鼎终结的标志,年代都在战国中期。例如西沟道 M26:30 秦鼎,在同一座墓葬里还有标准的战国型秦鼎M26:19。以后者西沟道 M26:19 为代表的秦器,与春秋型秦器形态、花纹相

---

　　[1]　陕西省雍城考古队:《一九八一年凤翔八旗屯墓地发掘简报》,图五:6,《考古与文物》1986 年第5 期。

　　[2]　陕西省考古研究所凤翔工作站:《凤翔邓家崖秦墓发掘简报》,图五:8,《考古与文物》1991 年第2 期。

　　[3]　陕西省雍城考古队:《陕西凤翔八旗屯西沟道秦墓发掘简报》,图二一:2,《文博》1986 年第 3 期。

　　[4]　咸阳市文物考古研究所:《任家咀秦墓》,科学出版社,2005 年,第 219~221 页,图一七四:14、13、8。

比都发生了很大变化,可称作"战国型"秦青铜礼器或容器。有趣的是,"西周型""春秋型""战国型"秦青铜礼器的年代下限,都并没有与时代相始终,而是都向下延续了一段时间,分别延伸到了春秋早期、战国中期和秦代(或更晚)。

根据现在的考古发现,无论是级别最高的"西周型"秦鼎即"秦公"鼎,还是典型的"春秋型"秦式鼎,大致都是立耳、浅腹、近平底、蹄足的形式。"秦公"鼎与普通的"春秋型"秦鼎,二者的差别有以下几点:第一,腹。二者虽都腹较浅,但"秦公"鼎腹更平而底部外向周边外侈。第二,足部。"秦公"鼎足跟不外侈,上部有竖棱扉与花纹。"春秋型"秦鼎,一般足跟肥大而外侈,大多还带一条横的凸棱。第三,腹下部的纹饰。二者腹部纹饰都分上下两部分,但"秦公"鼎腹下部不是饰窃曲纹,就是垂鳞纹;"春秋型"秦鼎一般腹上部与"秦公"鼎纹饰一致,都多是窃曲纹,下部则流行的是波带纹。"春秋型"秦鼎上的窃曲纹,后来都向细密发展,到春秋中晚期成了所谓"细密的勾连纹"。总的看来,"秦公"鼎与"春秋型"秦鼎,形制上是有所区别的,常用纹饰也有所差异。笔者认为,这是因为二者承袭了西周中晚期以来两种不同传统的缘故。

现在"秦公"鼎的数量已经有 16 件,形制都极为相似,时代特征突出。故现已发现的"秦公"鼎,并不适宜按形制去区分,而可按花纹分为二型:一是垂鳞纹鼎;二为窃曲纹鼎。前者可举《秦西垂陵区》第 43~45 页 3 鼎[1]、甘肃省博物馆藏春秋鼎[2],铭文皆作"秦公作铸用鼎";后者可举上海博物馆购自香港的 4 鼎。上博 4 鼎中 2 件铭文作"秦公作铸用鼎"、2 件作"秦公作宝用鼎",器型大同而微异[3]。此二型秦鼎相传都出于礼县大堡子山。垂鳞纹鼎,都是腹上部饰一圈窃曲纹,下部饰三排垂鳞纹,足跟上部饰兽面纹。窃曲纹鼎则腹部上下两部分都饰窃曲纹,足跟上部饰兽面纹。

垂鳞纹与窃曲纹二型"秦公"鼎,都可以在西周中晚期找到祖型。垂鳞纹"秦公"鼎,口径与通高都在 30~40 厘米之间,其祖型可见现藏镇江博物馆的无叀鼎,此鼎大约是西周晚期宣王前后器[4],通高约 53 厘米("一尺六寸二分"),与

---

①　礼县博物馆、礼县秦西垂文化研究会:《秦西垂陵区》,文物出版社,2004 年,第 43~45 页,"大堡子山秦公陵园"节图十二~十四。

②　甘肃省文物局:《甘肃文物菁华》,文物出版社,2006 年,第 104 页,图 105"春秋·秦公秦鼎"。

③　李朝远:《上海博物馆新获秦公器研究》,《上海博物馆馆刊》第 7 集,上海书画出版社,1996 年。

④　张长寿等:《西周青铜器分期断代研究》,文物出版社,1999 年,第 34、36 页,鼎 58。

"秦公"垂鳞纹鼎除了形制相似,纹饰几乎全同,唯一不同的是"秦公"鼎鳞片下部略呈方行,而无更鼎鳞片下部则更呈自然鳞片的圆弧形状,这应是这种装饰鳞片更早形式的反映。窃曲纹"秦公"鼎,祖型的年代可更早到西周中期,例可举恭王前后的师汤父鼎①。两类不同年代的鼎,无论从形制到纹饰,都极为相似。

在以上两种"秦公"鼎之外,年代处于春秋早期—战国中期、数量更多的典型的"春秋型"秦鼎,其原型也可以早到西周中晚期。比起"秦公"诸鼎,"春秋型"秦鼎,腹部稍加下垂、足跟肥大外侈。从形制看,"春秋型"秦鼎与西周晚期宣王时器毛公鼎②、此鼎乙③显然更加相似而有渊源关系,只不过后者为下垂球腹而已。若从花纹看,"春秋型"秦鼎腹部的主体纹饰,则多作上窃曲纹+下波带纹的组合,这与西周中晚期之交夷厉之世的清末扶风法门寺任村出土的小克鼎④、厉王前后器史颂鼎⑤、扶风出土的西周晚期器函皇父鼎甲⑥、曲沃晋侯墓地 M64 出土的宣王时器晋侯邦父鼎⑦、宣王时器来鼎⑧的花纹组合完全一致,都是西周中晚期以来流行的纹饰和纹饰组合。总之,"春秋型"普通秦鼎这一系,从形制上来看,虽然继承了西周晚期以来周器的某些特征,但似乎更具秦器自身的特色;花纹则与西周器物渊源更显紧密。春秋时代秦鼎的分类以及与西周鼎的关系,可以简单表述如下:

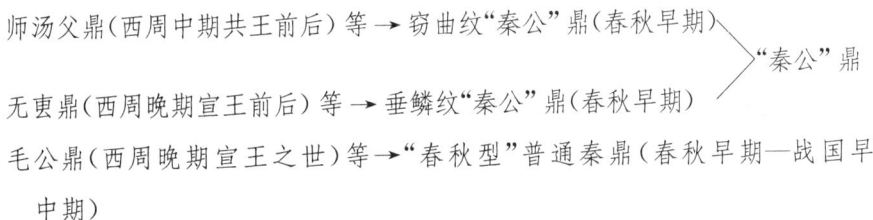

师汤父鼎(西周中期共王前后)等 → 窃曲纹"秦公"鼎(春秋早期)

"秦公"鼎

无更鼎(西周晚期宣王前后)等 → 垂鳞纹"秦公"鼎(春秋早期)

毛公鼎(西周晚期宣王之世)等 →"春秋型"普通秦鼎(春秋早期—战国早中期)

---

① 张长寿等:《西周青铜器分期断代研究》,文物出版社,1999 年,第 31、53 页,鼎 53。
② 同上注,第 69、47 页,鼎 69。
③ 同上注,第 69、47 页,鼎 70。
④ 同上注,第 31、35 页,鼎 54。
⑤ 同上注,第 32、35 页,鼎 55。
⑥ 同上注,第 32、35 页,鼎 56。
⑦ 同上注,第 32、34、36 页,鼎 57。
⑧ 刘怀君:《眉县杨家村西周窖藏青铜器的初步认识》,《考古与文物》2003 年第 3 期。

通过对"西周型""春秋型"秦鼎来源和演变的分析可知：属于"西周型"的"秦公"鼎基本承袭了西周中晚期以来的形式；"春秋型"典型秦鼎，则在继承的基础上有所创新，变化集中表现在形制上。春秋早期的这两型秦鼎，无论形制及花纹，特别是"秦公"鼎，都是从西周中晚期鼎继承而来。无论如何，这种承继关系，是不可否认的。

其次再以秦簋说明。

上海博物馆藏有购自香港的"秦公"簋两件，其铭文作"秦公乍宝簋"。还有一件形制、花纹同于上两簋，只是没有铭文①。甘肃博物馆也收藏有公安系统缴获的器物，其中有簋4件，与上博两簋形制、花纹也相似，唯铭文作"秦公乍铸用簋"②。这样，属于"秦公"的簋的数量，也在7件以上。学者们多推测这些簋与"秦公"鼎一样，主人也属于大堡子山的秦襄公或文公，年代在春秋早期。

同样属于"秦公"，但没有"秦公"字样而且年代较早的簋是不其簋。

上博的两件有"秦公"铭文的"秦公"簋，形制、花纹、大小、铭文内容和行款都相似。其中一件高23.5厘米，口径18.8厘米，两耳间宽36.7厘米。两耳上饰龙纹，三兽足。盖鼎饰兽纹，盖面和腹下部饰瓦纹，盖外下部、腹上部饰窃曲纹，圈足上饰垂鳞纹③。

这种簋的形制、花纹，依然是延续了西周中晚期簋的形式。例如，"秦公"簋从形制、纹饰来说，与西周晚期厉王前后器颂簋④、师衰簋⑤，都极为相似。

再次举秦壶为例。

春秋早期的秦式壶，总共有3件，一对为李学勤、艾兰著录的纽约拉利(James Lally)行所藏壶⑥，另一为李朝远见于伦敦坊肆间之壶⑦。

另外，还有一对龙纹方壶，无铭文，藏上海博物馆，李朝远先生怀疑也是秦壶，器主可能是秦襄公⑧。这样算起来，属于"秦公"的壶的数量，已经在5件以

① 李朝远：《上海博物馆新获秦公器研究》，《上海博物馆馆刊》第7集，上海书画出版社，1996年。
② 戴春阳：《礼县大堡子山秦公墓地及有关问题》，《文物》2000年第5期。
③ 李朝远：《上海博物馆新获秦公器研究》，《上海博物馆馆刊》第7集，上海书画出版社，1996年。
④ 张长寿等：《西周青铜器分期断代研究》，文物出版社，1999年，第87、90页，簋71。
⑤ 同上注，第88、90、91页，簋72。
⑥ 李学勤：《最新出现的秦公壶》，《中国文物报》1994年10月30日。下引出处同。
⑦ 李朝远：《伦敦新见秦公壶》，《中国文物报》2004年2月27日。
⑧ 李朝远：《上海博物馆新藏秦器研究》，《上海博物馆馆刊》第7集，上海书画出版社，1996年。

上。若按壶成对出现的规律,则"秦公"壶至少在 6 件以上。

李学勤等发现于纽约的"秦公"壶,"高 52 厘米,通体覆蓝绿色薄锈。壶的横截面为圆角长方形。盖上设捉手,捉手壁饰窃曲纹,盖缘饰吐舌的双头龙纹。器长颈,颈饰波带纹,两侧有耳,耳上饰螺形角的兽首,垂环。颈腹之前,以一道弦纹宽带为界。腹下方膨出,面饰大蟠龙纹,有若干龙蛇纠结盘曲。低圈足,饰窃曲纹。器口内壁有铭文,两行六字:秦公作铸噂壶"。伦敦"秦公"壶铭文与此壶同,唯"乍"字不清。伦敦壶的器形,与纽约"秦公"壶异,为圆形,壶"长颈,圆鼓腹下垂。通高 48.2 厘米,腹径最大处的周长测量为 75 厘米,由此算出最大腹径为23.9 厘米。器口外径 13.6、圈足底径 20.2 厘米。器颈饰波曲纹,下接一周兽目交连纹,捉手外饰鳞纹,与圈足相对应。内盖面有一周大小相同的重环纹"。李学勤等著录之壶,文中还有器形图像,后者李朝远著录之伦敦壶,虽然没有图像可见,但我们仍然可以断定二者属于不同类型之壶,其分属春秋早期的二位"秦公",应无疑义。

"秦公"壶的形态、花纹,也继承了西周中晚期的风格,与"秦公"鼎一样,二者之间的承继关系是非常明显的,这或许是李学勤把它们的年代断在西周晚期厉、宣之交左右的原因。

在鼎、簋、壶等器物之外,同样可能属于春秋早期的襄公、文公的"秦公"钟[1]、镈[2],也可看到它们与西周器物存在的密切继承关系。

凡上所举鼎、簋、壶、钟、镈等"秦公"器,除了形制、花纹等对于西周器物的直接继承,秦青铜礼器还在铸造工艺上表现出对于西周晚期器物的模仿行为,一般的器物都较西周晚期器物粗糙,仿制痕迹明显。如李朝远所指出,"秦公诸器的铸造颇见西周晚期器的气度,但缺乏西周器的精致,将秦公鼎与类似的史颂鼎相比较,其粗糙程度显而易见",对于一些铸造技术,秦人也没有完全掌握[3]。除了"西周型""秦公"诸器模仿了西周晚期器物外,"春秋型"普通秦礼器也是如此,我

①　李朝远统计"秦公"钟共 7 件,其中美国华裔收藏家藏 3、日本 MIHO 博物馆藏 4。后者铭文作"秦公乍铸龢钟"。见李朝远:《伦敦新见秦公壶》,《中国文物报》2004 年 2 月 27 日;《上海博物馆新获秦公器研究》,上海书画出版社,1996 年。

②　镈计有 2 件:1 藏上海博物馆,1 藏台北收藏家。上博藏"秦公"镈铭文作"秦公乍铸□□钟"。见李朝远:《伦敦新见秦公壶》,《上海博物馆新获秦公器研究》,上海书画出版社,1996 年。

③　李朝远:《上海博物馆新藏秦器研究》,《上海博物馆馆刊》第 7 集,上海书画出版社,1996 年。

们仍然可以从这类器物中发现粗糙和模仿的痕迹。这种行为,还有对"华夏"列国例如三晋器物的模仿,而不仅仅是承继了西周器物的风格。例如圆顶山 M1 出土的铜方盒,也同样发现于山西晋侯墓地西周晚期晋侯邦父的次夫人杨姞的墓中,是秦与列国青铜礼器存在关系的确证①。现在发现的"春秋型"秦青铜礼器,虽然有的极尽华丽,例如圆顶山春秋中晚期的礼器,但仍然可以发现其花纹、造型的生硬与由此反映的粗糙痕迹。秦青铜礼器的这种粗糙风格,除了有的作为明器的目的而没必要精雕细刻外,大部分应是秦人自己的工匠在模仿过程中技术的不熟练造成的。此点与处于西周晚期宣王与幽王初年的秦庄公器不其簋的风格形成鲜明对比,后者无论从形制、花纹、铭文风格来看,都与"春秋型"秦器存在着差异,而与同时代的西周晚期器物无别。从不其簋到"春秋型"秦器的发展历史形象地说明,"西周型""春秋型"秦器的历史,脱胎于西周器物,并逐渐形成了自己的风格,这个过程就是一个继承、模仿的过程。

"春秋型"秦青铜礼器与东方"华夏"列国器物存在关系的例证,上举圆顶山 M1 铜方盒与杨姞的墓中铜方盒可为其一。在此之外,最主要的还是青铜礼器的形制、花纹与东方器物的大同小异,这方面虽然列国各有特色,但其间的共同性则是显而易见的。还有器物的种类、组合,也是相似的。例如上表所列春秋秦墓中器物的种类,主要有鼎、簋、壶、盘、瓶、匜等;组合中也以鼎、簋的数目与西周中期—春秋早期东方诸侯墓葬器物最为相似,都是鼎奇簋偶②。

以上我们从形态学的角度,即形制、花纹、铸造工艺,以及器物的种类、数量所反映的组合关系,对秦青铜器与西周、东周"华夏"器物之间的关系作了论述,认为"西周型""春秋型"秦青铜礼器对于西周器物的继承,是历史事实。并且,秦器也与东方"华夏"列国器物存在着密切的关系和相似性。

为什么秦人上层要使用青铜器,并在其所反映的礼制方面保持与西周、东周"华夏"列国的一致,同时拥有自身的特色?笔者认为,这是因为"秦人"上层,不但把青铜礼器当作身份地位的标志,同时也把它当作族群"象征"。

如上所述,商周以来的青铜礼器,为社会的上层所拥有,社会的下层成员,并

---

① 戴春阳:《礼县大堡子山秦公墓地及有关问题》,《文物》2000 年第 5 期。
② 北京大学历史系商周考古组:《商周考古》,文物出版社,1979 年,第 203～218 页。

没有资格和实力拥有,青铜器拥有的阶级性或者阶层性,是不可否认的。

其次,青铜礼器往往为一个家族或宗族所拥有,在商周青铜器上,有许多所谓的"族徽"①,还有青铜器铭文的内容,可以证明此点。这类铭文往往记录、宣示祖先的事迹和荣耀诸如此类的"集体记忆"(celective memory)。拥有这些器物的本族的首领们,通过器物本身的传承、展示或者铭文内容的宣示,或者别的什么方式的使用行为(例如在祭祀、宴享的仪式上),可以建立、传承一个家族或宗族的"集体记忆",从而达到凝聚本族人群的目的。在这个含义上,青铜礼器本身,就成了家族或宗族的象征物,它的族群含义是明显的。"西周型"与"春秋型"秦青铜器,也是如此。

例如西周晚期的不其簋,讲的是秦祖伐戎有功受周王室赏赐的事迹,受到赏赐后,便为了"皇祖公白(伯)、孟姬"做了此簋,以期福寿,并使子孙得用享祀他们的祖先②。

大约为春秋早期的秦子姬簋盖铭文③,其中说"秦子之光,邵于□四方,子子孙孙,秦子、姬用享",可知器物是作来祭祀其父母的。

宝鸡太公庙村发现的春秋早期的武公及王姬钟、镈铭,记录了"先祖"的历史与自身的荣耀,这些器物,是在某一个时刻作来祭祀"皇公"("先祖""文公、静公、宪公"等)以期福佑的。(春秋中晚期之交的秦景公大墓残石磬铭说,"高阳又(有)灵,四方以(宓)平",说的是秦人有赖祖宗的"高阳"的恩惠,才得以平定四方。此器虽非铜器,但与铜器含义相同,故也列于此。)

大约同为景公时的传世秦公簋铭,宣传了祖先以及自己的功德,其中说"乍(作)□宗彝,以邵皇且(祖)",可知本器也是作来祭祀祖先("皇祖"即秦襄公)以求福佑的。传世秦公钟,也有大致相似的铭文④。

这些器物的年代都在西周晚期—春秋晚期,铭文内容无非强调祖先或者自身的功绩,例如祖先受天命拥有国家("赏宅受国"),自身的功德("虔敬朕祀"等),以求得福祉("协和万民""眉寿无疆""肇有四方"之类),另外还多昭示后人

---

① 参看高明:《古文字类编》,中华书局,1980年。
② 见王辉:《秦铜器铭文编年集释》三秦出版社,1990年,第1—6页,图一一四。
③ "秦子"有几说,见李学勤:《论秦子簋盖及其意义》。此从李说,以"秦子、姬"为夫妻。
④ 武公及王姬钟、景公大墓残石磬、传世秦公簋及钟铭文,皆据王辉:《秦铜器铭文编年集释》,三秦出版社,1990年。

永远享祀祖先("子子孙孙其宝用享"),无不表达了一种凝聚族群的期冀,这个族群就是拥有同一祖先的"秦人"!

以上所举没有类似复杂铭文、只有那种"秦公作铸用鼎"的"秦公"诸器,可以由此推测,即使上述铭文的简化形式,也摆脱不了族群象征的意义。

"秦人"使用青铜礼器,当从西周中期的非子开始,因为没有证据表明,此前地位卑微的"秦人"祖先,具备享有青铜礼器的资格,邹衡、张天恩等推测的"亚羍"罐、乳钉簋之类为商周之际的秦祖所留,是没有坚实根据的,还停留在推测的阶段①。随着非子开始的"秦人""建构"过程,"秦人"的内涵逐渐扩大和复杂化,我们可以使用"族群"表达此时的"秦人",作为家族或宗族象征物的秦青铜礼器,外延也就逐渐放大,成了更加宽泛的"秦人"族群的象征物即标志,在具有阶级性、阶层性外,青铜礼器还拥有了"族群"属性,可以表达一定的人群分类的意义。

如同许多人类学家以及本书多处强调的那样,一个族群的团结与构建,总是由社会的精英阶层——社会的上层来承担的。安东尼·史密斯认为,要构成一个"族群",至少必须有精英阶层的团结,说的也是这个意思②。我们通过上面的统计可以发现,秦之青铜礼器,经过了从西周晚期(例如不其簋)到春秋早期的对于西周礼器的模仿和学习,到春秋早期偏晚的阶段,已经形成了自己独特的风格。已发现的秦青铜器的年代,集中在春秋时代,这正是"秦人"初为诸侯、"秦人"族群正式形成的阶段。在不断的征战条件下,"秦人"的"诸侯"国家得以建立,社会必然有所分化,需要有象征身份地位的器物,此时的青铜器就是最好的象征物了,此点上文已经屡有论述。同时,从以下四个理由可以看出,秦之青铜礼器,也是作为族群"象征"而产生的。这四个方面是:1.秦的青铜器与西周同类器物存在着承继关系;2.与同时的东方"华夏"的器物形态和组合相似;3.具有自身的特点;4.铭文表明,这些青铜礼器多是为了祭祀祖先而为之,具有凝聚族群的"集体记忆"功能。

综合起来,秦青铜礼器最大的特点就是起源、风格、组合等方面表现出来的

---

①　非子前秦祖地位的卑微,《秦本纪》的记载即可说明。非子因养马被周王室"分土为附庸",说明此前连"附庸"的身份都没有;而"分土"则证明此前"无土",也就是与周没有政治上的联系。其身份地位恐怕连《周本纪》所记载的行"贡"职的"戎狄"都不如。

②　[英]安东尼·史密斯著,叶江译:《民族主义:理论,意识形态,历史》,上海人民出版社,2006年,第14页。

与西周、"华夏"器物的形似性,以及自身的特色,这正与西周晚期以来"秦人"的族群属性相吻合。

笔者认为,西周晚期"秦人"要使用不其簋那样的周式青铜器,而在进入春秋时代立国后,大量模仿周式器物,秦之青铜器的起源,确实也是作为族群象征,即"文化标识"而存在的:"秦人"的上层,不但以青铜器标明了自己崇高的地位,也显示了与"戎狄"族群的区别以及与以周王室为代表的"华夏"的相似性,还有"自我"的特色。因为使用周式的青铜器,是西周以来周人、"华夏"的传统,周边"戎狄",是没有这个传统的。

从更深层次来说,青铜礼器是礼乐文化的物化表现,是宗周礼乐文明的传统。虽然在东周时代,这个"物化"的形式即青铜器的形态等方面发生了变化,已经与典型的西周青铜器有别,但基本的含义仍然没有改变。西周的礼乐文明,是从商末—西周中期的时代,周人的上层继承商人等族群的礼制文化所创造的①。以青铜礼器所代表的礼乐文明,是周人、"华夏"所以为自豪的核心。如同我们在"谁是'秦人'"节已经论述的那样,在他们看来,这也是"夏""华夏"区别于四方"蛮夷"的最主要的方面。所以,西周晚期以来,"秦人"的上层要想跻身"华夏",则必须有这样的身份标志。"秦人"的上层,企图以这样的文化标志,达到自身的凝聚和"华夏"集团对其族群身份的认同,虽然这种身份认同的取得是多么地艰辛与漫长!

二、作为身份地位与族群标志的直肢葬

在本节中,笔者认为,秦人独有的葬俗,也与青铜器的含义一样,是在"秦人"自我族群意识觉醒之后,在主观"建构"秦人的过程中,被"秦人"的上层当作族群的"文化标识"加以强调的。

在分析墓主的族属时,一般的考古学者基本上都根据一组文化因素,并与"秦人"的"历史"相结合加以综合分析和判断。本节不但吸收了他们的成果,还从族群理论的角度加以分析。这个角度即族群认同的产生、变迁、维持的情景

---

① 滕铭予:《丰镐地区西周墓葬的若干问题》,苏秉琦主编:《考古学文化论集》(三),文物出版社,1993年。

性,即追求现实利益的角度。笔者认为,在秦的族群意识产生后,在西周晚期以来"华夏"与"蛮夷"尖锐对立、秦新为周臣及"诸侯"而想跻身"华夏"的情况下,从族群的视角观察文化因素,是适宜的,此时的一些文化因素的变迁,与族群关系的变迁确实存在着联系。

在时段的选择上,我们选择西周中晚期至战国早期"秦人"形成的关键阶段的墓葬为例。其中西周晚期至春秋早期的直肢葬材料最具典型性,因为此时是"秦人"建构的关键时期。战国中期以后秦文化中的直肢葬,含义已经与西周—战国早期秦墓中的直肢葬不同,仅仅是一种外来移民(例如关东之民)文化传统自然延续的结果,因此本节并不加以考察。

(一) 诸家关于直肢葬的观点述评

屈肢葬,特别是蜷曲特甚①的屈肢葬长期被当作秦文化的一个重要特征,并以之去追寻秦文化的渊源以及秦人的源流。早年,俞伟超先生曾经认为屈肢葬是西北古羌戎的葬俗,是随着两周之际戎人侵周散布到关中的,秦人也是戎人的一支②。近些年来,随着秦墓中直肢葬墓的增多,特别是礼县西山、大堡子山、圆顶山秦贵族墓直肢葬的增多,直肢葬在探讨秦文化与秦人渊源中的地位也受到注意。仰身直肢葬加上墓向、殉人、腰坑、器物等因素,已经被许多学者看成是判断秦墓与非秦墓的一个新的标准。因此对于直肢葬的源流的判断及其与屈肢葬的关系,成了一个十分重要的问题。

下面笔者将在对诸家观点述评的基础上,对直肢葬的源流、是否可作为判断"秦人"的证据等问题作一讨论。

韩伟先生通过东周时期关中地区八旗屯等墓地材料的分析,认为屈肢葬是春秋以来奴隶葬仪,秦的贵族则实行的是直肢葬③。

戴春阳对屈肢葬的奴隶葬仪说、窀卧说提出质疑,因为这些奴隶不应该享有青铜礼器。他认为,屈肢葬与墓葬的西向,是存在内在联系的不可分割的秦人独

---

① 其下肢的蜷曲大部分为30°~90°。见韩伟:《试论战国秦的屈肢葬仪渊源及其意义》,《中国考古学会第一次年会论文集》,文物出版社,1979年,第204~211页。

② 俞伟超:《古代"西戎"和"羌"、"胡"考古学文化归属问题的探讨》,同作者:《先秦两汉考古学论集》,文物出版社,1985年。

③ 韩伟:《试论战国秦的屈肢葬仪渊源及其意义》,《中国考古学会第一次年会论文集》,文物出版社,1979年。

特的丧葬习俗,是黄河上游的半山、马厂、齐家等文化所存在的屈肢葬习俗在春秋战国时代的发展和强化,"当出于某种灵魂托转的宗教信仰,亦以循环往复的太阳起落为依托,屈肢还原成'胎儿状',西向随太阳离去,以便灵魂尽快转世"。他认为屈肢葬流行于秦人的中下层,同时也注意到了直肢葬,他说:"秦宗室则又流行东向直肢葬,仅此而言,已表明反映在观念上的差异及表象之下必然存在所以使然的历史文化力量",认为葬俗可能是不同阶层的观念差异所致,同意不同葬式具有的阶级性、阶层性①。

段清波认为,屈肢葬是秦人的传统葬俗,但不是唯一的,因为还有直肢葬。对于东周时代关中地区屈肢葬墓主的族属,他认为基本可以屈肢葬、直肢葬来区分,"早期秦人墓地中的直肢葬者可能是与秦人联姻的其他族属的女性成员",基本可以断定为"周余民"之类②。

滕铭予原来并没有看到礼县大堡子山、西山、圆顶山,以及宝鸡南阳的资料,可能影响了她的论证。她考察了户县宋村、陇县边家庄、长武上孟村、凤翔八旗屯以及邓家崖的直肢葬资料,在不排除墓主为"秦人"的同时,实际强调和暗示的是这些人群的非"秦人"身份,并把直肢葬看成判断人群族属的一个标准了③。战国中期以后的秦墓中的直肢葬,滕铭予认为是要作另外的理解的,与春秋时代的直肢葬,就其出现原因和背景,含义有着本质的不同④。

陈平认为,西汉水上游的礼县一带,是自商代晚期中潏归周以来秦人的大本营,其文化面貌与清水县的秦邑一样,也当比毛家坪更逼真和地道,他说:"其中,相当于商代晚期中潏初迁西垂时的中小型秦墓特别值得注意。它是随葬物(尤其是陶器)作风与葬式葬俗,将为秦人的起源与族属提供最为重要的实证,从某种意义上讲,这些早期中小型秦墓甚至比出有国宝重器的晚期秦公墓更为重要,更有学术价值。而我最感兴趣的,还是它的葬式。如果西垂商末秦人墓的主要葬式不是屈肢葬而是直肢葬,这将表明屈肢葬并非秦文化的早期固有因素,西周至春秋战国时盛极一时的秦地屈肢葬墓主也不一定就是秦族人,而倒有可能是

① 戴春阳:《秦墓屈肢葬管窥》,《考古》1992年第8期。
② 段清波:《试论东周屈肢葬》,《秦文化论丛》第3辑,西北大学出版社,1994年。
③ 滕铭予:《论秦墓中的直肢葬及相关问题》,《文物季刊》1997年第1期。
④ 滕铭予:《论关中秦墓中洞室墓的年代》,《华夏考古》1993年第2期。

依附服属于秦的为数甚多的源出甘青的西北羌戎部族之民。反之,则当另行考虑。"在这里,陈平已经把直肢葬当作秦墓、秦文化的一个可能的传统因素了;而屈肢葬则可能是臣服于秦的西北羌戎族群人士①。

张天恩根据西汉水流域的大堡子山、圆顶山的材料,认为这些材料"确认了有殉人的东西向仰身直肢葬带腰坑墓,是嬴秦公室贵族的丧葬习俗,对于进一步在陇山以西继续寻找西周或更早的典型秦人墓,树立了一处非常准确的标志。可以预料,这为将来发现和认定庄公及其以前的先公、公族墓葬,以及秦邑所在地,提供了有利的条件。同时,也为区分东周以后秦国公族及非公族墓,找到了一个标准"。这些因素——东西向、仰身直肢葬、带腰坑、有殉人的葬俗,是秦人"公族"在陇山以西即西周时代固有的葬俗。对于其中的殉人制度,他认为早期秦贵族普遍以人殉葬和从葬,由于在周文化中没有这个传统,当是从商人那里继承而来的,东周时期秦人的殉人制度"无疑就是来源于秦西山陵区及更早的传统习俗",《秦本纪》中记载春秋早期武公死后"初以人从死"是错误的②。

韩建业也认为,秦人的屈肢葬,当与甘、青、宁一带古文化的屈肢葬传统有关,秦人屈肢葬在西汉中期的彻底消失,与中原黄河中下游直肢葬传统的渗透和扩展有关③。这个结论与陈平等许多学者的分析是相似的。

王志友根据礼县西山遗址 M2003、大堡子山等地的发现,认为"屈肢葬是构成早期秦文化的因素之一,但不是早期秦族与秦公族的传统葬式,是融入秦文化系统的土著民族的独有葬式;早期秦族与秦公族的传统葬式则一直延续本民族的传统仰身直肢葬式"④,"头向西,仰身直肢、有腰坑、殉人的葬俗是早期秦人的传统葬俗,也是秦文化区别于周文化和当地土著文化的显著特点"⑤,否认了屈肢葬作为秦文化传统习俗的看法。

梁云认为,直肢葬与屈肢葬,"既有等级上的高下之分,可能又有族群方面的含义,即社会上层和下层各有不同的来源",他实际是主张屈肢葬的"西戎"来源、而直肢葬是具有东方来源的。他还列举了上孟村 M27、M16、M5 等墓葬,认为

---

① 陈平:《浅谈礼县秦公墓地遗存与相关问题》,《考古与文物》1998 年第 5 期。下引陈说同。
② 张天恩:《试说秦西山陵区的相关问题》,《考古与文物》2003 年第 3 期。下引张说同。
③ 韩建业:《中国古代屈肢葬谱系梳理》,《中国历史文物》2006 年第 1 期。
④ 王志友:《早期秦文化研究》,西北大学博士论文,2007 年,第 16 页。
⑤ 同上注,第 290 页。

上孟村墓地"反映了为数较少的直肢葬人群对为数较多的屈肢葬人群的控制,以及二者之间的联姻关系"。①

上述观点所反映出的学术倾向是明显的:屈肢葬是古代西北民族共有的葬俗,直肢葬是秦人上层使用的葬俗,而屈肢葬则是包括秦人与戎人等的族群中下层所用之葬俗。学者们在重视屈肢葬的基础上,又把直肢葬作为两周秦墓的重要特征之一,有的甚至有否定屈肢葬作为秦墓特征的倾向(例如王志友)。上述学者中比较靠后者的论断,都较明确地主张直肢葬是秦文化的一个特征,并主张将其作为一个标准,去寻找西周中期以前更早的秦文化、探索秦人的渊源。下面我们对秦文化中已发现的西周晚期—战国中期的直肢葬墓稍加梳理。

(二) 西周—战国早期直肢葬墓族属分析

直肢葬的考古例证,下列墓葬年代基本衔接,可以反映从西周晚期到战国早期秦墓直肢葬的情况。根据统计,已发表的西周至战国早期秦墓中的直肢葬墓,按年代主要有以下几批:

西周晚期:西山;

春秋早期:大堡子山、孙家南头 M191、宋村和南关、边家庄、南阳;

春秋中期:八旗屯;

春秋晚期:圆顶山、上孟村;

战国早中期:邓家崖;

下面分段叙述。

西周晚期

西周晚期的直肢葬墓,为西山 M2003。2005 年,在西山城址之内的东北部,发掘墓葬 25 座,葬式明确的有 19 座,其中南、东各 1 座,向北的 2 座,向西的 14 座。在隔西和河(漾水)相望的对面鸢亭山腰,也钻探有 81 座墓葬,但详细情况不得而知②。

---

① 梁云:《从秦墓葬俗看秦文化的形成》,《考古与文物》2008 年第 1 期。
② 王志友:《早期秦文化研究》,西北大学博士论文,2007 年,第 183、196 页。

在西山 2005 年发掘的 4 座仰身直肢墓葬中,底部全有腰坑,规模最大的 M2003 和 M1027 坑内各殉一狗,另外 2 座没有发现有随葬物①。

西山遗址内的直肢葬墓,有的附有车马坑,一般有殉人、腰坑和较多随葬品,墓主头西脚东、仰身直肢。

屈肢葬墓在西周时期为南北向而随葬品较少;东周时期为东西成排的头西足东的屈肢葬墓为主。王志友认为直肢葬墓为占统治地位的秦族,屈肢葬墓的主人则是被统治、被同化的当地土著民族②。并认为:"早期秦人腰坑葬俗与赢秦族所来源的东夷诸族的文化习俗及商文化密切相关,但它又构成了早期秦文化的一个显著特点。"③

春秋早期

春秋早期的直肢葬墓,或可与秦墓中直肢葬墓比较的墓葬,共有 5 批,可分四个区域。

1. 大堡子山墓地④

大堡子山在 20 世纪 90 年代初曾发生大规模的盗墓事件。1994 年抢救性发掘的有中字形大墓 2(M2、M3)、车马坑 1(K1)以及中小型墓 9 座。

被盗后的 M2,东西向中字形,全长 88 米,有棺椁以及殉人 12 以上,墓主尸骨仰身直肢,墓底中央腰坑内殉狗 1、玉琮 1。

随葬器物有陶罐、鬲残片;铜泡、戈、刀等铜器残片;残留石磬 5;作为棺饰的金箔片。还有流失的"秦公"铭文的鼎等铜器若干,等等。

M3 亦被盗。墓作东西向中字形,全长 118 米,留存有棺椁以及殉人 8(1 在墓室北侧二层台、7 在西墓道填土中),墓主尸骨仰身直肢,墓底中央腰坑内殉狗 1、玉琮 1。

现在遗留的器物有琥珀珠,还有铜、陶、玉、石器等,没有更详细的资料公布。也有流失的"秦公"鼎类器物。

---

① 王志友:《早期秦文化研究》,西北大学博士论文,2007 年,第 229 页。
② 同上注,第 190 页。
③ 同上注,第 230 页。
④ 戴春阳:《礼县大堡子山秦公墓地及有关问题》,《文物》2000 年第 5 期;戴春阳:《礼县大堡子山秦国墓地发掘散记》,礼县秦西垂文化研究会、礼县博物馆:《秦西垂文化论集》,文物出版社,2005 年,第 554～558 页。

另外大堡子山的 9 座中小型墓,据祝中熹说比大堡子山秦公大墓年代为晚[①],还有 2006 年发掘的ⅠM25[②],都可资参考。

9 座墓均为东西向竖穴土坑墓,长 2—5.2、宽 1.4—2.7、深 3.06—7.6 米,墓主均直肢、头西脚东,其中 2 座有殉人。一般随葬品有铜器、陶器、玉器以及殉牲。铜器有鼎、簋等,陶器流行仿铜陶礼器,组合为罐、鬲、盆、豆。

2006 年度发掘的两个墓地的 7 座墓,只有ⅠM25、ⅢM1、ⅢM2 保存较好。

ⅠM25 为东西向(245°)竖穴土圹,一棺一椁,葬式为仰身屈肢,腰坑殉狗 1。

出土有铜鼎 3,铜盂、甗、短剑、虎、铃、环各 1;陶罐 6、豆 2;玉环 4、蝉 1、玦 2、饰品 1;石璧 2、石圭片 124。

简报公布ⅠM25 年代为"春秋中期偏晚或晚期偏早",这个年代应该偏晚了。

按,与ⅠM25 最可比较的,就是南阳春秋早期秦墓了,二者有很多相似性。

2. 孙家南头 M191

2003 年 10 月至 2004 年 8 月,陕西的考古工作者在凤翔县千水东岸的长青镇孙家南头村发掘了春秋早中期 90 座秦墓,有 7 座随葬青铜礼器,其中 M191 级别最高。

M191 竖穴土坑,墓口长 8 米、宽 5 米,墓深 11.5 米,葬具为木质二椁一棺,四壁共 6 个壁龛(南北壁各 2、东西壁各 1),每龛内殉人 1 共 6 人,殉人均屈肢,有木质葬具。二棺一椁,椁外北侧有殉狗 1,墓主头向西,为直肢葬式。棺椁西端空档处有一放置随葬品的头箱,箱内一侧堆有马骨,该墓随葬器物以铜礼器为主,有铜鼎 6、铜簋 4、铜壶 2、铜甗 1、铜盘 1、铜匜 1、铜盂 1、铜泡 2、铜铃 8、铜戈 1;陶罐 5;石玦 5、石饰 1、石串饰 1 组、石环 1、石璧 2、石贝 1、石圭 1 组 3 件;玉管 1、玉饰 4、玉环 1、玉片、玉璧 1;铁剑 1,共 55 件(组)。墓主人佩戴短铁剑和一些小玉饰。该墓右前方有一个车马陪葬坑,坑长 12 米、宽 5.8 米,坑内共有 3 组木车、马 10 匹,每组车下方有一个长方形竖穴坑,坑内有屈肢葬殉人。

笔者按,对于 M191,所有的报道都说在春秋早中期,故姑置于春秋早期。

① 礼县博物馆、礼县秦西垂文化研究会:《秦西垂陵区》,文物出版社,2004 年,第 10 页。
② 早秦文化考古联合课题组:《甘肃礼县大堡子山早期秦文化遗址》,《考古》2007 年第 7 期。

另外还有 5 鼎、3 鼎和 2 鼎墓,以及无鼎墓,多数墓有腰坑。3 鼎墓中的 M160 据说也是直肢葬式,并有殉人和车马坑。但由于更加详细的资料还没有公布,此只主要按照田亚岐的会议论文等录入简况①。

3. 户县宋村 M3②(附南关墓葬③)

位于户县东南 15 千米的秦岭脚下,北距沣西西周遗址 15 千米。这里是一个很大的仰韶、龙山文化与东周文化相叠压的遗址。

宋村 M3,大略为东西向(100°)竖穴土坑,墓底长 4.2 米、宽 5 米,左右生土二层台上有殉人 4,一棺一椁,葬式不明,有腰坑其中并殉狗 1(头朝东)、西二层台上 1。滕铭予根据殉人为直肢葬,推测墓主人也是直肢葬④,其说有理,故列于此。此墓其他特征,例如东西向、殉人、腰坑殉狗、青铜礼器等都与大堡子山秦宗室贵族墓相似,因此在墓主的族属判断上,应与后者相似。

随葬有列鼎 5、簋 4、壶 2、瓿 1、盘 1、匜 1,铜车马器 106 件,陶器 7,以及玉、石、骨、蚌器,漆器,等等。鼎簋等铜器制作粗糙,器壁较薄。

正东 35 米有附葬坑一座,坑内有殉人、马、狗、兵器(矛 2、盾?)、车器 14 件、陶器 2 等。

南关 74HNM1,已遭破坏,听说为南北向土坑竖穴,铜鼎 5、铜簋 4。

南关 82HNM1,南北向土坑竖穴,葬式不明,可判断是头向南,随葬铜鼎 7、铜簋 6,无腰坑、殉人。

南关的两座墓,并不能判断为直肢葬,但因与 M3 有关,故列于此一并讨论。

宋村 M3 与户县南关 74HNM1、82HNM1,器物特征都具有春秋早期秦之风格,属于秦文化系统是无疑的。光绪年间发现于户县的"宗妇"诸器,也是如此。滕铭予认为 M3"葬式为直肢,墓地有腰坑,坑内有殉狗等现象,表明该墓存在着较多的非秦文化因素"。现在根据新的材料,滕说是有偏差的,这些因素也是秦高级墓葬的重要特征之一。但滕铭予推测腰坑殉狗习俗的来源,则是对的,

①   焦南峰、田亚岐:《寻找"汧渭之会"的新线索》,《中国文物报》2004 年 3 月 5 日第 7 版。田亚岐:《东周时期殉人秦墓再探讨》(打印稿),"早期秦文化讨论会"论文,天水,2005 年 10 月。
②   陕西省文管会秦墓发掘组:《陕西户县宋村春秋秦墓发掘简报》,《文物》1975 年第 10 期。
③   曹发展:《陕西户县南关春秋秦墓清理记》,《文博》1989 年第 2 期。
④   引自滕铭予:《论秦墓中的直肢葬及相关问题》,《文物季刊》1997 年第 1 期。

这是周文化受商文化影响的结果①。

　　发掘者认为南关 82HNM1 与传世"宗妇"诸器②是一个主人,都是相对独立的郜国的墓葬,但文化还是属于秦文化的范畴。陈平也认为 M3 与南关的墓葬,属于郜国,而宗妇诸器可能是丰王王子的宗妇所作,郜国是宗妇的父母之邦,是与丰通婚的与国③。滕铭予认为宋村 M3 与南关的墓葬是丰国,就是《秦本纪》记载的秦襄公以其妹嫁与的丰王或丰国贵族墓④。对于腰坑殉狗这些因素,滕说认为也可能这些墓葬的主人就是周余民,也就是说,丰王就是周之旧贵族⑤。

　　笔者认为,我们可以把东西向、直肢葬、有殉人、腰坑殉狗(或别的方式如孙家南头 M191 在椁外葬狗)、随葬铜礼器,当作西周晚期以来秦贵族墓的特征,并把这类墓作为秦贵族墓的一种形式。宋村 M3 是符合这个条件的,但是户县南关的两座墓,却没有腰坑和殉人,存在着明显的异常。因此,若单从器物来看,可以把这三座墓以及宗妇诸器合并讨论,但若判断墓主的族属,则分开考虑更为恰当。南关的两座墓,看作郜国或丰王墓葬,都是可以的。M3 的族属则有两种可能:一、很可能就是秦宗室贵族,说不定就是那个嫁与丰王的秦女;二、也可能是与秦关系密切的丰国之王或贵族的墓葬,因为与亲有密切的婚姻关系,所以也完全遵从秦宗室的葬俗。

　　4. 边家庄墓地 79LBM1⑥、M5⑦

　　位于陇县县城南的千河西岸,高级别的墓葬有多座⑧。

　　79LBM1 仅残存墓室一角,所以无法判断方向、葬式、有无腰坑。滕铭予推测 M1 与 M5 共处于一个墓地,随葬器物从组合到形制有很多相同之处,所以推测 M1 也为直肢葬⑨。出土有铜礼器 15 件:列鼎 5、列簋 4、镬鼎 1、壶 2、盘 1、盉

　　①　滕铭予:《丰镐地区西周墓葬的若干问题》,苏秉琦主编:《考古学文化论集》(三),文物出版社,1993 年;腾铭予:《秦文化:从封国到帝国的考古学观察》,学苑出版社,2002 年,第 63 页。

　　②　郭沫若:《两周金文辞大系图录考释》卷三,上海书店出版社,1999 年。

　　③　陈平:《试论关中秦墓青铜容器的分期问题》(上、下),《考古与文物》1984 年第 3、4 期。

　　④　滕铭予:《论秦墓中的直肢葬及相关问题》,《文物季刊》1997 年第 1 期。

　　⑤　滕铭予:《秦文化:从封国到帝国的考古学观察》,学苑出版社,2002 年,第 71 页。

　　⑥　尹盛平、张天恩:《陕西陇县边家庄一号春秋秦墓》,《考古与文物》1986 年第 6 期。

　　⑦　陕西省考古研究所宝鸡工作站、宝鸡市考古工作队:《陕西陇县边家庄五号春秋墓发掘简报》,《文物》1988 年第 11 期。

　　⑧　张天恩:《边家庄春秋墓地与千邑地望》,《文博》1990 年第 5 期。

　　⑨　滕铭予:《论秦墓中的直肢葬及相关问题》,《文物季刊》1997 年第 1 期。

1、分体甗 1。还有铜矛 2、戈 4、镞 71,以及车马器、石管、石贝等。

边家庄 M5 墓南北向(335°),上为椁室,长 5.2 米、宽 3.5 米,下为棺室,为一竖穴土坑,长 2.2 米、宽 1.2 米,距墓口深 9.25 米,一棺一椁,棺彩绘朱漆,墓主头朝北,仰身直肢。

随葬品计有铜鼎 5、铜簋 4、铜盉 1、铜甗 1、铜盘 1、铜方壶 2,以及车马器、石、玉、陶、骨器等,木车 1、拉车木俑 2。

许多学者都注意到了边家庄墓地的特殊性,比如墓葬都是口小底大的南北向竖穴墓、均为仰身直肢葬,中小型墓没有以人殉葬或从葬的现象。滕铭予认为或是当地居民中的权势者,或是接受了一些外来文化因素的秦人贵族①。张天恩认为,边家庄位于西山(大堡子山)陵区与雍城陵区之间,而且很可能附近还有千邑的存在,如果是秦公室贵族墓地,没有理由出现这么大的变化,所以它的主人应是周余民②。

笔者按,边家庄 M1、M5,竖穴、头向北,都与周人墓相似,但是也有不相似之处,例如无腰坑并葬狗的习俗③;还有如椁室葬有胡人俑等异常因素,都说明把边家庄 M1、M5 完全说成是周余民是困难的。同时,虽然其级别高在 5 鼎,但却没有秦公室贵族墓葬常见的殉人,只有辇却无马。我们可以肯定的基本点是,墓葬的主人是使用秦文化的贵族,但这个贵族与周余民、秦贵族都存在着差异。考虑到此时使用秦文化的"秦人"的构成,主要有正宗"秦人"与"戎狄""周余民"三部分,以及陇县作为交通要道的地位,笔者认为,M1、M5 的主人或许是使用秦文化的"戎狄"人士。

5. 南阳墓地 M2、M3④

南阳墓地位于陈仓区(旧称宝鸡县)虢镇东 7 公里渭河北岸的二级台地上。距离原来发现的西高泉、杨家村遗存都不远。

M2,基本呈东西向(305°),人骨为直肢葬,墓底有少量朱砂,中央有腰坑,长

---

① 滕铭予:《论秦墓中的直肢葬及相关问题》,《文物季刊》1997 年第 1 期。
② 张天恩:《试说西山陵区的相关问题》,《考古与文物》2003 年第 3 期。
③ 滕铭予:《丰镐地区西周墓葬的若干问题》,苏秉琦主编:《考古学文化论集》(三),文物出版社,1993 年。
④ 宝鸡市考古工作队、宝鸡县博物馆:《陕西宝鸡县南阳村春秋秦墓的清理》,《考古》2001 年第7 期。

0.65 米、宽 0.32 米、深 0.25 米,坑内殉有狗 1、石圭 1。随葬品计有铜鼎 3、铜戈;仿铜陶鼎 3、仿铜陶簋 4;还有陶壶、豆、盘、盉;石圭等。

M3,略呈东西向(295°),人骨为直肢葬,头部两侧有 2 石块,墓底有少量朱砂,中央略偏西处有腰坑,坑内殉狗 1、石圭 1。随葬品计有铜鼎 5、铜铃;仿铜陶鼎 5、仿铜陶簋 4,另有陶壶、豆、盘、盉、罐、甗;石戈、圭、块等。

还有 M1,基本呈南北向(15°)。葬式不明。发掘前已遭破坏,追回的计有铜鼎 3、铜簋 2、铜壶 2、铜盘、铜匜 1。

笔者按,南阳墓地 M2、M3 除了没有殉人外,其他特征与西山、大堡子山宗室及秦公墓特征完全相似。没有殉人,可能仅仅是因为墓主身份较低的缘故,因此墓主也当是秦的宗室贵族。这里的墓葬的主人,最可联系起来考虑的是前 714 年徙居于此地平阳的宪公一支,以及其后不立的武公子公子白一支。后者在武公死后不得立(所立为武公弟德公),而被封于平阳①。从宪公到公子白封平阳,年代都在春秋早期,与南阳、太公庙等遗存年代相合。

春秋中期

1. 凤翔县八旗屯墓地②

位于雍城南侧,有以下几座年代在春秋中期的直肢葬墓。

76AM9(报告中属 1 期),东西向(298°),竖穴土坑,东西长 3.8 米、南北宽 2.6 米、深 2.95 米,单椁单棺,仰身直肢,殉人 1。此墓曾被盗,留有随葬品铜鼎 1、盂 1、甗 1、铃 3;陶鼎 2、盘 1、匜 2、鬲 2、罐 3;玉块 2、敛玉 2;石圭 2、璋 1;铅片 5;骨笄 1;蚌壳 2。

76BM27(1 期),东西向(292°),竖穴土坑,东西长 3.85 米、南北宽 2.5 米,重椁单棺,仰身直肢。有车马坑 BS26,葬有一车两马。随葬有铜鼎 3、甗 1、盂 1、铜斤 1、戈 2、矛 1、剑 1、衔 2、铃 4、镞 13、盾泡 6;陶磬 48;玉璧 2、玉块 1;石璧 1、圭 1,海贝 3,弓囊 1、盾 2、漆器等。

76CM2(1 期),东西向(288°),竖穴土坑,东西长 3.4 米、南北宽 1.6 米,重椁

①　史党社、田静:《陕西宝鸡新发现的"郁夷"瓦当的意义》,《人文杂志》2005 年第 4 期。
②　陕西省雍城考古工作队:《陕西凤翔八旗屯秦国墓葬发掘简报》,《文物资料丛刊》(三),文物出版社,1980 年;陕西省雍城考古队:《一九八一年凤翔八旗屯墓地发掘简报》,《考古与文物》1986 年第 5 期;陕西省雍城考古工作队:《陕西凤翔八旗屯西沟道秦墓发掘简报》,《文博》1986 年第 3 期。

单棺,仰身直肢,殉人 2。随葬有铜鼎 3、簋 2、盘 1、匜 1、甗 1、铃 4,陶鬲 4、罐 3,玉玦 3、玉琀 1、玉璜 1,石圭 2,骨觿、麻布、绿松石塞等。

八旗屯墓地的年代,简报中普遍估计较早,故当从陈平[①]、滕铭予[②]的看法,简报中的 1 期墓葬,年代当都在春秋中期。

在八旗屯墓地中,出现的直肢葬墓多有殉人、随葬青铜器,属于滕说之 A 类墓(即有青铜礼器)[③],有的有车马坑(如 76BM27),殉人都是屈肢葬,墓主人则为直肢葬。76AM9、76BM27、76CM2 都在随葬一组青铜器的同时,随葬了一组陶器,即鬲和罐,鬲的形制是分裆鬲。

滕铭予据此认为,八旗屯使用直肢葬墓当与使用分裆鬲的文化有某种联系,墓主人的族属与陇县边家庄墓地相似,有两种可能:第一,是当地居民中的有权力者,或是与"秦人"关系密切的上层人物,在文化特色上既有秦文化特色,又保留自己原有的一些文化特点。第二,可能是"秦人"中有较多外来文化因素的秦人贵族[④]。

笔者认为,76AM9、76BM27、76CM2 春秋中期墓葬,除了没有腰坑殉狗,其他特征与西山、大堡子山秦宗室贵族墓完全相同。而有腰坑、内有殉狗的76BM32,是其中最大的一座,墓长 5.8 米、宽 3.4 米、深达 11 米,比八旗屯所有的墓葬规模都大,在被盗之后还残存有铜、陶、石质文物,因此也有可能是秦宗室贵族。

春秋晚期

1. 礼县圆顶山 98LDM1、98LD M2[⑤]

圆顶山 1998 年、2000 年共发掘墓葬 4 座、车马坑 1 座。由于其他墓葬残损严重,墓葬形制较完整的只有 98LDM1。

98LDM1,西向(270°),直壁竖穴土圹,墓、底口东西长 4.9 米、南北宽 2.8

---

①　陈平:《试论关中秦墓青铜容器的分期问题》(上),《考古与文物》1984 年第 3 期。
②　滕铭予:《秦文化:从封国到帝国的考古学观察》,学苑出版社,2002 年,第 34～35 页。
③　滕铭予:《关中秦墓研究》,《考古学报》1992 年第 3 期。
④　滕铭予:《论秦墓中的直肢葬及相关问题》,《文物季刊》1997 年第 1 期。
⑤　甘肃省文物考古研究所、礼县博物馆:《礼县圆顶山春秋秦墓》,《文物》2002 年第 2 期。本书公布的是 98LDM1、98LDM3 以及车马坑 K1 的资料。甘肃省文物考古研究所、礼县博物馆:《甘肃礼县圆顶山98LDM2、2000LDM4 春秋秦墓》,《文物》2005 年第 2 期。本书公布的是 98LDM2、2000LDM4 的资料。

米,现深 7 米,一棺一椁,葬式不明,有殉人 3,椁下一腰坑,殉狗 1。此墓曾被盗,出土有铜列鼎 5、簋 2、壶 2、盘 1、匜 1、盉 1、四轮方盒 1、方盒 1 等。

简报说 98LDM1 年代为"春秋早期"显然偏早,按器物判断当为春秋中期。此墓当与 98LDM2 为夫妇合葬墓,此 98LD M1 墓主为女性①。

98LDM2,东西向直壁竖穴土圹,墓室东西长 6.25 米、南北宽 3.25 米,四周有生土二层台,葬具为一棺一椁,葬式不明,殉人 7 葬于墓室北、东、南壁的壁龛内,除殉人 X7 葬式不明外,殉人均屈肢,墓室填土有殉狗 1,墓底有腰坑 1。

98LD M2 已经被盗,出土还有大量器物,计铜鼎 5(其中 4 件大小相次为列鼎,带盖鼎 1。推测应是 7 鼎)、簋 6、壶 3(方壶 2、圆壶 1)、盉 1、盘 1、匜 1、簠 1、戈 4、铜柄铁剑 4、削 2、铃 8,陶喇叭口罐 4、鼓腹罐 2、瓹 1、鬲 1,玉石器 48 件。

98LDM3,东西向直壁竖穴土坑,墓室南北有生土二层台,西北角有盗洞,葬具为一棺一椁,葬式不明,棺底有白膏泥,棺内有朱砂,北壁有殉人小龛,殉人 1,头朝西仰身屈肢,头部左侧有石圭 2,胸足部有石饰等。随葬器物有铜鼎 1、戈 1、剑 1、铃 3,陶鼎 2、罐 3,碎玉块,石圭 3、石玦 1、石饰、石渣等。

2000LDM4,275°,基本呈东西向,直壁竖穴土坑,被盗严重,只可见少量板灰和漆皮,葬式、葬具、殉人情况不明。有车马坑 98LDK1,内葬车马五乘,被盗后出土部分车马器、车马饰、铜镞、铁器、陶器、漆器残片,其中 1 号车有御人 1。随葬有铜列鼎 5、列簋 4、方壶 2、瓹 1、簠 1、圆盒 1,玉圭 4、玉绚 2,石圭 9、石鱼 2。

笔者按,98LDM1、98LD M2,葬式虽然已遭破坏,但都是 5 鼎墓,级别较高,从大堡子山西山以及大堡子山秦公墓来看,其葬式也当为直肢,固无可疑。98LDM1 的墓主为女性,是否像段清波所说,早期秦墓中的屈肢葬,是与秦联姻的其他族属的女性成员②? 可是,在大堡子山的发现,墓主都是"秦公",可见这种推测是站不住脚的;也反证这种葬俗也为秦人所有,其墓主并不一定是与秦联姻的外族。

---

① 甘肃省文物考古研究所、礼县博物馆:《甘肃礼县圆顶山春秋秦墓》,《文物》2002 年第 2 期;戴春阳:《礼县大堡子山秦公墓地及有关问题》,《文物》2000 年第 5 期。
② 段清波:《试论东周屈肢葬》,《秦文化论丛》第 3 辑,西北大学出版社,1994 年。

2. 长武县上孟村墓地①

M16，东西向（304°），竖穴土圹，墓室东西长 3.6 米、宽 2 米、深 4.36 米，有木棺椁，腰坑内葬狗 1。墓主尸骨仰身直肢。随葬有石圭 3、陶尊 2、陶鬲 1、陶盆 1、玉玦 2，蚌壳 4。

M27，东西向（282°），竖穴土圹，墓室东西长 4.02 米、宽 2.5 米、深 7.30 米，有木棺椁，墓主尸骨仰身直肢，腰坑内狗骨架 2，并有车马坑，内有一车两马。随葬有铜鼎 1、甗 1、铃 5，陶鼎 2、盆 1，石圭 7，贝壳 3、贝饰 30，骨珠 2。

笔者按，简报说此墓地年代为春秋晚期到战国早期，从 M27 铜器来判断，大致是春秋晚期，上引滕铭予文认为是春秋中期。M16、M27 都有腰坑殉狗，此二墓不但在整个墓地中属规模最大者，后者 M27 并有车马随葬，充分说明与西山、大堡子山、圆顶山、八旗屯 76BM32 等墓葬一样，腰坑殉狗是级别较高的秦贵族的葬俗。

战国早期

凤翔邓家崖墓地②

此墓地所有墓葬都是东西向、竖穴土圹、仰身直肢，抢救发掘的 7 座墓中，2 座随葬铜礼器，5 座随葬仿铜陶礼器。

笔者按，简报说年代"战国早中期"，滕铭予认为从春秋晚期到战国中期早段，本书放在战国早期讨论。上引滕铭予文推测此墓地的主人，"应是春秋晚期到战国中期，在秦都雍城居住的、与秦人关系密切而又有所区别的一个人群"③。同样的观点还有田亚岐，他也怀疑此墓地的主人是属于非典型"秦人"的人士④。

（三）结论——直肢葬为西周以来秦最高统治者的阶级与族群身份"标志"

在以上所列的直肢葬墓中，礼县西山、大堡子山、圆顶山以及宝鸡南阳四处春秋墓地，是最具代表性的，最可代表秦上层的墓葬特征，因为这些墓葬基本都可以肯定是正宗的秦君或贵族的墓葬。

上列这四处墓葬，葬俗有以下常有的特征：头西向、仰身直肢、腰坑殉狗（或

---

① 陕西省考古研究所：《陕西长武上孟村秦国墓葬发掘简报》，《考古与文物》1984 第 3 期。
② 陕西省考古研究所雍城工作站：《凤翔邓家崖秦墓发掘简报》，《考古与文物》1991 年第 2 期。
③ 滕铭予：《论秦墓中的直肢葬及相关问题》，《文物季刊》1997 年第 1 期。
④ 田亚岐：《东周时期殉人秦墓再探讨》，"早期秦文化学术讨论会"论文，天水，2005 年 10 月。

别的方式殉狗)、随葬有青铜礼器等较多礼器、级别较高的多有殉人或车马随葬。这一组特征,在这四处墓地中同时共存,因此可以看作秦宗室贵族墓葬的特点。

我们追寻这些因素,它们有着不同的来源。例如头西向,当是甘肃东部西周以来(或更早)的传统葬俗,毛家坪的材料足可为证,使用这个葬俗的人群,当不止于"秦人"或秦祖,应还包括别的人群,是"秦人"延续了旧有的地方文化传统而已。

对于剩余的其他特征,笔者认为,这是秦人"采用"了周文化的传统而已!

其中的仰身直肢、随葬礼器和车马等风俗,周文化有此传统,一般没有异议。有争议的是腰坑殉狗跟殉人,有许多学者认为,这是秦人从商文化继承过来的,并可以由此说明秦人来自东方,例如上引张天恩等人的看法①。可是,这些特征在西周时期的周王朝的核心地带——丰镐一带,都是存在的。例如腰坑(绝大部分同时殉狗),则是丰镐等地常见的西周葬俗②,直到东周时代还零星存在③。在上述所有的特征中,直肢葬与腰坑两个特征有比较固定的结合,可以看作上述一组特征的核心之一,同时也可能暗示与腰坑的来源一样,直肢葬也是东方、而不是西方秦本土起源的。至于殉人,在长安沣西、宝鸡茹家庄强国、房山琉璃河、浚县辛村、洛阳东大寺西周墓中,都有殉人存在④。有如下理由使笔者相信,秦人是从周文化的母体中"假借"了这些特征:

第一,毛家坪等地的材料说明,秦文化与周文化有密切的渊源关系,秦文化就是从西周文化的母体中孕育而成的,对周文化的学习模仿,是自然而然的事情。虽然上述一些因素,来源也可能是商文化,但已经成为周文化(例如丰镐地区)的不可分割的一部分⑤,我们只能把它们看作是周文化,中继者应是周文化。也就是说,秦人是从周文化中继承了这些特征。

第二,"秦人"的兴起,在西周中期孝王时代,此时"秦人"身份地位逐渐提高,

① 又如田亚岐:《东周时期殉人秦墓再探讨》,"早期秦文化学术讨论会"论文,天水,2005 年 10 月。
② 中国社会科学院考古研究所:《1967 年长安张家坡西周墓葬的发掘》,《考古学报》1980 年第 4 期;中国科学院考古研究所:《陕西省宝鸡市茹家庄西周墓葬发掘简报》,《文物》1976 年第 4 期。
③ 中国科学院考古研究所:《沣西发掘报告》,文物出版社,1963 年,第 132 页。其中属于战国早期的 M36、M61、M115 都有腰坑,其中 M36、M115 腰坑中同时殉狗。
④ 北京大学历史系考古教研室商周组编:《商周考古》,文物出版社,1979 年,第 215～218 页。
⑤ 滕铭予:《丰镐地区西周墓葬的若干问题》,苏秉琦主编:《考古学文化论集》(三),文物出版社,1993 年。

族群意识觉醒,"秦人"上层才有可能学习周文明,以表明自己的身份地位。可是此时去商灭已越150年以上,并且,"秦人"此时已经在西方陇南礼县一带,与商中心地区悬隔千里。在巨大的时空落差下,何谈继承商文化? 若说秦祖为商余民,把商文化带到了西方,可是这150年空白点的考古证据又在那里? 反过来,若把这些特征想象为从周文化的母体中继承而来,则不存在上述时空落差! 而是具有时空上的便利的。

这一组特征中的主要方面:头西向、仰身直肢、腰坑殉狗、殉人,很少同时出现在别的文化例如周文化中,所以这一组特征可以看作秦文化独有的特征。可是这些特征的来源已如上述,是秦人自身传统(头西向)与周传统(仰身直肢、腰坑殉狗、殉人等)的假借,那么其主观的"建构"色彩,就非常明显了。

综上,秦人的上层在西周开始,采用了自身所固有的甘肃东部的地方文化传统,以及周文化的传统,以此作为自己的身份标志。这个"身份"的"内涵",也可推而知之。

可以反映这些墓葬等级的,还有形制、规模、棺椁等等,都比较高,随葬的青铜器等礼器、车马都可表明,墓主具有较高的身份地位。这反映了秦宗室贵族"身份"的第一层含义,就是崇高的身份地位,体现的是墓主的阶级性和阶层性。

这个身份内容的第二层含义,笔者认为就是族群象征,如同本书所举的青铜礼器一样。从年代来看,这种墓主拥有较高身份地位的直肢葬墓的出现,也在西周晚期,不早于西周中期,与西周中期孝王时代非子受封而政治上地位逐渐提升、"秦人"得名并开始族群"建构"的过程基本同步,所以就摆脱不了族群象征这个含义。此时"秦人"族群属性的基本内容,是强调与"戎狄"的差异和与以周王室为代表的"华夏"的相似性,并且具有自身特征(因为开始建构的"秦人"毕竟是与其他族群不同的人群),以一些文化特征比如葬俗、青铜礼器,作为族群"标识",以表明自己是独具特征的"华夏"一员,就是非常合理的。

笔者最后认为,通过西山、大堡子山、圆顶山、南阳秦墓,以及东周时代关中一带秦墓中的直肢葬资料,研究者对于直肢葬的重视,是必要的。但若把直肢葬作为秦人一个更早时期以来固有的葬俗,则是不妥的;若以此作为秦文化固有的特征,去寻找秦文化的渊源,则更是无稽。毛家坪的材料说明,秦人的传统葬俗,还是遵从屈肢葬、头西向这些甘肃东部的固有地方葬俗,直肢葬最多只是在西周晚期、不早于西周中期才出现于秦人上层的一个葬俗。这其实是"秦人"的上层为了建构自己的族群,把葬俗这种文化因素,作为一种族群"文化标识"来加以强调的,具有很大的主观性、情境性,与青铜器的含义一样,都是为了厕身"华夏"集团以此作为身份标志的结果。利用葬俗作为族群"身份"标志,以表示自己的"华夏"色彩,并不是没有例子可寻,例如后来战国中期的中山王墓就是如此①。

　　同时,直肢葬俗的"阶级性"或阶层性也是不可否认的,它大致可以代表"秦人"上层的葬俗。在这个认识下,笔者认为有的学者所说的与此相对的屈肢葬俗,是秦社会下层的葬仪,是合理的观点。屈肢葬俗很可能与头西向一样,就是甘肃东部类似毛家坪那样的遗址本有的葬俗,说白了,就是"戎人"的葬俗,因此"秦人"的上层力求摆脱而不使用它;使用它的,是秦社会的下层,包括"戎人"或别的什么人。在使用直肢葬前,秦祖使用的也是屈肢葬,由此也可说明,"秦人"很可能就是"戎人"的一支!

---

　　① 李学勤:《平山墓葬群与中山国的文化》,《文物》1979 年第 1 期。李学勤:《虎噬鹿器座与有翼神兽》,《李学勤文集》,上海辞书出版社,2005 年,第 297～302 页。

第四章 "戎狄"的考古发现概述

第一节 本书所指的"戎狄"——"西戎""狄"—匈奴

本书所指的"戎狄",主要指的是西周以来与秦关系密切的"西戎"和"狄"—匈奴两支。

一、"西戎"

"戎"是西周以来中原人士对于异族的称谓,并不限于西方族群。"狄"则是春秋以来对北方异族的称呼。至战国中后期,"戎""狄"等词与方位相结合,形成了东夷、南蛮、西戎、北狄的概念,"西戎"被用来专指西方族群。

"西戎"称谓始见于《尚书·禹贡》,在更早的西周末期厉、宣时代的《出车》诗中,也有"西戎"一词。值得注意的是,《出车》诗中,"西戎"与"狁狁"对举,似乎西周人心目中,二者是不同性质的族群。但几乎同时代的多友鼎铭文,则又把狁狁称作"戎",还有被认为是同时期器物的秦器不其簋,也把狁狁称作"戎"。此时"戎"的含义,大概就是手持武器的入侵者的意思①。在更早的商代,这些生活于西北的族群,被中原称作"羌"②。西周时期,则出现了"戎""夷"的称谓③。春秋

---

① 王国维:《鬼方昆夷狁狁考》,《观堂集林》卷十三,1921年。
② 商代甲骨文中,多有"获羌""用羌",以及与羌战的记载,"羌"就是商人对于西方今山西、山西以西的中原以外族群的称呼。这个羌势力很大,屡与商为敌,羌俘也常被商人当作牺牲。
③ 青铜器铭文是这方面最可靠的资料。在青铜器铭文中,称"戎"如西周中期的冬簋,西周晚期的多友鼎、不其簋。称"夷"者有西周中晚期的师询簋、旬簋,等等。原来有学者认为师询簋中之"夷",必是东方所来之人,大概是不对的,这些称谓只是泛称而已。以为称"夷"者必来自东,当属解经家的想象。历史中所谓的蛮夷戎狄,只有称"鬼方""狁狁""余无之戎""义渠"等戎狄之名时,才具体而有所指;又,古本《竹书纪年》记载:"武乙三十五年,周王季伐西落鬼戎,俘二十翟王。"按此记载,似商代后期已经称西北族群为"翟"(狄),但《竹书纪年》为战国人所作,其说并不能为据。

时代仍称"戎"。战国时代,又有了氐、羌①之名。春秋以来,"西戎"指的是生活于黄河以西泾、渭流域的戎人②。

本书所指"西戎",主要指西周以来生活于西北泾、渭流域的戎人。

"西戎"前后包括以下族群。

(一) 荡社

或作荡氏、汤杜,《史记·秦本纪》记载春秋早期宪公二年(前714年)伐之,十二年(前704年)灭之。《集解》引皇甫谧以为"西夷之国",所以或是"西戎"一支,其地《正义》引《括地志》云当在陕西兴平、三原间。

(二) 彭戏氏

《秦本纪》记载春秋早期秦武公元年(前697年)伐之,地在今陕西白水县。

(三) 邽戎、冀戎

《秦本纪》记载春秋早期秦武公十年(前688年)伐之,在二地置县。邽在今甘肃天水市,冀在甘谷县西。

(四) 绵诸戎

《史记》之《六国年表》《匈奴列传》,以及《汉书》之《五行志》《地理志》《匈奴传》写作"绵诸",《六国年表》又作"緜诸",《山海经·海内东经》写作"居繇"③。有人以为《汉书·艺文志》所记载属于兵形势家的有《繇叙》二篇,其中"繇叙",也是绵诸音转④,不过这个词应是文献常见的由余,就是秦穆公从西戎得来的贤人,其与绵诸的关系,还得审视。

《史记·匈奴列传》记载,陇山西有绵诸戎。《汉书·地理志》西汉天水郡下有绵诸道。北魏有绵诸县,属略阳郡。后二绵诸道、县,当是因绵诸戎故地

---

① 有许多学者根据《诗·商颂·殷武》中"昔有成汤,自彼氐羌,莫敢不来享,莫敢不来王"的诗句,就认为"氐""羌"之名,远在商代已经存在,实际是不对的。《殷武》是东周时期商后裔宋人所作的宗庙乐歌,并不能代表商代的情况。相反,此恰恰能说明的是战国时代中原人群对于西方边缘族群的称谓。例如《后汉书·窦融列传附班固传》记载班固东汉永元元年(89年)所作《燕然山铭》就称"西戎氐羌",显然班固是把氐、羌看作"西戎"的。《诗·商颂·殷武》说"昔有成汤,自彼氐羌,莫敢不来享,莫敢不来王",记载了西方族群与中原的悠久关系。氐、羌之名,大约战国时代才正式出现,一直到中古还存在,在中原华夏的政权争斗中,曾扮演过重要角色。氐、羌族群曾屡屡内迁,融入中原华夏人群之中。

② 《史记·匈奴列传》记载:"秦穆公得由余,西戎八国服于秦,故自陇以西有绵诸、绲戎、翟、獂之戎,岐、梁山、泾、漆之北有义渠、大荔、乌氏、朐衍之戎。""西戎"所在为陇西及泾、渭以北。

③ 《山海经·海内东经》:"国在流沙外者,大夏、竖沙、居繇、月支之国。"

④ 徐日辉:《早期秦与西戎的关系考》,《宁夏社会科学》2005年第1期。

而来。

绵诸道的位置,有三说:1.《水经注·渭水》记载:"清水又西南得縣诸水口,其水导源西北縣诸溪。东南有长思水,水北出长思溪,南入绵诸水。又东南历绵诸道故城北,东南入清水。清水东南注渭。"清水又称桥水、东亭水,今称牛头河,是渭水支流,发源于清水县东陇山,西南流在今天水市麦积区(旧北道区)社棠镇西注入渭水。清水支流绵诸水,今称林家河,是牛头河下游唯一较大的支流,绵诸水当是绵诸戎所活动区域,就在今清水县一带。《括地志》有与《水经注》相似的记载:"绵诸城(在)秦州秦岭县北五十六里。"按唐秦岭县在今天水市东约 20公里的渭水南岸,汉绵诸道在其北五十六里,正当今清水县界内南部。2.顾祖禹《读史方舆纪要》说绵诸在西和县东北五十里。3.《民国甘肃省通志稿》认为汉绵诸道在天水县(今天水市)东四十五里之圭山下,此处有古城遗址,就是绵诸道所在①。

绵诸戎的活动地,当甘肃东部的清水、天水一带。

(五) 绲戎

也称昆夷。或说即山戎,居地不限一处②。蒙文通认为在旧安定县界③,大致在陇山以东。有人认为宁夏倒墩子东周青铜文化,或是绲戎的遗存④。

(六) 翟戎

翟或写作狄,在今甘肃临洮县。秦设于此处属于陇西郡的狄道,当因其名而来。

(七) 獂戎

旧说在今甘肃陇西县东南鸳鸯镇,现知向西可到漳县一带。

(八) 义渠

义渠是"西戎"之中实力最为强大的一支,与秦服战几百年,最后在战国后期

① 雍际春:《绵诸道城址考》,《中国历史地理论丛》1992 年第 1 期。
② 引自史念海:《西周与春秋时期华族与非华族的杂居及其地理分布》,《中国历史地理论丛》1990年第 1 期。
③ 蒙文通:《周秦少数民族研究》,龙门联合书局,1958 年。
④ 罗丰:《以陇山为中心甘宁地区春秋战国时期青铜文化的发现与研究》,《内蒙古文物考古》1993年第 1、2 期。

秦昭王时代灭于秦①。其地当在以陇山东侧、泾水上游的甘肃庆阳、平凉的大塬地带为主。其都城或说在甘肃宁县西北焦村乡西沟村②。

李白凤认为义渠属"北狄"③。马长寿认为,义渠与氐、羌一系,语言也当属氐、羌语系。他并列了三点理由,来说明义渠与氐羌的渊源关系:

第一,火葬;

第二,汉宣帝时义渠安国熟悉羌之情况。

第三,《后汉书·西羌传》列义渠于其首,义渠属于范晔眼中的"西戎"范围④。

王宗维也持义渠为羌说⑤。

(九) 大荔戎

大荔戎居地在关中东部旧朝邑、今陕西大荔县河、洛一带,战国早期灭于秦。《史记·秦本纪》:"(厉共公)十六年(前461年),堑河旁,以兵二万伐大荔,取其王城。"

《集解》引徐广曰:"今之临晋也。临晋有王城。"《正义》:"荔,音戾。《括地志》云:'同州东三十里朝邑县东三十步故王城,大荔近王城邑。'"

(十) 乌氏戎

又称阏氏、焉氏,秦汉因其地置乌氏县。秦汉乌氏县的地望,诸家释异。汉代乌氏县在《地理志》安定郡下,本注:"乌水出西北,入河。都卢山在西,莽曰乌亭。"⑥"乌水"或以为今清水河。笔者按,固原一带"入河"者,只能是今天发源于六盘山向北流入黄河的清水河。都卢山,《元和郡县志》说:"都卢山,一名可兰山",《清一统志》说"可兰山在今平凉县西南"⑦。由此可知汉代乌氏县之地望大致就在今天的平凉市一带,此既与文献记载的"乌水(今清水河)出西北"相合,又

---

① 《史记·匈奴列传》等。

② 张耀民:《义渠都城考证琐记——义渠国都城在今宁县焦村乡西沟村》,《西北史地》1996年第1期;李仲立、刘得祯、路笛:《甘肃宁县西沟发现战国古城址》,《考古与文物》1998年第4期。

③ 李白凤:《义渠考》,《东夷杂考》,齐鲁书社,1981年,第190~192页。

④ 马长寿:《氐与羌》,广西师范大学出版社,2006年,第86页。

⑤ 王宗维:《西戎八国考辨》,西北大学西北历史研究室编著:《西北历史研究(1986年号)》,三秦出版社,1987年,第22~36页。

⑥ 此段话前句旧读为"乌水出西,北入河",误。

⑦ 王先谦《汉书补注》引。

可与"都庐山在西"合，顾颉刚早年的推测是大致正确的①，其地向西北当延伸至宁夏南部固原一带。

近若干年，在固原周围陇山一带发现了大量的东周时代的青铜文化遗存，有人认为乃属于乌氏，是有理的②。

（十一）朐衍戎

文献记载较少，《山海经·海内东经》有居繇之国，当就是朐衍。《汉书·五行志》记载战国时代秦孝王时其曾献五足牛于秦。秦封泥有"朐衍道丞"③。其地在今宁夏盐池、中卫、中宁县一带。

（十二）羌

羌在东周以后，指的是比"西戎"更远的秦徼之外的族群，其地在洮水、兰州一线以西，即河湟一带。

马长寿认为，西羌在历史上的不断内迁，是为了摆脱落后的射猎为主的农业生产，学习中原的先进的畜牧以及农业技术④。

（十三）氐

当是指陇山以南，至西南的少数族群，秦在陇西郡下有氐道，地当今甘肃岷县—宕昌一带。

以上"西戎"分支，羌、氐自与"西戎"有别，但因与后者一样，也处西方，故常常被归入泛义的"西戎"之中。"西戎"诸支，荡社、彭戏氏、邽戎、冀戎诸戎，春秋早期已经并于秦，秦在其地设"县"管辖。其余之戎战国以后都归并于秦，成为与秦关系最为密切的族群。至于北方的匈奴，直至战国中后期（前4世纪），才与秦开始发生关系，其与中原的对立一直持续到汉代。

二、"狄"—匈奴

中原之北，是传统意义上的"北狄"的区域，三代以来这里的族群，常常被战

---

① 顾颉刚：《秦与西戎》，同作者：《史林杂识初编》，中华书局，1963年，第59页。
② 罗丰：《固原青铜文化初论》，《考古》1990年第8期。
③ 傅嘉仪：《篆字印汇》，上海书店，1999年；王辉：《秦封泥考释（五十则）》，四川大学历史文化学院考古学系编：《四川大学考古专业创建四十周年暨冯汉骥教授百年诞辰纪念文集》，四川大学出版社，2001年，第295～311页。
④ 马长寿：《氐与羌》，广西师范大学出版社，2006年，第87页。

国以后的人称作"北狄","狄"大约也是"蛮夷"的意思,是中原人士心目中文化低下的人群。匈奴也被广义的"北狄"所包括,但也与林胡、东胡等被称作"胡",表明他们又是与"北狄"有差异的族群。本书所指之"狄",就是匈奴到来之前就已存在于北方的楼烦之类。匈奴与此前这里的楼烦等族群,无论从族群,还是从文化上,都存在着一定的继承关系,所以本书把这里的广义的"北狄"族群与文化,用"狄"—匈奴系统来表述。

匈奴是北方东周以来与秦关系最为密切的族群,其活动地在鄂尔多斯以北。在中原文献中有可靠的匈奴的记载的,是《战国策·秦策》。在《史记·匈奴列传》中,前文说秦"筑长城以备胡",下文又言"三国边于匈奴"、匈奴"复与中国界于故塞",这是中原正式称呼此地人群为"匈奴"的开始,已经到了公元前 4 世纪的末期,属于战国晚期。此时的匈奴是明确的骑马民族。

匈奴的来源说法不一①,传统的观点,例如司马迁②、王国维③、马长寿④、林干⑤等认为,匈奴与中国北方的"北狄"、猃狁等族群有关,他们是一脉相承的关系。当今的一些考古学者,有的也持大致相同倾向的观点,例如田广金先生认为匈奴是我国北方一个古老族群,曾经有过悠久的历史,这些畜牧业民族由于气候干旱化的影响,从长城地带的农业族群分布出来⑥。另外的学者则认为,二者是有差异的人群。蒲立本指出,"北狄"与匈奴不一样,并不生活在欧亚大草原上,也没有证据表明他们是骑马民族。相反,有明确的证据说明,他们并不像中原的贵族一样乘坐着马拉的战车,而是徒步作战的⑦。也没有特别的理由认为,狄的经济相比于他们的中原邻居,畜牧就占有更大的比重。对于"匈奴"的意思,蒲立本没有明确说明到底是北来的,还是指与林胡、楼烦等结成的政治集团,但他跟从李盖提(Ligeti)

---

①　关于匈奴族源的综述,可参 Nicola Di Cosmo, *Acient China and Its Enemies：The Rise of Nomadic Power in East Asia History*, Cambridge University Press, 2002, 163~166；武沐:《匈奴史研究》,民族出版社,2005 年,第 1~42 页。

②　《史记·匈奴列传》。

③　王国维:《鬼方昆夷猃狁考》,《观堂集林》卷十三,1921 年。

④　马长寿:《北狄与匈奴》,广西师范大学出版社,2006 年,第 21~22 页。

⑤　林干:《匈奴通史》,人民出版社,1986 年。

⑥　田广金:《近年来内蒙古地区的匈奴考古》,《考古学报》1983 年第 1 期。另见田广金、郭素新:《北方文化与匈奴文明》,江苏教育出版社,2005 年,第 448 页。

⑦　见《左传》昭公元年等文献。

的路径,从语言上论述,认为匈奴并不属人们经常认为的阿尔泰语系①,而与叶尼塞河流域的南西伯利亚族群有语言上的联系②。当今中国的考古学者例如乌恩先生认为,匈奴有中国北方的当地居民与蒙古石板墓文化居民两个来源③。林沄先生则从体质与文献等角度观察后认为,"不能简单地把汉代匈奴联盟曾占据的地域的所有前期居民都当成匈奴的祖先"④,匈奴本体是战国晚期南下的游牧人群,他们的南下与中原各国的北上,使当地的"北狄"人群产生分化,一部分倒向匈奴联盟,认同匈奴。这也是后来匈奴分裂为南北两大部分的基本原因之一⑤。

笔者同意林沄先生的观点,但为了叙述的方便,把北匈奴到来之前北方长城地带的族群叫作"狄"。对于本书所述鄂尔多斯文化,学者们原来多认为前段是早期匈奴文化,后来到战国晚期,则是林胡或匈奴的文化。田广金先生等人甚至认为战国晚期的匈奴大本营就在鄂尔多斯⑥。林沄先生认为是楼烦的遗存⑦。马利清认为春秋战国以来的鄂尔多斯文化属于林胡、楼烦白羊王的遗存⑧。对于这个问题,笔者下文还有讨论。

---

① 匈奴的语言,一般认为属于阿尔泰语系,但究竟属于该系重点蒙族语族还是突厥语族,则尚未有定论。见林干:《匈奴通史》,人民出版社,1986年,第3页。

② 蒲立本(E.G.Pulleyblank)认为,从语言来说,北狄的语言可能与后来的"戎"一样,属于藏-缅语系,或属于阿尔泰语系。他同意李盖提(Ligeti)的主张,匈奴说的很可能是一种古代存在于西伯利亚叶尼塞河流域的语言,这种语言属于Palaeo-Siberian语族,而不是阿尔泰语,唯一保留这种语言的是kettish族。在17~18世纪俄国人的势力进入之前,与西伯利亚kettish族有关的语言,还被当地一些骑马的游牧人所使用。对于文献中西周晚期对周王朝威胁很大的猃狁,蒲立本认为由于其来得突然,去得也迅速,所以很可能是来自草原的入侵者,但在中国文献中没有证据表明猃狁是骑马民族。即使他们是第一次出现于中原视野中的骑马作战者,也不能说明他们就一定与后来战国晚期出现的胡服骑射那样的军事技术变革有直接关系。见蒲立本:*The Chinese and Their Neighbors in Prehistoric and Early Historic Times*. From: David N.Keghtley, *The Origins of Chinese civilization*, Berkeley: University of Calfornia Press. 1983, 412~466. Nicola Di Cosma, *Acient China and Its Enemies: The Rise of Nomadic Power in East Asia History*, 164.

③ 乌恩:《论匈奴考古研究中的几个问题》,《考古学报》1990年第4期。

④ 林沄:《关于中国的对匈奴族源的考古学研究》,《林沄学术文集》,中国大百科全书出版社,1998年。

⑤ 林沄:《夏至战国中国北方长城地带游牧文化带的形成过程(论纲)下》,《燕京学报》2003年第14期。

⑥ 田广金、郭素新:《北方文化与匈奴文明》,江苏教育出版社,2005年,第446页。

⑦ 林沄:《关于中国的对匈奴族源的考古学研究》,《林沄学术文集》,中国大百科全书出版社,1998年。

⑧ 马利清:《原匈奴、匈奴历史与文化的考古学探索》,内蒙古大学出版社,2005年,第180页。

笔者认为,楼烦之类,后来归入匈奴,是匈奴一部;这里的鄂尔多斯文化也是匈奴文化的来源之一。在战国晚期以来的北方系文化中,鄂尔多斯地区的遗物等级最高,可能如田广金先生推测的那样,这里是匈奴的大本营。

涉及本书着重论述的春秋晚期以来的"狄"、匈奴族群,主要有林胡、楼烦、匈奴,前二者下文还有论述,此处只简述匈奴的一般状况。

第二节　与秦相关的"西戎"考古发现简述

西周至秦代,与秦相关的"戎狄"文化类型,有寺洼文化、毛家坪 TM7 遗存(当属辛店文化)、毛家坪 B 组遗存,以及鄂尔多斯文化,下文分述相关的考古发现。

本节只叙述传统所认为的"西戎"主要地域的考古遗存,对于更加遥远的洮水—兰州以西的与"西戎"相关的其他考古发现,并不涉及。

这些考古发现,处于传统认为的"西戎"分布地中,并且与比邻的周秦文化不同,所以被认为是"西戎"的文化。但我们必须清楚,"西戎"所使用的文化,并不止于类似的文化类型,因为在历史上,"西戎"与周秦关系密切,文化也受后者影响,作为"西戎"族群,又使用周秦文化,并因此而成为"秦人"(例如天水的邦、冀戎),是完全可能的。

商周时代年代较早的"西戎"文化,主要是寺洼文化。春秋以后有毛家坪 B 组遗存。春秋战国之际以后,"西戎"文化分布地的北部受鄂尔多斯青铜文化的强烈影响,其主要的发现例如秦安、刘坪、上袁家、张家川马家塬、庆阳等,文化面貌都是如此。下面就这些发现作一简述。

一、春秋初期以前

(一) 寺洼文化

寺洼青铜文化,主要分布在今天的甘肃中部洮河中上游一带,在陕西也有零星的发现。洮河上游地区大约是其发源地,然后沿洮河向东发展,到达甘肃东部泾河上游和陕西西部,北部可到庄浪葫芦河流域,南到西汉水上游、白龙江流域。

自 20 世纪 40 年代夏鼐把寺洼文化的主人说为氐羌后，现代的研究者多认为是属于氐羌系统的"西戎"的考古遗存①。

寺洼文化，1924 年瑞典人安特生首次发现于甘肃临洮寺洼山②。1945 年，夏鼐在寺洼山又发掘了 6 座墓葬，1949 年正式发表了报告，正式命名为寺洼文化，并推测其为古代氐羌的文化遗存③。1947 年，裴文中又在寺洼山清理墓葬 1 座④。1949 年后经发掘清理的其他地点还有：陕西凤县龙口郭家湾遗址⑤、平凉西北的安国镇残墓 1 座⑥、宝鸡竹园沟一号西周墓⑦、庄浪县川口柳家村墓葬 2 座⑧和徐家碾寺洼文化墓葬 104 座⑨、西和栏桥寺洼文化墓葬 9 座⑩、庆阳合水蒿嘴铺乡九站寺洼文化居址和墓葬⑪。这些经过发掘清理的遗存，显示寺洼文化内部存在差异，有人据此把寺洼文化划分为不同的类型。至于调查和零星的发现，自 1950 年代以来一直未断，最近的一次就是 2004 年五方联合考古队在西汉水上游进行的调查，这次调查在东起天水市天水乡、西至礼县江口乡大约 60 公里的西汉水两岸，发现包含有寺洼文化的遗址 22 处⑫。这次最新的调查，基

---

① 本节参考了以下论著，夏鼐：《临洮寺洼山发掘记》，同作者：《考古学论文集》，科学出版社，1961 年，第 11～49 页，图版五—拾捌；俞伟超：《古代"西戎"和"羌"、"胡"考古学文化归属问题的探讨》，同作者：《先秦两汉考古学论集》，文物出版社，1985 年；赵化成：《甘肃东部秦和羌戎文化的考古学探索》，俞伟超主编：《考古类型学的理论与实践》，文物出版社，1987 年；水涛：《关于寺洼文化研究的几个问题》，同作者：《中国西北地区青铜时代考古论集》，科学出版社，2001 年，第 110～114 页；谢端琚、张文彬：《甘青地区史前考古》，文物出版社，2002 年，第 188～200 页；中国社会科学院考古研究所：《徐家碾寺洼文化墓地——1980 年甘肃庄浪徐家碾考古发掘报告》，文物出版社，2006 年。

② ［瑞典］安特生著，乐森珣译：《甘肃考古记》，《地质专报》甲种第五号，农商部地质调查所印，1925 年。

③ 夏鼐：《临洮寺洼山发掘记》，同作者：《考古学论文集》，科学出版社，1961 年。

④ 裴文中：《甘肃史前考古报告》，《裴文中史前考古学论文集》，文物出版社，1987 年。

⑤ 陕西省文物管理委员会：《凤县古文化遗址清理简报》，《文物参考资料》1956 年第 2 期。

⑥ 甘肃省博物馆：《甘肃古文化遗存》，《考古学报》1960 年第 2 期。

⑦ 宝鸡市博物馆、渭滨区文化馆：《宝鸡竹园沟等地西周墓》，《考古》1978 年第 5 期。

⑧ 甘肃省博物馆：《甘肃庄浪县柳家村寺洼墓葬》，《考古》1978 年第 1 期。

⑨ 中国社会科学院考古研究所泾渭工作队：《甘肃庄浪县徐家碾寺洼文化墓葬发掘纪要》，《考古》1982 年第 6 期；中国社会科学院考古研究所：《徐家碾寺洼文化墓地——1980 年甘肃庄浪徐家碾考古发掘报告》，文物出版社，2006 年。

⑩ 甘肃省文物工作队、北京大学考古系：《甘肃西和栏桥寺洼文化墓葬》，《考古》1978 年第 8 期。

⑪ 王占奎、水涛：《甘肃合水九站遗址发掘报告》，北京大学考古系编：《考古学研究》（三），科学出版社，1997 年，第 300～477 页。

⑫ 早秦文化联合考古队：《西汉水上游周代遗址考古调查简报》，《考古与文物》2004 年第 6 期。

本可以确定寺洼文化就是"西戎"所使用的文化①。

寺洼文化的年代,说法并不一致,绝对年代在公元前 1400～前 700 年,大约相当于商中期到西周春秋初期②。

俞伟超指出,寺洼文化由齐家文化发展而来。齐家文化在西部河湟直至河西走廊东部发展出卡约文化,东部至宝鸡、平凉、庆阳一带,则发展出寺洼文化,二者是一个大的文化系统中的小文化③。寺洼文化与齐家文化有渊源关系,大约是不能否认的,与周文化交错分布,相互影响④。谢端琚把寺洼文化的特点总结如下:

　　1. 陶器的形态,以马鞍口双耳罐为代表,器物类型独特,并与伴出的鼎形三足器、袋足鬲、腹耳罐、豆和器盖等组合成陶器群。

　　2. 生产工具有石斧、锛、陶纺轮、弹丸等。

　　3. 武器有铜刀、戈、镞、矛、剑、戣,装饰品有铃、泡、镯等。

　　4. 墓葬形制流行长方形竖穴土坑墓,葬式有仰身直肢葬、二次扰乱葬和火葬等⑤。

从经济形态看,寺洼文化是畜牧业占重要地位的,农业也有一定程度的发展⑥。

自从夏鼐认为寺洼文化的主人是古代氐羌后,学者们多加遵从。胡谦盈认为是曾经逼迫周人的熏育戎狄的文化⑦。赵化成认为,寺洼文化的主人,是商周时代活动于宗周西北的犬戎,或可包括其他支系的戎人⑧。西汉水上游近年的调查发现寺洼文化与周秦遗存对峙分布,年代就在西周早期前后到春秋时代,是

　　① 张天恩:《甘肃礼县秦文化调查的一些认识》,《考古与文物》2004 年第 6 期。

　　② 谢端琚、张文彬:《甘青地区史前考古》,文物出版社,2002 年,第 190 页;水涛:《关于寺洼文化研究的几个问题》,同作者:《中国西北地区青铜时代考古论集》,科学出版社,2001 年。

　　③ 俞伟超:《关于"卡约文化"和"唐汪文化"的新认识》,同作者:《先秦两汉考古学论集》,文物出版社,1985 年。

　　④ 王辉:《20 世纪甘肃考古的回顾与展望》,《考古》2003 年第 6 期。

　　⑤ 谢端琚、张文彬:《甘青地区史前考古》,文物出版社,2002 年,第 190 页。

　　⑥ 胡谦盈:《寺洼文化》,《中国大百科全书·考古学》,中国大百科全书出版社,1986 年,第 485～486 页。

　　⑦ 胡谦盈:《论寺洼文化》,《文物集刊》(二),文物出版社,1979 年,第 139～153 页。

　　⑧ 赵化成:《甘肃东部秦和羌戎文化的考古学探索》,俞伟超主编:《考古类型学的理论与实践》,文物出版社,1987 年。

与周秦遗存同时代的考古学文化。学者们据此认为,寺洼文化就是《秦本纪》所说的秦祖与之比邻相处之"西戎"的文化①。

寺洼文化是与秦文化关系密切的一种文化,通过西汉水流域调查可以知道,其与秦文化比邻分布。有的学者认为,寺洼文化在向东发展的过程中,碰到了东面的周文化的强大势力,所以只能在泾河、渭河上游地区存在和发展,在和周文化长期并存后,在春秋初年趋于消失。在南面西汉水流域,也在春秋初年趋于消亡,或许与秦人的兴起有关②。这个推理是有道理的。根据毛家坪遗址的发现,在寺洼文化消失后,在甘肃东部,除了秦文化的分布,还有毛家坪B组遗存的存在,赵化成推测后者是东周时代的戎人文化③。

(二) 辛店文化④—毛家坪 TM7 遗存

辛店文化是与寺洼文化平行发展的一种甘青地区的青铜文化,由齐家文化演变而来,主要分布于黄河上游洮水、大夏河流域,以及渭水上游、湟水流域,向东则一直分布到陕西宝鸡地区。辛店文化的绝对年代为公元前1400～前700年,大约相当于中原的商代中期—春秋初期,它的主人也当是古代氐羌系统的族群,故与本书所说的"西戎"有关。

辛店文化的特点如下:

1. 房址多为长方形半地穴式,窖穴比较集中和密集。

2. 陶器主要以双耳彩陶罐、袋足鬲、腹耳壶和单耳杯等为组合的陶器群。其中彩绘双钩羊角纹的双耳彩陶罐和瓮是最典型的器物,也是辛店文化的标志。

3. 工具日用器类器物主要有:带肩石斧、环状石器、刃侧缺口刀、圆锥形杵、石臼,以及骨铲、骨梳、锥、匕、凿、笄、刻花管、骨哨、铜罐、刀、带钩、

---

① 早秦文化联合考古队:《西汉水上游周代遗址考古调查简报》,《考古与文物》2004 年第 6 期;张天恩:《甘肃礼县秦文化调查的一些认识》,《考古与文物》2004 年第 6 期。

② 水涛:《关于寺洼文化研究的几个问题》,同作者:《中国西北地区青铜时代考古论集》,科学出版社,2001 年,第 113 页。

③ 甘肃省博物馆、北京大学考古系:《甘肃天水毛家坪遗址发掘简报》,《考古学报》1987 年第 3 期;赵化成:《甘肃东部秦和羌戎文化的考古学探索》,俞伟超主编:《考古类型学的理论与实践》,文物出版社,1987 年,第145～176 页。

④ 本节主要参照谢端琚、张文彬《甘青地区史前考古》第 171～186 页改写而成。

泡等。

4. 兵器主要有长方銎矛。

5. 墓葬常见长方形竖穴土坑墓,还有竖穴偏洞室墓、带龛墓、石棺墓。葬式流行仰身直肢葬和二次葬,少数为屈肢葬、俯身葬、侧身直肢葬,同时还流行合葬墓。

辛店文化的生业类型为农业兼营畜牧业,制陶业也较发达。

在毛家坪发现的叠压于 A 组遗存之下的 TM7 遗存,当属辛店文化①。

二、东周时期

(一)毛家坪 B 组遗存—九站居址第②层

毛家坪 B 组遗存,是 20 世纪 80 年代在毛家坪发现的与 A 组的秦文化共存的一种文化类型(图一)。代表器类有分裆鬲、高领深腹罐、双耳平口罐、双大耳罐,其中足跟齐平的铲形足跟鬲是代表性器物之一,就是本书常说的"铲脚袋足鬲"。B 组遗存器物陶质为夹砂红褐陶,器表色泽不均,红、灰、黑相杂。多见素面,绳纹较少,绳纹浅而细,竖向整齐。这种遗存的年代,在春秋中晚期,或可早到春秋早期。除了毛家坪,这种遗存在甘肃东部天水、陇南、庆阳有广泛分布,陕西宝鸡、宁夏固原也有遗留,其中甘肃东部是其主要分布区,陕西、宁夏只是受其影响而已。

赵化成认为,B 组遗存与寺洼文化有相近之处,例如分布地大致相同,陶质、陶色相近,器形也有些相似,如庄浪县所出的那种铲足跟袋足鬲,更接近于寺洼文化的作风。所以,毛家坪 B 组遗存可能与寺洼文化有承继关系。但如赵化成所指出,这一遗存与寺洼文化已经有较大的区别,例如陶器组合和形态都有不同。他认为"即使说 B 组遗存源自于寺洼文化,也因发生了较大变化,应当单独分出来"②。

---

① 水涛:《关于寺洼文化研究的几个问题》,同作者:《中国西北地区青铜时代考古论集》,科学出版社,2001 年,第 113 页。

② 赵化成:《甘肃东部秦和羌戎文化的考古学探索》,俞伟超主编:《考古类型学的理论与实践》,文物出版社,1987 年,第 145～176 页。

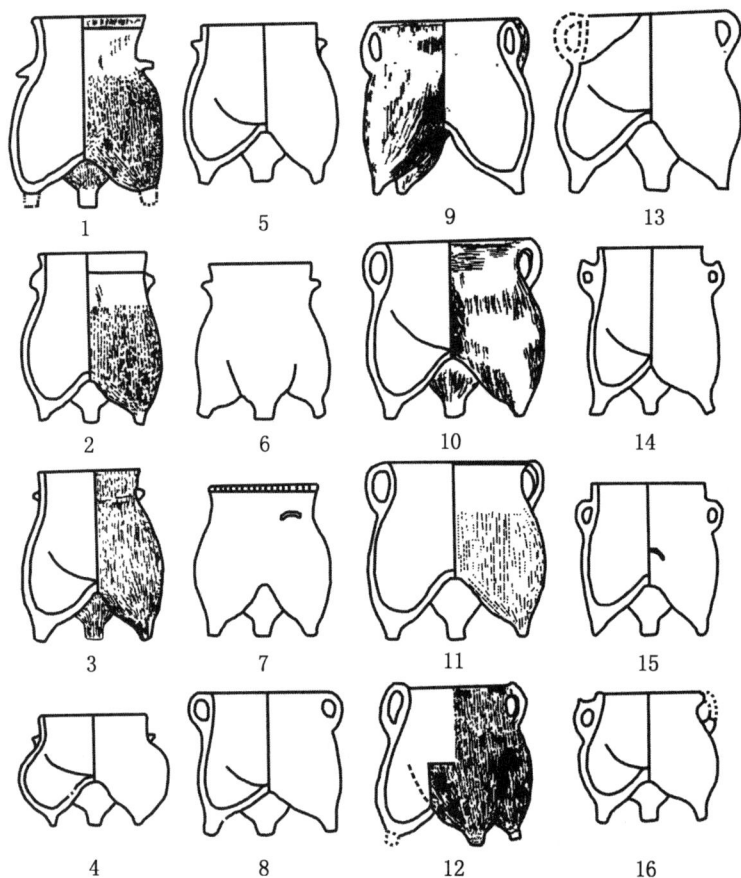

1、2.武山县(付家门)　3、5.天水县　4、12.秦安县　6、7.庆阳地区　8.宁夏固原县　9.宝鸡斗鸡台发掘　10.清水县　11.甘谷县(新兴中学)　13.宝鸡千阳县　14.庄浪县(王宫)　15.庄浪县(贺子沟)　16.庄浪县

图一　毛家坪 B 组遗存器物形态图

（《甘肃东部秦和羌戎文化的考古学探索》,图五,所自书第 164 页。俞伟超主编:《考古类型学的理论与实践》,文物出版社,1987 年,第 145—176 页）

　　赵化成把毛家坪 B 组遗存看作是东周时代的戎人的遗留。毛家坪的 B 组遗存,可能为冀戎所留。

　　甘肃庆阳合水九站居址第②层,文化面貌与毛家坪 B 组遗存相似,应该属同一文化类型(图二)。后者器类主要有鬲、盆、罐、瓮、甑,其中的鬲为扁足跟,与毛家坪 B 组遗存相似。

　　九站居址第②层的年代,在春秋战国时代,上限不早于西周晚期,下限在战国晚期,这就把原来根据毛家坪 B 组遗存判断的年代区间向后扩展了,直到战国晚期。

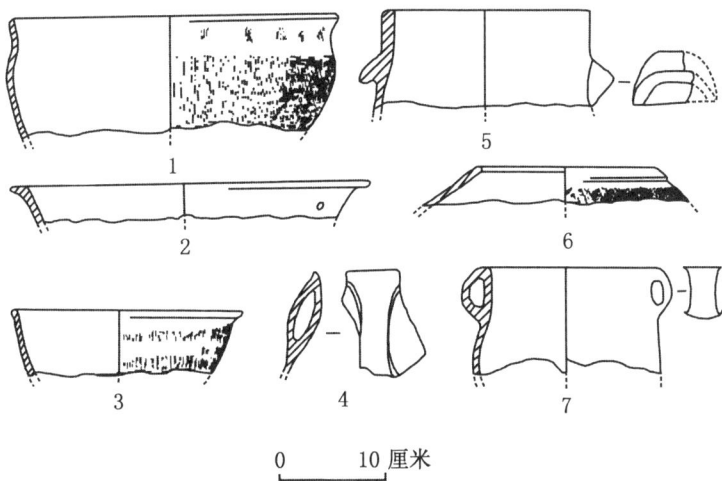

0 10 厘米

图二 九站居址第②层陶器
(《甘肃合水九站遗址发掘报告》,第 337 页,图一九)

九站居址第②层与下层属于西周晚期的④A、④B 层之间,隔有无任何遗物的③A 和③B 层,文化面貌与也与属于寺洼文化的④A、④B 层有差异。与毛家坪 B 组遗存一样,它的主人应都是属于东周时期的"西戎"[①]。

笔者认为,由于毛家坪 B 组遗存与寺洼文化之间的关系:地域相同、年代基本相接、内涵也有联系,有的学者把寺洼文化的主人看作是早期的戎人遗存,而毛家坪 B 组遗存则是东周时代的戎人遗存,应该是有理的。

(二) 宁夏中南部的畜牧文化[②]

在宁夏中南部的中宁、中卫、固原地区的固原、彭阳、西吉、隆德发现有许多

---

① 王占奎、水涛:《甘肃合水九站遗址发掘报告》,北京大学考古系编:《考古学研究》(三),科学出版社,1997 年,第 300～477 页。

② 固原青铜文化发现众多,本节参考了以下文章,罗丰:《宁夏固原近年发现的北方系青铜器》,《考古》1990 年第 5 期;罗丰:《固原青铜文化刍论》,《考古》1990 年第 8 期;宁夏文物考古研究所:《宁夏固原于家庄墓地发掘简报》,《华夏考古》1991 年第 3 期;宁夏文物考古研究所、宁夏固原博物馆:《宁夏固原杨郎青铜文化墓地》,《考古学报》1993 年第 1 期;罗丰:《以陇山为中心甘宁地区春秋战国时期青铜文化的发现与研究》,《内蒙古文物考古》1993 年第 1、2 期;宁夏文物考古所、西吉县文管所:《西吉县陈阳川墓地发掘简报》,《宁夏考古文集》,宁夏人民出版社,1994 年;宁夏文物考古研究所:《宁夏彭堡于家庄墓地》,《考古学报》1995 年第 1 期;杨宁国、祁悦章:《宁夏彭阳县近年出土的北方系青铜器》,《考古》199 年第 12 期;宁夏回族自治区文物考古研究所、彭阳县文物站:《宁夏彭阳县张街村春秋战国墓地》,《考古》2002 年第 8 期;杨建华:《春秋战国时期中国北方文化带的形成》,文物出版社,2004 年。

以动物纹样为特征的游牧色彩的墓葬及遗物,主要有于家庄[①]、杨郎[②]等地点。墓葬形制以竖穴土坑墓为主,还有竖穴洞室墓、侧室土洞墓,葬俗多无葬具的仰身直肢葬,多头东足西或头东北足西南,多陪葬有大量的马、牛、羊头骨[③]。随葬器物以青铜车马器、兵器、工具、服饰品为大宗,文化面貌有浓厚的畜牧经济特点,年代从春秋晚期一直到秦代[④]。

本地区北部发现的青铜文化的族属可能与朐衍戎有关,南部则与乌氏戎有关[⑤]。后者乌氏县秦惠王时置,也有秦—汉初"乌氏"铭文铜鼎的发现[⑥]。秦之乌氏县,地当在今固原附近。

(三)秦安历年出土的游牧文化青铜器

秦安靠近陇山,属于陇山游牧青铜文化的辐射范围,历年出土有很多类似的青铜器。计有兵器类:"触角式"短剑等3、刀5、矛1、啄戈3;装饰品类:团狼图案圆形透雕饰牌1、立体羊饰品5、管状饰1、连珠饰1、带饰16;属于生活用具的釜1件。这些零散器物的年代区间,在春秋晚期—战国时期[⑦]。

(四)庆阳春秋战国墓[⑧]和葬马坑[⑨]

20世纪80年代,在庆阳地区的宁县袁家村,庆阳县塌头、冯堡、李沟、马寨,镇原县庙渠、吴家沟圈、红岩,正宁县后庄等村发现了一些墓葬及车马坑,器物以车马器、兵器、装饰品为大宗,年代可从春秋战国之际一直延伸到战国

---

① 宁夏文物考古研究所:《宁夏固原于家庄墓地发掘简报》,《华夏考古》1991年第3期;同作者:《宁夏彭堡于家庄墓地》,《考古学报》1995年第1期。
② 宁夏文物考古研究所、宁夏固原博物馆:《宁夏固原杨郎青铜文化墓地》,《考古学报》1993年第1期。
③ 罗丰:《固原青铜文化刍论》,《考古》1990年第8期;同作者:《以陇山为中心甘宁地区春秋战国时期青铜文化的发现与研究》,《内蒙古文物考古》1993年第1、2期;同作者:《20世纪宁夏考古的回顾与思考》,《考古》2002年第8期。
④ 杨建华:《春秋战国时期中国北方文化带的形成》,文物出版社,2004年,第36~41页。
⑤ 罗丰:《固原青铜文化刍论》,《考古》1990年第8期;同作者:《以陇山为中心甘宁地区春秋战国时期青铜文化的发现与研究》,《内蒙古文物考古》1993年第1、2期;林沄:《夏至战国中国北方长城地带游牧文化带的形成过程(论纲)下》,《燕京学报》2003年第14期。
⑥ 钟侃:《宁夏固原县出土文物》,《文物》1978年第12期。
⑦ 秦安县文化馆:《秦安县历年出土的北方系青铜器》,《文物》1986年第2期。
⑧ 刘得祯、许俊臣:《甘肃庆阳春秋战国墓葬的清理》,《考古》1988年第5期。
⑨ 庆阳地区博物馆、庆阳县博物馆:《甘肃庆阳城北发现战国时期葬马坑》,《考古》1988年第9期。罗丰认为此当为墓葬,并非马坑,属于墓葬陪葬马。罗丰:《以陇山为中心甘宁地区春秋战国时期青铜文化的发现与研究》,《内蒙古文物考古》1993年第1、2期。

晚期或秦①。从文化面貌看,其与游牧青铜文化联系紧密,也与周秦甚至巴蜀文化有一定联系②。

这里的春秋墓葬,族属可能与义渠有关。

(五) 甘肃清水刘坪墓地(附林河村绵诸故城)

墓地位于甘肃清水县西北 25 公里的白驼乡刘坪村。截至 2000 年,考古工作者在这里发掘了大型墓葬 1 座、小型墓葬 10 余座,出土文物加上历年的征集品,共计 600 余件③。器物主要有铜、金器两类。铜器有生产工具类的鹤嘴锄、锛、刀、削,兵器类的镞、剑、刀,以及车马器 467 件、"装饰品"152 件。装饰品中的 56 件桃形、梯形镂空铜饰牌、立体卧鹿形饰,很具特色。金器为 50 件金饰片,上面纹饰有虎食兽、四鸟纹、龙纹、瓦楞纹,也有素面无纹饰者。

从刘坪出土遗物看其文化面貌,具有显著的地域特色,也受秦文化、游牧文化的影响。器类上车马器("装饰品"也当属之)、工具突出,金饰片及主题与北方游牧文化特别是陇山周围的"西戎"文化联系紧密④,游牧特征明显⑤,是受后者影响的证据。

刘坪墓地的年代,当在春秋晚期—战国晚期,它的主人,简报说为"西戎"之一的绵诸,是有一定道理的。

在今清水县贾川乡林河村林家河南岸的堡子山,发现有一座古城址,当地群众叫作"灵芝城",城垣南北长 350 米、东西宽 250 米,占地面积约 251 亩。在城内断崖发现有秦汉砖瓦等文物;河岸阶地城墙附近,有新石器时代夹砂粗陶器发现;城旁有汉墓,出土有铜壶、铜鼎等文物。学者们认为,这里就是《水经注》《括地志》等记载的汉绵诸道故城,而民国《甘肃通志稿》记载的天水县东 45 里的绵诸城,当是北魏绵诸县城⑥。因与绵诸有关,故也连带叙述。

---

① 年代从杨建华,参杨著:《春秋战国时期中国北方文化带的形成》,文物出版社,2004 年,第 36～41 页。
② 刘得祯、许俊臣:《甘肃庆阳春秋战国墓葬的清理》,《考古》1988 年第 5 期。
③ 李晓青、南宝生:《甘肃清水县刘坪近年发现的北方系青铜器及金饰片》,《文物》2003 年第 7 期。
④ 史党社:《刘坪墓地若干问题刍论》,中国秦汉史研究会网站。
⑤ 杨建华、曹建恩:《略论中国北方地区古代游牧民族文化发展模式》《吉林大学社会科学学报》,2007 年第 5 期。
⑥ 雍际春:《绵诸道城址考》,《中国历史地理论丛》1992 年第 1 期。

(六) 马家塬战国墓①

位于张家川回族自治县西北 17 公里的木河乡,2006 年被盗后发掘。共发掘墓葬 3 座,出土有大量金、银、铜错金银、铁、未知金属器、包金铜、陶、骨、玛瑙珠、釉陶珠等文物 2200 件,其中装饰品和车马器占绝大多数。陶器仅有 5 件,有灰陶罐、甑、单耳夹砂红陶罐和一件铲足鬲残片。三座墓均有车随葬,有的车极其华丽。还有以大量的马、牛头骨随葬或祭祀情况。该墓的文化面貌复杂,发掘者认为,该墓具有强烈的秦文化特征,如茧形壶以及底部的铭文;又含有戎人文化特征,例如单耳夹砂陶罐、袋形铲足鬲;车上所装饰的金银箔、铜花片饰、动物装饰,又有北方草原文化的一些特征;出土的一件蓝色釉陶杯以及大量的浅蓝色釉陶串珠,又具有西方文化的特征。十分值得注意的是,这里发现的当属于毛家坪 B 组遗存的"袋形铲足鬲",与单耳夹砂陶罐同出。有人认为,马家塬墓葬的主人,可能是战国时代秦人统治下的某一支戎人首领。

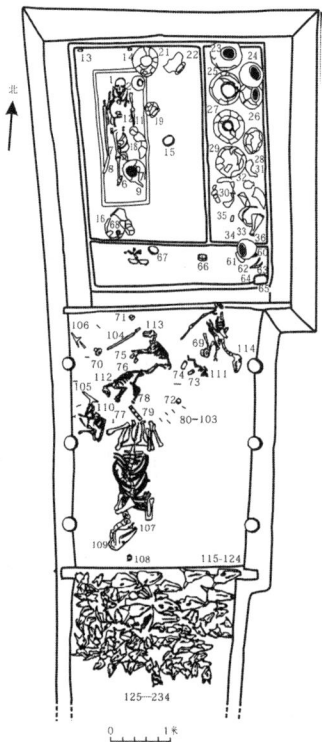

图三　上袁家 M7 平面图
(《甘肃秦安上袁家秦汉墓葬发掘》,图四)

(七) 上袁家秦墓 M7②

甘肃秦安上袁家 M7,在今天的天水市北约三、四十公里的地方。这座墓的主人为一成年男性,墓葬方向 350°,基本上是南北向,葬式为仰身直肢,与一般秦墓东西向、屈肢葬的流行特征有别(图三)。M7 的框架年代是秦代。墓葬为一座长方形带斜坡墓道的竖穴土圹墓,形制与平凉庙庄战国秦墓③无别,是春秋战国到秦统一,陕甘地区秦墓并不罕见的形制。在前室口外的墓道中,殉葬有牛头 10 只、羊

① 周广济:《甘肃张家川发现战国墓葬》,《中国文物报》2007 年 2 月 2 日第 5 版。
② 甘肃省文物考古研究所:《甘肃秦安上袁家秦汉墓葬发掘》,《考古学报》1997 年第 1 期。
③ 甘肃省博物馆:《甘肃平凉庙庄的两座战国墓》,《考古与文物》1982 年第 5 期。

头 110 只。在前室的车下还有羊 2 只、狗 3 只。后室内置棺椁,随葬品有铜灯、铁钺、漆器、铁剑、铁刀、铜镜、玉璜、玉石片、陶器等。这座墓中随葬羊头骨的习俗,与北方鄂尔多斯地区,直至更东面的内蒙古凉城一带,以及陇山周围杨郎类型的"西戎"墓葬,还有更西河西走廊永昌一带的沙井文化相似。

第三节　与秦相关的"狄"—匈奴的考古发现: 鄂尔多斯青铜文化

在内蒙古中南部鄂尔多斯草原及其附近地区,从商周到秦汉,流行以"动物纹"为特色的丰富多彩的青铜器,被称作"鄂尔多斯青铜器"。20 世纪前半叶就得到某些古董商及学者的关注。一些流向国外,很多著录例如水野清一《绥远青铜器》①、安特生《动物纹中的狩猎巫术的含义》②和《鄂尔多斯青铜器选集》③、萨里莫尼《卢芹斋收藏的中国—西伯利亚艺术品》④、邦克《欧亚草原东部古代青铜器》⑤都予以刊布⑥。这种文化也被称作鄂尔多斯青铜文化。这种文化的器物以主要装饰有"动物纹"的青铜车马器、兵器和工具、装饰品(以及金银器)为主要器类,也有墓葬与少量陶器存在⑦,其渊源可以深入到商代晚期的朱开沟文化后期,有学者认为,鄂尔多斯文化是本地及临近地区起源的,并受黑海以欧亚草原的斯基泰文化一定的影响,也曾向欧亚草原腹地传播⑧。鄂尔多斯文化内部也存在着差别,有人把进入春秋中期以后的鄂尔多斯文化分作三个类型:(包头)"西园类型"、(凉城)"毛庆沟类型"、(杭锦旗)"桃红巴拉类型",它们的主人可能存在着区

---

① 水野清一、江上波夫:《绥远青铜器》,《内蒙古·长城地带》,东方考古学丛刊乙种第 1 册,1935 年。

② J.G.Andeson,*Selected Art in the Animal Style*,*The Bulletin of the Museum of Far Eastern Antiquities*,Stockholm,1934,No.4.

③ J.G.Andeson,*Selected Ordos Bronzes*,*The Bulletin of the Museum of Far Eastern Antiquities*,Stockholm,1935,No.5.

④ A.Salmony,*Sino-siberian Art in the collection of C.T.Loo*,Paris,1933.

⑤ Emma C.Bunker,Trudy S.kawmi,Katheryn M.Lindluff,Wu En,*Ancient Bronzes of the Eastern Eurasian Steppes from Arthur M.Sackler Collection*,New York,1997.

⑥ 本节参照了乌恩岳斯图《北方草原考古学文化研究——青铜时代至早期铁器时代》的相关论述,文物出版社,2007 年,第 322~356 页。

⑦ 田广金、郭素新:《鄂尔多斯式青铜器》,文物出版社,1986 年。

⑧ 同上注,第 190~196 页。

别①。本书下面章节引用的,多是后者"桃红巴拉类型"。

鄂尔多斯青铜文化,被认为是商周时期鬼方、春秋时代白狄、战国时代林胡、楼烦,以及匈奴所使用的文化。本地的文化也经历了从农业到典型游牧文化的过渡历程,这个过程至少在战国中期已经完成。

---

① 田广金、郭素新:《北方文化与匈奴文明》,江苏教育出版社,2005年,第387~391页。

第五章　秦与"戎狄"文化的关系

第一节　从泾、渭、西汉水上游西周中期—秦代(公元前9~3世纪)文化的变迁看秦与"西戎"文化的关系

在本节中,笔者将以传统的"西戎"地域,即甘肃东部泾渭上游、西汉水上游地区为例,说明"西戎"文化与秦文化的关系。

这里所居的"西戎",种类繁多。见于文献的,大致今甘肃东部陇山之东的庆阳一带有义渠,陇山周边固原一带有乌氏,陇山北侧宁夏中东部,则有朐衍。天水东至于清水有绵诸,西则有邦戎,至于陇西则有冀戎。最西边渭水发源地至洮水流域的今临洮一带,则是狄(翟)戎的居地。

在本地区,从西周中晚期—秦代,从考古材料的角度观察,文化曾发生了三次大的变迁:第一次是西周晚期—春秋早期,最为突出的现象就是秦文化在形成并影响了本地区,成为本地区的主流文化之一(另外还有毛家坪B组遗存)。第二次是春秋战国之际以来,所谓的"北方系"游牧青铜文化占领了本地区的北部。第三次就是战国晚期以后,变化了的新型秦文化,完全占领了这些地区。这三种明显的文化变迁现象,反映了不同时期秦与"西戎"文化的关系。下面我们将要分析这三个文化变迁现象,并分析其背后的动因和机制。

一、西周晚期—春秋早期秦文化的形成与扩散

1949年以来,随着考古发现的增多,陇山以东以关中为主的秦文化逐渐为人们所认识,但春秋之前、更广阔地域的秦文化面貌,人们并不得而知。陇山以西是否有秦文化分布,认识还不是很清楚,只是笼统地把本地区年代深入西周的遗存称作"周代遗址",例如早年张学正他们在此做的调查就是如此[1]。20世纪

---

[1]　张学正:《甘肃古文化遗存》,《考古学报》1960年第2期。

80年代天水毛家坪、董家坪等遗址的发现,使我们认识到了陇山以西秦文化的面貌,并且年代已经深入到西周时期。近年在西汉水上游进行的考古调查和发掘,使我们对于本地区的秦文化有了更进一步的认识,同时也可断定与此文化比邻分布的寺洼文化,就是商周以来"西戎"的文化。

(一) 西周晚期—春秋早期秦文化的形成与扩展

毛家坪、董家坪的A组遗存的考古发现,使我们摆脱了以关中为主的材料局限,也把秦文化的年代上溯至西周时期。毛家坪秦文化遗存即A组遗存,年代从西周早期一直延续到战国时期,从墓葬形制、葬式、器物形态等来看,其中存在着较强的连续性,是一种文化发展的不同阶段。

毛家坪A组遗存包括居址和土坑墓两部分。居址区发掘200平方米,发现灰坑37个、竖穴土坑墓11座、瓮棺葬12组、残房基地面4处。墓葬区发掘土坑墓22座,连同居址区的11座,共发掘属于A组遗存的土坑墓33座。

毛家坪A组遗存居址的三、四期,墓葬三、四、五期,属于东周时期,其墓葬形制为长方形竖穴土坑,除M7外,皆为屈肢葬式,日用陶器都与关中地区同时期的秦墓无别。A组遗存居址的一、二期和墓葬的一、二期属于西周时期。属于西周时期的墓葬12座,文化面貌与西周文化相似,但也有不同的地方:沣西一带的西周墓墓向不定,毛家坪墓则皆东西向;西周墓基本为直肢葬,而毛家坪基本为屈肢葬。毛家坪西周中期墓陶器组合为鬲、盆、豆、罐,而沣西同时期墓多鬲、簋、罐的组合,本期陶器多为属于明器的红陶,火候低、质地松软,而西周中期墓陶器多为灰陶。居址的陶器器形总的来说与周文化相似,几乎难以区分,器类鬲、盆、豆、罐、甑、瓿与周文化相似,但同时存在着差异例如器类、纹饰等方面[①]。

赵化成认为毛家坪A组遗存的前段,就是西周时期的秦文化。这里以前发现的所谓的"周代遗址",至少还有一部分是属于秦文化遗存,它的主人,就是西周时期的秦人。

赵化成把毛家坪A组遗存分为前后两个阶段,文化面貌有一定的差异。以毛家坪A组遗存前段所代表的陇山以西的西周时期秦文化的面貌,总的说来受

---

① 甘肃省文物工作队、北京大学考古学系:《甘肃甘谷遗址发掘报告》,《考古学报》1987年3期;赵化成:《甘肃东部秦和羌戎文化的考古学探索》,俞伟超主编:《考古类型学的理论与实践》,文物出版社,1987年,第145~176页。

周文化的影响很大,与周文化面貌有很大的相似性,同时具有自身特征。人们分辨此处的周、秦文化,主要只能凭借葬俗(墓葬形制、方向、葬式等)的差异。但在西周中晚期,秦文化的特征已经开始显现,例如绳纹圆肩盆(盂)、东周时期秦文化的典型器物大喇叭口罐、多以石圭随葬的葬俗等等。西周中晚期以来秦文化个性的形成和变化,在近年西汉水流域的考古调查和发现后,益得到证实。

西汉水流域同样是毛家坪 A 组遗存的分布区,通过对这里周秦遗址的调查,可知从西周晚期到春秋早期,出现了一个文化繁荣的阶段,几乎是本地区自新石器早期至汉代早期以来,文化最为繁盛发达的一个时期;而且,秦文化的特征也开始显现,已经有别于周文化,形成自己独特的文化特征。据调查者说,在西周早中期,这里的文化与关中周文化类似,但在西周晚期,则出现了新的情况:"西周晚期遗存与关中周文化虽也相似,但鬲多敛颈鼓肩,鬲、盆口沿面的内外较多出现旋纹,出现了喇叭口罐等,已经显示出一定的特点,与秦文化有一定的相似性,似乎已经属于早期秦文化的范畴。"东周时期也以春秋早期的遗存发现最多,属于秦文化的范畴。

很显然,从陶器等观察,从西周中晚期到春秋早期,是秦文化个性形成并不断扩散的时期。此时的秦文化,已经占领了西汉水上游、渭水上游的天水地区(即毛家坪所在)、陇山以东及关中地区。

对于这种变化的原因,学者多注意到了与秦人的历史阶段的联系。例如赵化成就认为毛家坪 A 组遗存前后两个阶段,"结合史籍记载来考虑,两大阶段的划分是与秦的历史发展的阶段性一致的"。[①]秦人在非子之时,因养马有功,被周孝王封为大夫,以后地位逐渐上升,又从大夫到西垂大夫,最后在春秋初年被封为"诸侯",建立了自己的国家。张天恩认为,秦人地位改变的历史,"可能是该地区文化迅速发展壮大的直接原因和强大的推动力"。[②]

笔者同意赵、张等学者的观点,秦人政治势力的上升,与本地秦文化特征的形成与扩散同步,充分说明这个看法的正确。在另外一篇文章中,笔者曾把这种现象当作"涵化"现象,就是不同的人群接触时,由于强弱关系而产生的文化大面

① 赵化成:《甘肃东部秦和羌戎文化的考古学探索》,俞伟超主编:《考古类型学的理论与实践》,文物出版社,1987 年,第 145～176 页。
② 张天恩:《甘肃礼县秦文化调查的一些认识》,《考古与文物》2004 年第 6 期。

积的假借、变迁过程。此时的强势群体,无疑是西周中期以来的"秦人",使用秦文化的人群,肯定还有不断加入到"秦人"之中的其他人群,例如"西戎"①。从这个角度看,也可说明秦人政治势力的上升,是本地区文化变迁的原因或原因之一。

如果说毛家坪以及西汉水上游的材料,还多是级别比较低的陶器、只能说明秦社会下层的情况的话,那么在上文已举的西周中晚期以来秦青铜礼器、直肢葬的使用和出现,则说明的是秦上层文化的变化,也与毛家坪、西汉水上游文化变迁过程吻合。不过上层的文化——例如青铜礼器、直肢葬俗等等例证,还可更进一步说明,秦文化的形成、变迁、扩散,与上层精英阶层的"提倡"、强调是分不开的。他们把这些因素当作身份地位以及族群的标志,不但"构建"了秦文化,也使想进入到"秦人"上层的人士例如"西戎""周余民"之类,景从而使用秦文化。

（二）从秦文化的形成与扩展看秦与"西戎"文化的关系

笔者认为,秦文化在此的兴起和扩散,反映了秦与"西戎"文化此消彼长的关系,有以下两方面可以证明。

第一,在西周时期,本地区"西戎"族群,使用的是寺洼文化,这是没有问题的。通过西汉水流域的考古调查发现,这里的寺洼文化分布,与周秦遗址界限分明,主要集中在今礼县县城南,雷神庙、石沟坪以南汉水两岸台地,其北则是周秦文化的分布区,二土、石坝等大型寺洼遗址内涵都比较单一②。寺洼文化的终结年代,现在还没有一定的说法,但它的消亡在东周时期,则是可以肯定的。从东周时期的秦与"西戎"的关系判断,寺洼文化的消亡,也肯定与秦文化的传播有关。

第二,毛家坪A组遗存早期——西周中期之前的主人,笔者认为不单是秦祖,本地的"西戎",也当是其中一部分,是秦祖与"西戎"共同使用的一支文化。

因为,根据西汉水流域的考古发现和《秦本纪》的记载,西汉水上游礼县一带,一直是"秦人"及其祖先的老家,在非子之后,秦人势力才真正扩散到渭水流

---

① 史党社:《秦人历史新探——从西汉水流域新近的考古调查说起》,徐卫民、雍际春主编:《早期秦文化研究》,三秦出版社,2006 年,第 119~141 页。

② 早期秦文化联合考古队:《西汉水上游周代遗址考古调查简报》,《考古与文物》2004 年第 6 期;张天恩:《甘肃礼县秦文化调查的一些认识》,《考古与文物》2004 年第 6 期。

域的"秦"等地。所以笔者估计,在此之前,秦祖并没有那么大的实力,把本地区分布广泛的毛家坪 A 组遗存,都归入"秦祖"的名下,是不合理的。文献记载本地区还有犬戎等"西戎",我们总不能认为此时的"西戎",都生活在礼县以南西汉水两岸这个狭小的地区吧? 毛家坪所在地在春秋初年有冀戎的存在,就是证明。

再从文化面貌看,本地区毛家坪 A 组遗存,是西周中晚期才开始显现"秦式"特征的,此前的文化面貌与西周文化相似。可以显示与后来的秦文化联系的,主要是葬俗,例如屈肢葬及头西向。除此之外,这里还有陇西西河滩那样直肢葬、出西周陶器的周文化遗存,推测甘肃东部陇山以西类似遗址也当不少①。毛家坪 A 组遗存与周文化关系密切,但同时存在差异,并且也不可能来自比邻的已知确定的"西戎"文化——寺洼文化。所以,毛家坪 A 组遗存是甘肃东部受周文化影响的一支地方文化的看法,就可以基本肯定②。虽然笔者不同意机械地把一种文化类型与特定人群相对应的做法,但若说使用 A 组遗存的人群与周王朝有关,则可能性更大。秦祖可当此,同时期的"西戎"犬戎之类,亦可当此。因为文献记载西周中期周穆王曾西征犬戎,表明的是犬戎与周某种形式的政治关系的存在③。很可能由于这种政治联系的存在,犬戎与秦祖等边缘族群所使用的文化面貌,都体现出一种"周化"色彩④。

鉴于这两个理由,笔者认为,毛家坪 A 组遗存,可能是西周以来(甚或更早)秦祖、"秦人",以及"西戎"共同使用的一种甘肃东部的地方文化。后者"西戎"同时还使用寺洼文化,这应是由"西戎"的不同支系与周关系疏密、"周化"程度不同所决定的。

总之,从毛家坪 A 组遗存成长起来的"秦文化",伴随它的形成和扩散,必然就是"西戎"文化的变化和消亡,此点既可以寺洼文化的消亡为例,也可由毛家坪

---

① 赵化成:《甘肃东部秦和羌戎文化的考古学探索》,俞伟超主编:《考古类型学的理论与实践》,文物出版社,1987 年 5 月,第 145~176 页。
② 张天恩曾经指出此地的周文化,也并非全为"嬴秦民族"所使用,是敏锐的看法。张天恩:《礼县等地早期秦文化遗存有关问题刍论》,《文博》2001 年第 3 期。
③ 例如陇山以东的灵台、平凉、崇信一带的西周墓葬,与文献也契合,这里有密等周之方国,由于与周存在政治上的联系,这里发现西戎墓葬,也不是偶然的。
④ 这种"周化"的特征,可由泾水上游灵台白草坡等边缘族群使用周文化得到说明。由于与周王室更加紧密的政治联系,这里"周化"的程度更深一些。参甘肃省博物馆文物队:《灵台白草坡西周墓》,《考古学报》1977 年第 2 期。

A组遗存自身的特征、分布地的变化得到说明。

二、春秋晚期以来北方系青铜文化在甘肃东部、宁夏中南部的扩散

（一）春秋晚期以来北方系青铜文化在甘肃东部、宁夏中南部的扩散

历史进入到东周时代，作为典型的"西戎"文化的寺洼文化已经基本衰亡。学术界比较公认的观点是，毛家坪B组遗存是"西戎"使用的文化，延续的年代大概在春秋中晚期至战国时期。它的发现西可到渭水上游、东则到子午岭以西的泾水上游支流马莲河流域。毛家坪B组遗存在本地更加详细的分布情况，由于资料的缺乏，我们并不得而知。除毛家坪B组遗存外，还有秦文化的分布，主要在传统认为的"西戎"地域的南部例如灵台、长武、甘谷、天水等地。可以观察到的情况是，大约在春秋晚期以来，在本地靠北的区域，这里的"西戎"所使用的文化，发生了一次大变化，面貌几乎完全改变，这就是北方青铜文化对此的扩散和影响。这样的例子可举庆阳[1]、以固原为主的宁夏中南部[2]、秦安[3]、刘坪[4]、马家塬[5]、秦安上袁家[6]等地墓葬为例。

这些墓地最大的特点是与北方游牧文化的联系，例如大量的动物纹铜牌饰、兵器、马具等，都是与游牧文化相似的器类。如庆阳发现的跪式圆雕鹿，与玉隆太出土的基本相同。圆管状饰与呼鲁斯太匈奴墓出土的也完全相同。还有庆阳出土的铜镐、三棱带翼铜镞、对鸟纹短剑、动物纹牌饰[7]，等等，同样显示了与游牧文化的联系。又如宁夏南部固原、清水刘坪的土坑墓，无葬具，伴出有大量青铜器，陪葬马牛羊（还有上袁家）这些特点，与鄂尔多斯地区同期的墓葬葬俗一致[8]。秦安出土的平格短剑、环首和弧背铜刀、动物纹铜饰、铜釜和"啄戈"，也均

---

①　刘得祯、许俊臣：《甘肃庆阳春秋战国墓葬的清理》，《考古》1988年第5期；庆阳地区博物馆、庆阳县博物馆：《甘肃庆阳城北发现战国时期葬马坑》，《考古》1988年第9期。

②　罗丰：《以陇山为中心甘宁地区春秋战国时期青铜文化的发现与研究》，《内蒙古文物考古》1993年第1、2期。

③　秦安县文化馆：《秦安县历年出土的北方系青铜器》，《文物》1986年第2期。

④　李晓青、南宝生：《甘肃清水县刘坪近年发现的北方系青铜器及金饰片》，《文物》2003年第3期。

⑤　周广济：《甘肃张家川发现战国墓葬》，《中国文物报》2007年2月2日第5版。

⑥　甘肃省文物考古研究所：《甘肃秦安上袁家秦汉墓葬发掘》，《考古学报》1997年第1期。

⑦　刘得祯、许俊臣：《甘肃庆阳春秋战国墓葬的清理》，《考古》1988年第5期。

⑧　罗丰：《固原青铜文化刍论》，《考古》1990年第8期；李晓青、南宝生：《甘肃清水县刘坪近年发现的北方系青铜器及金饰片》，《文物》2003年第3期。

为所谓"北方系青铜器"的代表之物①。刘坪墓地的器物,也是以车马器、铜饰件为主,也与所谓的"北方系"相似。例如刘坪墓中用作车或其他硬物马装饰的 7 件"鸟纹金饰片",实际是鹰类猛禽,从头部造型与颈部的垂鳞状羽纹来看,都与固原西吉陈阳川战国墓以及内蒙古发现的同类造型极为相似。其中战国墓中这种鹰形的透雕铜牌饰(文中称"花瓣形牌饰")就出土了 14 件,鹰形除了与金饰片上的鹰形有同样的钩喙、心形耳外,鸟身上也有两道"羽纹",作垂鳞状,与刘坪金饰片鹰颈部、身上纹饰如出一辙②。内蒙古发现的鹰形透雕铜牌饰,鹰的头部、尾羽与陈阳川鹰完全相同。邦克夫人说内蒙古的牌饰为马具上的组件之一,后面有孔可以穿系绳带③,所以推测刘坪、陈阳川的同类器,也有相似的用途④。

　　除了与游牧文化的联系,本地区的文化还表现出各自的特点以及相互之间的联系;并随着时代的变化,内涵也发生变化。

　　不同地点所具有的各自的特点,例可举庆阳袁家村、上袁家 M6、M7,这些墓葬都是有葬具的,与其他地区都不相同。但总的说来,本地区文化的共性则是更大的,例子不胜枚举。因此,这个以陇山为中心的地区,完全可以看作一个文化区,这里的"西戎"文化,虽与北方联系紧密,但仍然是具有自身特色的。例如刘坪发现的镂空铜牌饰,在固原彭堡撒门村 M1 也有出土⑤,其他地方如陕北的吴旗⑥、神木⑦也有零星发现,以陇山近旁最为发达,而不见于鄂尔多斯,因此完全可以看作本地"西戎"文化的特色。

　　年代较靠后的墓葬,文化面貌还在发生着变化,最大的变化还是秦文化因素的增多。这在年代比较靠后的刘坪、马家源、上袁家墓地,表现最为突出。这个特点已经与下文将要叙述的本地区文化面貌的另一个变迁过程即战国型秦文化

---

① 秦安县文化馆:《秦安县历年出土的北方系青铜器》,《文物》1986 年第 2 期。
② 延世忠、李怀仁:《宁夏西吉发现一座青铜时代墓葬》,《考古》1992 年第 6 期,图一,7;图版八,2。
③ Emma C.Bunker・C.Bruce Chatwin・Ann R.Farkas,*"Animal Style" Art from East to West*,New York,1970,127、142,Fig.106.
④ 史党社:《刘坪墓地若干问题刍论》,中国秦汉史研究会网站。
⑤ 罗丰:《宁夏固原近年发现的北方系青铜器》,《考古》1990 年第 5 期。
⑥ 姬乃军:《延安地区文管会收藏的匈奴文物》,《文博》1989 年第 4 期。
⑦ 戴应新等:《陕西神木出土匈奴文物》,《文物》1983 年第 12 期。

的扩散联系上了。

例如刘坪墓地的年代大概在战国中晚期,出土的车軎、辖、管状饰上的花纹,以及带钩等,都与关中出土秦器相似。马家塬墓地的年代接近刘坪墓地的年代,出土的铜蒜头壶,本身就是典型的秦器,上面的铭文,也是秦式的。车上所使用的错金银铁条、金银箔,以及大量的铜牌饰,也使人容易想起中原类似的"金玉其车"的文献记载,反映的也是与中原的联系。

上袁家 M6、M7 的年代最为靠后,当在秦代—汉初,其实年代判断的些许差异,都不影响我们的结论①。除了随葬习俗、墓葬形制、葬式的差异,从器物上来看,上袁家 M6、M7 的文化面貌已经与关中秦墓差别不大。

(二) 本地文化变迁的原因分析

本地区最明显的变化,就是所谓北方系青铜文化在北部的扩散。

春秋晚期以来本地区文化面貌变迁的这个现象,可叫作"游牧化"过程。中国北方游牧化过程的完成,是在新石器时代至战国时期。本地区以及长城沿线的游牧化过程,发生的年代在西周中期至春秋中期,大约自公元前 2000 年开始,本地区气候逐渐向干冷发展,致使这里的生业与社会呈现出一种农牧混合经济和武装化的趋势②,"从西周中期开始,长城沿线的北方文化带陆续进入游牧经济阶段。春秋中期到晚期的遗址数量很少,但是进入春秋晚期至战国早期,遗址数量大增,表明了游牧经济的普及以及新的更加适应环境的经济形态所带来的社会大发展"。③固原、庆阳、天水出现的这些北方风格的器物,所呈现的不同于南部的文化面貌,也是这个大的游牧化过程作用的结果。这种"游牧化"趋势,并不是经济的完全游牧化,而指的是畜牧成分不断加大的趋势④。

---

① 简报判断的年代在秦代,滕铭予认为在汉初。滕铭予:《秦文化:从封国到帝国的考古学观察》,学苑出版社,2002 年,第 31 页。

② 王明珂:《鄂尔多斯及其临近地区专化游牧业的起源》,《中研院历史语言研究所集刊》,第 65 本第 2 分,第 375～434 页。

③ 杜正胜:《欧亚草原动物文饰与中国古代北方民族之考察》,《中研院历史语言研究所集刊》第 64 本第 2 分,1993 年;杨建华、曹建恩:《略论中国北方地区古代游牧民族文化发展模式》,《吉林大学社会科学学报》,2007 年第 5 期。

④ 林沄:《柯斯莫〈中国前帝国时期的北部边疆〉述评》,《吉林大学学报》2003 年第 3 期。

罗丰认为,这是气候变化导致的北方游牧人南迁的结果[1],从于家庄[2]、马庄、倒墩子几批墓葬人骨材料的研究,人体的主要特征指数属于北亚蒙古人种,而与此前本地新石器时代菜园类型体质特征不同,后者具有东亚蒙古人种的特点[3]。林沄也据此推测固原青铜文化墓葬,它们的主人既有可能全体来自北方的北亚蒙古人种,也有可能部分来自北亚蒙古人种[4],从人骨特征看,都表明了北亚蒙古人向此地的流动。所以,因气候、生态环境变化所带来的人群流动,很可能是固原一带(包括下文所要叙述的鄂尔多斯)北方系文化扩散的重要原因。从生态环境来看,"西戎"地域的北部例如固原一带,与鄂尔多斯等更东的长城地带一样,都属于拉铁摩尔所说的"边疆",即地理、经济、政治的"过渡地带"[5]。从经济上来说,本地位于灌溉农业区与北方牧区之间,是宜农宜牧的,所以当气候变得干冷时,北方游牧人很容易地就南下争夺草场等资源,把游牧生产方式带到此地,即开始了本地的"游牧化"过程。

除了与北方的联系,与东南秦的政治联系与互动,也应一个重要的原因。

我们知道,在春秋战国时代,本地区"西戎"所使用的地方文化,有毛家坪 B 组遗存,春秋晚期以后还有"北方系"文化。以笔者之见,很可能毛家坪 A 组遗存那样的"秦文化",也曾为"西戎"所使用。毛家坪 B 组遗存分布于本地区全境,"北方系"文化主要分布于北部。秦文化的分布,从理论上说来,直至公元前 271 年秦昭王灭义渠在此设北地和陇西两郡、把本地区正式归入秦的版图之前,本地区北部却几乎没有秦文化的分布,其分布基本不超过长武(上孟村)—灵台(景家庄、洞山)—陇县(边家庄、店子等)等地点所构成的那道北边分布线。

到了战国晚期—秦代,这里的情况发生了变化。例如在固原地区,如杨建华所指出的那样,更早的时候,所谓的"北方系"青铜文化墓地遍布固原全境,年代属于"晚期晚段"(战国晚期—秦代)的地点如马庄、蒋河、陈阳川等,在长城以南

---

[1] 罗丰:《以陇山为中心甘宁地区春秋战国时期青铜文化的发现与研究》,《内蒙古文物考古》1993 年第 1、2 期。

[2] 韩康信:《宁夏彭堡于家庄墓地人骨种系特点之研究》,《考古学报》1995 年第 1 期。

[3] 罗丰:《20 世纪宁夏考古的回顾与思考》,《考古》2002 年第 8 期。

[4] 林沄:《夏至战国中国北方长城地带游牧文化带的形成过程(论刚)下》,《燕京学报》2003 年第 14 期。

[5] [美]拉铁摩尔著,唐晓峰译:《中国的内陆亚洲边疆》,江苏人民出版社,2005 年,第 45 页。

基本不见,至少没有长城以北那种连片的墓地了。伴随北方青铜文化的退缩,出现的则是平凉庙庄战国墓①、固原头营坪乐秦式铜鼎②那样标准的秦文化遗存。杨建华认为,这与秦长城的修筑有关,是正确的看法③。

除了北部的固原地区的例证,靠南的刘坪、马家塬、上袁家墓地,年代上限在战国中期,下限约为秦代,不但年代都比较晚,而且地域都集中在陇山西侧的天水东北一带。这个特点说明,在战国中晚期,虽然本地区游牧化趋势仍然存在,但秦文化因素的扩展,阻止了这个扩散的趋势。这个现象的本质,实际上反映了农业与游牧业两种不同生业类型的关系,这应是秦政治势力在此争夺的深层次背景,也仍然显示了本地具有"过渡地带"的特征。战国晚期以来秦文化在"西戎"地域的扩散,可能也是造成毛家坪B组遗存消失的原因,如同前述寺洼文化的消亡一样。

综上,春秋晚期—秦代北方系青铜文化在甘肃东部、宁夏中南部的扩散及退缩,其过程还伴随有秦文化的分布变化,这个现象仍然可以反映秦与"西戎"文化的"互动"关系。二者关系变迁的原因,除了可能因气候环境变迁所导致的人群流动、生业类型的变化即游牧化过程的进行这个方面外,也与秦、"西戎"政治关系的进退相伴随。

三、战国晚期—秦代新型秦文化的扩张

战国中期以后,秦利用商鞅变法,世卿世禄制在秦被废除,军功爵制、奖励"耕战"等政策的实行,使人民身份变化加剧,从而改变了当时的社会结构。以旧的礼制为核心的上层文化受到很大冲击,表现在物质技术方面,就是春秋型礼器等标志身份地位、族群属性的礼器基本消失,新的青铜礼器绝大部分为实用器。此时的秦社会,以一种真正开放的胸襟,也接受了其他文化的影响,例如关东、北方、游牧文化的影响。在这种情况下,一种全新的颇具包容性的"战国型"文化产生了,并向全国扩散,其中也包括"西戎"所在地域。这种全新的"战国型"秦文化的扩展,在本地区可以举以下秦墓的例证。

---

① 甘肃省博物馆:《甘肃平凉庙庄的两座战国墓》,《考古与文物》1982年第5期。
② 钟侃:《宁夏固原县出土文物》,《文物》1978年第12期。
③ 杨建华:《春秋战国时期中国北方文化带的形成》,文物出版社,2004年,第43页。

毛家坪①,深入到战国晚期的资料较少,故不讨论。

庙庄 M6、M7②:战国晚期—秦代。每墓随葬车子一辆,墓葬出土器物总体与关中秦墓相似。

放马滩③,秦代。秦墓 13 座,除了器物等外,还有秦简 47 枚、木版地图 7 幅。

固原坪乐,秦代—汉初。头营公社坪乐出土的这批器物,记有鼎 1、壶 1、卣 1、戈 1、剑 1、铃 5、银镦 1。卣可能是装封泥之类的器物,因为是敞口,并且尺寸大小正便于手的进出。鼎上铭文有秦小篆,但也具隶意,所以推断年代上限也可能在汉初。此地位于秦昭王长城北,以此推测年代上限当不早于秦取"河南地"那一年,即公元前 214 年④。

东旱坪⑤,位于天水市武山县洛门镇东之渭河南岸。简报判断 M42、M43 为第一期即战国晚期,M6、M46 为第二期即秦到汉初。第一期的两座墓为土洞墓,与西安、宝鸡发现的一致,最主要的是器物例如盆、双耳罐、鼓腹罐与天水放马滩、凤翔高庄、陇县店子、铜川枣庙战国秦墓同类器物非常相似。第二期墓葬 M6、M46 中器物例如 M46:1 铜蒜头壶、M46:2 铁釜、M46:9 陶壶,与凤翔高庄 M46:11 蒜头壶、M47:24Ⅳ无耳罐,以及同期的铁釜非常相似。半两钱也与临潼上焦村秦墓、洛阳烧沟汉墓出土的相同。

西山坪⑥,汉初。所发现的三座墓 M1、M2 为土洞墓,M3 为竖穴墓。M1 的葬式为直肢葬,M2、M3 为屈肢葬。出土陶器与西安半坡的战国墓、临潼上焦村秦墓、凤翔高庄秦墓相似。

上袁家 M6、M7⑦,汉初。除了随葬家畜头骨的习俗外,凸字形的墓葬形制,

---

① 甘肃省文物工作队、北京大学考古系:《甘肃甘谷毛家坪遗址发掘报告》,《考古学报》1987 年第 3 期;赵化成:《甘肃东部秦和羌戎文化的考古学探索》,俞伟超主编:《考古类型学的理论与实践》,文物出版社,1987 年,第 145～176 页。

② 甘肃省博物馆:《甘肃平凉庙庄的两座战国墓》,《考古与文物》1982 年第 5 期。

③ 甘肃省文物考古研究所、天水市北道区文化馆:《甘肃天水放马滩战国秦汉墓群的发掘》,《文物》1989 年第 2 期。

④ 《史记·秦始皇本纪》等。

⑤ 甘肃省文物考古研究所:《甘肃武山县东旱坪战国秦汉墓葬》,《考古》2003 年第 6 期。

⑥ 中国社会科学院考古研究所甘肃工作队:《甘肃天水西山坪秦汉墓发掘纪要》,《考古》1988 年第 5 期。

⑦ 见甘肃省文物考古研究所:《甘肃秦安上袁家秦汉墓葬发掘》,《考古学报》1997 年第 1 期。

与凤翔秦公陵园、平凉庙庄秦墓的相似。M6 出土的半两钱,是标准的秦半两,铜镜也与上焦村出土的相同。M7 出土的长胡三穿铜戈,是标准的秦戈。另外的兵器例如铁刀、铁匕首、铁镞,以及工具锛、斧、锯等,都与秦墓中同类器物相同。M7 出土的夹柄铁钺,也与秦始皇陵园的铜钺形制相同。

上述墓葬,有的年代已经深入到汉初,但并不影响我们的结论,也说明这个中原秦文化对于本地区的影响过程,一直延伸到汉代。

这些墓葬所体现的文化面貌,大多与关中等地的秦或汉文化相似,已经无须过多的论证,也有上袁家 M6、M7 那样的存在"西戎"文化因素的例子。此外,有三晋两周地区的文化因素,也存在于本地区,这是值得注意的[1]。这个现象与大量出现于关中地区的三晋两周地区的器物一样,都是通过战争的掠获或者别的什么方式取得的。在这里有同样的文化因素,反映了本地区与关中一样的重要的政治根据地地位。就是说,这里成为秦的政治版图,仍然是不同文化因素存在的原因。这也是上述正宗的"战国型"秦文化在此存在的原因。

四、小结

本节观察了自西周中晚期至秦代,也就是贯穿越整个"秦人"历史的 600 余年间,在传统所谓的"西戎"地域内突出的三个文化变迁现象,以此来说明秦与"西戎"文化关系的历史。

西周中晚期至春秋早期,"秦人"在"西戎"的地域内兴起,秦文化在此形成与传播,是本地区包括关中地区最为突出的历史文化现象。秦文化的兴起,"侵蚀"了"西戎"文化的分布空间,这有两个方面的表现:第一是商周以来的"西戎"寺洼文化在春秋初年趋于灭亡(毛家坪 B 组遗存或是它的延续型);第二,毛家坪 A 组遗存,文化面貌在西周中晚期也发生了变化,成为东周秦文化的直接前驱。如果说西周中期之前的毛家坪 A 组遗存是"秦人"的祖先与"西戎"共同使用的一种文化,那么这个现象无疑也反映了秦文化在本地域的扩散。这一切最主要的原因,都是因为"秦人"在西周中期受封后政治经济实力的提升。

春秋中期以后,秦曾霸"西戎",这里的"西戎"与秦维持着"臣邦"或"外臣邦"

---

[1]　滕铭予:《秦文化:从封国到帝国的考古学观察》,学苑出版社,2002 年,第 135~136 页,图六-12。

那样的政治关系。至战国晚期,秦灭义渠,最后伐灭诸戎,在此设立北地、陇西二郡,以郡县(道)的形式正式把甘肃东部、宁夏中南部的"西戎"地域纳入自己的版图。由于这个原因,变化了的秦文化重新在这里扩散,特别是"西戎"地域的南部,即天水一带。至秦灭亡,这里的文化面貌已经与典型的秦文化面貌差别不大,并最终成为统一的秦汉文化的一部分。这是可以体现本地区秦与"西戎"文化关系的第二种现象。作为东周时期"西戎"文化一种的毛家坪B组遗存,它在秦汉时期的最终消亡,也当与秦汉文化的扩散有关。"西戎"地域内文化的统一,与新的"华夏"以至"汉人"认同的产生,应是一种互动的关系,虽然我们现在不能肯定哪些具体的文化因素被当作族群的"文化标识"。

第三个现象是,春秋晚期以来,在"西戎"地域的北部,即天水北部、固原、庆阳一带,也出现了畜牧经济成分加大的游牧化趋势,北方系青铜文化十分发达,表现出与长城地带青铜文化的高度相似性。对于这些地区文化的"变异",应从一个大的背景去理解,这应与气候、生态变化所导致的人口迁移有关。这个趋势在战国晚期以来,在向南扩散的过程中受到了秦文化阻隔而终止。这既与本地区的生态地理基础有关,也与郡县制的实行使秦政治势力在此加强有关。

总的看来,西周中晚期以来,本地区上述三个突出的文化现象所表现的秦与"西戎"文化的关系,总的趋势是秦文化的形成和扩张,"西戎"文化退缩和被同化,但也受可能因气候生态变化所带来人口移动所造成的游牧化的影响,使这个过程出现反复。政治、气候生态地理,以及人口的移动等,是决定这个关系变迁的主要原因。

第二节　从战国晚期—秦代鄂尔多斯地区文化的变迁看秦与"狄"—匈奴文化的关系

在秦之北方,今天的陕北、宁夏东部,向北再到内蒙古黄河以南一带,与陇山东西的"西戎"、秦之本土相对,是历史上与秦发生关系的另外一块"蛮夷"区域,核心地带常被称为鄂尔多斯。

在中原新石器时代晚期的龙山时代以来,这里有朱开沟农业文化的分布,年代一直延续到商代早期①。商周时期,则有李家崖农牧文化,后者的主人被认为是商周的鬼方②。这里还可能与西周的猃狁有关。传统观点认为,春秋以前称作"狄"的人群生活于此,与后来的匈奴属于同一系统、存在着渊源关系③,现在看来是靠不住的。春秋中晚期以来,所谓的鄂尔多斯青铜文化从此繁盛,向南一直辐射到了关中一带④,这里的族群属于传统的被称为"戎狄"的族群与从北方北亚南下的蒙古人的综合体⑤,文献记载的人群有白狄⑥、林胡、楼烦等族群。林胡、楼烦之类,本书采用传统"北狄"之"狄"这个概念来表达。在战国中晚期之交,即公元前4世纪末期以后,赵、秦的势力深入至此,匈奴也正式进入中原人群的视野而与之发生关系。

　　大约与秦势力深入此地相先后,赵在此设立了九原、云中两郡,把河套以东、黄河两岸的地方纳入自己的版图,并建立长城加以保护这些土地。战国晚期,秦、赵建立长城与匈奴对峙,秦、赵、匈奴(包括林胡、楼烦)在此以长城为各自的政治边界,也形成了比较明显的文化分布区,这给我们分析秦与匈奴的文化关系提供了很好的材料。在本节中,笔者将以秦、赵长城为界,分内外两个地区,考察两个地区存在的两种不同的文化体系的变迁。

一、战国晚期—秦代鄂尔多斯政治形势的变迁

　　从阴山南麓的赵长城南向,越过黄河便是鄂尔多斯,即史称"河南地"⑦"新秦中"⑧的地方,大致即今内蒙古中南部、陕西北部、宁夏东部地区,本书的论述以今属内蒙古的部分为主,地域范围大致相当于今天的东胜市(旧称伊克昭盟、

---

① 内蒙古自治区文物考古研究所、鄂尔多斯博物馆:《朱开沟:青铜时代早期遗址发掘报告》,文物出版社,2000年。

② 因发现于陕北清涧县李家崖而得名。参张映文、吕智荣:《陕西清涧县李家崖古城址发掘简报》,《考古与文物》1988年第1期。邹衡先生原来所说的太原附近的"光社文化",与此属同一类型的文化。见邹衡:《夏商周考古学论文集》(文物出版社,1980年,第271~274、336~343页)。

③ 例如《史记·匈奴列传》的看法。

④ 田广金、郭素新:《鄂尔多斯式青铜器》,文物出版社,1986年。

⑤ 林沄:《夏至战国中国北方长城地带游牧文化带的形成过程(论纲)下》,《燕京学报》2003年第14期;林沄:《关于中国的对匈奴族源的考古学研究》,《林沄学术文集》,中国大百科全书出版社,1998年,第368~386页。

⑥ 白狄见《左传》《国语》等文献。《史记·匈奴列传》记载春秋以来"晋北有林胡、楼烦之戎"。

⑦ 见《史记·秦始皇本纪》等文献。

⑧ 见《史记·平准书》等文献。

鄂尔多斯市)。在公元前 4 世纪末期赵、秦等势力深入之前,这里有林胡、楼烦等族群活动。

林胡的生活地,当在今晋西北、内蒙古阴山南麓,以及鄂尔多斯一带。

林胡与赵的关系发生得很早,《史记·赵世家》记载神人曾云赐赵襄子(前 475～前 425 年)"林胡之地"。林胡的生活地,大概本在"晋北"至于"榆中",也就是今晋北至于鄂尔多斯①。在赵武灵王(前 325～前 299 年)以后,林胡或服于赵,或被赵征伐,其地受到赵的挤压,向别的地方退缩,但具体不明所在,赵在此设云中、九原两郡,就是今内蒙古中南部包括鄂尔多斯东北部②,并设立长城保护之③。按照下文所引文献,在秦末楚汉之际出现于"河南地"的匈奴别部只有楼烦、白羊等来看,林胡被逐后当离开了鄂尔多斯地区。其后林胡或投靠匈奴,至赵孝成王时(前 265～前 245 年)李牧破匈奴后,林胡之名即不见于文献记载④。

楼烦也是本居"晋北"之戎⑤,但也与鄂尔多斯有关,如《赵世家》记载:"惠文王二年(前 297 年),主父行新地,遂出代,西遇楼烦王于西河而致其兵。三年(前 296 年),灭中山,迁其王于肤施。"所谓"新地",即新辟的云中、九原等地,楼烦必在此附近而地近"西河",即今晋、内蒙古间南流的黄河区段。《史记·匈奴列传》记载楚汉之际,匈奴越过阴山长城,"南并楼烦、白羊河南王",《史记·刘敬叔孙通列传》也记载公元前 198 年,"刘敬从匈奴来,因言匈奴河南白羊楼烦王,去长安近者七百里,轻骑一日一夜可以至秦中",《匈奴列传》又载此后的公元前 127 年"卫青复出云中以西至陇西,击胡之楼烦、白羊王于河南,得胡首虏数千,牛羊百余万。于是汉遂取河南地,筑朔方,复缮故秦时蒙恬所为塞,因河为固。汉亦

---

① 《史记·匈奴列传》记载春秋以来"晋北有林胡、楼烦之戎"。《史记·赵世家》记载武灵王二十年(前 306 年),"西略胡地,至榆中,林胡王献马"。

② 《史记·赵世家》说武灵王二十年(前 306 年)"西略胡地,至榆中,林胡王献马"。《水经注·河水》引古本《竹书纪年》:"魏襄王十七年(前 302 年),邯郸命吏、大夫奴迁于九原,又命将军大夫适子、戍吏皆貉服。"可见此时赵已有九原郡,很可能西略胡地至榆中后,就设立了九原、云中两郡。《史记·赵世家》记载武灵王二十六年(前 300 年):"复攻中山,攘地北至燕、代,西至云中、九原。"《战国策·赵策二》记载为"出于遗遗之门,逾九限之固,绝五陉之险,至榆(鲍本作胡)中,辟地千里"。这些记载已经比较明确,赵此时已有两郡。

③ 《史记·匈奴列传》。

④ 《史记·廉颇蔺相如列传》记载:赵将李牧守雁门备匈奴,曾"大破杀匈奴十余万骑。灭襜褴,破东胡,降林胡,单于奔走。其后十余岁,匈奴不敢近赵边城"。

⑤ 《史记·匈奴列传》记载春秋以来"晋北有林胡、楼烦之戎"。

弃上谷之什辟县造阳地以予胡"。说明楼烦后来的去向,是归了匈奴,其地就在鄂尔多斯。具体的地区,就是下文将要考证的秦、赵长城外侧,即鄂尔多斯西部。

赵武灵王始筑的赵长城,大致走向现已基本清楚:位于云中、九原等郡北侧的那段,在黄河之北沿阴山南麓延伸,西边一直到高阙,大致在今阴山南麓乌拉特前旗河套东端一带,俗称"赵北长城"。在今东胜市、准格尔旗、达拉特旗(或包杭锦旗)的原来以为是秦昭王长城的那段长城,则就是赵九原郡的西南界①。根据考古调查,这些长城的遗迹,在准格尔旗有所发现。长城从南面的伊金霍洛旗而来,经过准格尔召乡、乌兰哈达乡(旧称铧尖乡),向东北行,至准格尔旗暖水乡榆树壕一带分成两支②,向准格尔旗的这一支经榆树壕一带后,大致东北行,经巴龙梁、坝梁,再到点素脑包,推测当再向东南至准格尔旗东南一带的黄河岸边,原先认为向东北行到达十二连城附近的说法可能并不准确,因为按照后来的秦九原(汉五原)、云中南侧与上郡的边界逆推,界限是当走向东南的。另外,秦之势力是先行至此的(见下文),若秦长城至于十二连城,则赵必从秦手中争夺鄂尔多斯的西北部才可有之,但文献压根就没提赵是从秦手中夺取此地的。另一支,即位于九原郡西南侧的那支,从榆树壕一带西北行,在东胜市、达拉特旗交界处遗留有大约 15 公里③。另外在达拉特旗北部树林召乡一带还存有约 30 公里长一段,大致作东西走向。从现存基宽、夯层厚度来看,位于东胜市、达拉特旗的这两段,都是相似的,因此应是同一时代的同一墙体的遗留,辛德勇推测当为赵之九原郡西南侧的赵长城,是极为有理的。准格尔旗境内东向至黄河岸边的这段,是秦、赵的边墙是无疑的,但究竟首筑于赵、秦谁人之手,辛德勇推测,秦国在赵向西辟土之前,秦已经先行控制了本地后来赵云中、九原两郡南侧地区,不然赵自然不会只拘于一隅,而不继续向南扩展,所以这段长城应是秦长城。他的推测应是合理的,《史记·张仪列传》记载"仪相秦四岁,立惠文王为王。居一岁,为秦

---

① 辛德勇:《张家山汉简所示汉初西北边隅边境解析——附论秦昭襄王长城北端走向与九原云中两郡战略地位》,《历史研究》2006 年第 1 期。

② 史念海:《鄂尔多斯高原东部战国时期秦长城遗迹探索记》,文物编辑委员会编:《中国长城遗迹调查报告集》,文物出版社,1981 年,第 68~75、117 页;国家文物局:《中国文物地图集》内蒙古分册,西安地图出版社,2003 年,上册第 263~265 页;伊克昭盟文物工作站、内蒙古文物工作队:《西沟畔匈奴墓》,《文物》1980 年第 7 期。

③ 国家文物局:《中国文物地图集》内蒙古分册,西安地图出版社,2003 年,上册第 256~257 页;下册第 572、575 页。

将,取陕,筑上郡塞"。笔者认为,虽然《秦本纪》记载此前(前328年)有魏纳上郡十五县给秦①的记载,但并没有修筑长城环卫之,所以秦在上郡修筑长城,应就在惠文王改元(前324年)前后。这部分位于秦上郡北、云中、九原两郡南侧、西南侧的长城,也是巧妙地利用了地形。上郡北侧的一段,利用东西走向的一道山梁,山梁南是沟壑丘陵地带,北侧则是水草丰美的沙漠草原区②;而赵的九原郡西南侧的那段长城,处于库布齐沙漠的北部边缘③,北部靠近黄河("北河"),也是水草丰美的地区。所以,秦长城作此走向,就可以利用南侧地形,收到军事上的成效。实地的考察结果也可证明这个判断④。

赵国的国势,战国中晚期之交的赵武灵王时代最为强盛,惠文王、孝成王之后,则不断衰弱⑤,个别李牧那样的贤臣良将并不能改变历史的趋势。在这个情况下,虎视赵边的秦、林胡、匈奴对于赵边地云中、九原可能存在侵夺的情况。南面的秦何时侵夺了云中、九原两郡,资料或缺,也只能推测大致当在李牧离开赵、匈边地后。按赵悼襄王二年(前243年),李牧将众攻燕⑥,至迟在此年李牧已经离开赵边,秦对两郡若有侵蚀,也必在此年之后。例如《水经注·河水》记载,秦始皇十三年(前234年)"立云中郡",时间恰在我们判断的这个区间内。但进一步的历史详情,已不得而知。可以肯定的是,在秦始皇三十二—三十三年(前215~前214年)秦占有"河南地"、并"城河上为塞"⑦之时,包括鄂尔多斯在内的云中、九原两郡无疑已属于秦。

秦势力向鄂尔多斯的扩张,始于公元前328年魏纳上郡十五县给秦⑧,《史记·正义》说是唐代的鄜、绥等州,也就是今陕北延安地区至榆林地区南部的无定河流域,此后不久张仪"筑上郡塞",秦之势力已经到达鄂尔多斯东南一带,比

① 《史记·秦本纪》:"(惠文王前元)十年(前328年),张仪相秦,魏纳上郡十五县。"
② 伊克昭盟文物工作站、内蒙古文物工作队:《西沟畔匈奴墓》,《文物》1980年第7期。
③ 国家文物局:《中国文物地图集》内蒙古分册,西安地图出版社,2003年,下册第575页。
④ 例如史念海考察上郡北侧长城靠西的准格尔旗巴龙梁上的一段:"巴龙梁东部缓坡的长城遗迹外侧,紧濒深沟,悬崖陡绝,了无坡状",明显是向北防御的。见史念海《鄂尔多斯高原东部战国时期秦长城遗迹探索记》,文物编辑委员会编:《中国长城遗迹调查报告集》,文物出版社,1981年。
⑤ 沈长云等:《赵国史稿》,中华书局,2000年,第155~219页。
⑥ 《史记·赵世家》。
⑦ 《史记·秦始皇本纪》。
⑧ 《史记·秦本纪》:"(惠文王前元)十年,张仪相秦,魏纳上郡十五县。"

赵还要早几年。至秦昭王三十六年(前271年)灭义渠后,秦筑长城保卫上郡等地,在此必然利用了已有的"上郡塞"。这条长城就是俗称的秦昭王长城或战国秦长城,与后来的秦始皇长城有别,具体走向是从西方甘肃洮河流域起东北行,绵延1500公里以上,东北端已经至鄂尔多斯①。《匈奴列传》等文献记载的此事,已名秦长城所拒之族群为"胡"②,也就是南下的匈奴之类。从公元前4世纪末期赵辟土云中、九原后,以秦、赵长城为界,秦、赵、"狄"—匈奴的势力在此形成的三足鼎立之势。一直到秦始皇三十二年(前215年)派蒙恬将众斥逐匈奴"略取河南地"、次年"自榆中并河以东,属之阴山,以为三十四县,城河上为塞"③后情况才有所改变。此时秦所取的"河南地",当指赵长城以西,不包括乌加河以北河套(小套)在内的鄂尔多斯西部。而所做的"河上塞",是从榆中(今兰州东)而来,与阴山南麓的赵北长城相接,属于有名的秦始皇"万里长城"的一部分,已经把云中、九原本属于赵的地方包于其内。后来秦又越过这道防线,斥逐匈奴至阳山以北,又筑长城于阳山之上,就是今乌加河以北的狼山,包括肥沃的河套(小套)地区以及阴山更多的地方,已经都属于秦④。楚汉之际,秦自顾不暇,匈奴才得以"复稍度河南与中国界于故塞"。⑤这个"故塞",从新发现的张家山汉简来看,当指秦昭王长城—旧九原西南侧赵长城—赵北长城所构成的那道防线,云中、九原两郡仍在秦汉王朝的防线以内⑥。

二、考古材料所见战国晚期—秦代鄂尔多斯"狄"—匈奴文化与社会的变化

上文我们已经论证了战国中期偏晚,即秦筑上郡塞及稍后的赵武灵王"胡服骑射"并向西辟土拥有云中、九原两郡以来政治形势的变化。从秦人、赵人至此,即公元前4世纪末期开始至秦亡,秦、赵、属于"北狄"的林胡和楼烦、匈奴的势力

① 彭曦:《战国秦长城考察与研究》,西北大学出版社,1990年。

② 《史记·匈奴列传》:"秦昭王时,义渠戎王与宣太后乱,有二子。宣太后诈而杀义渠戎王于甘泉,遂起兵伐残义渠。于是秦有陇西、北地、上郡,筑长城以拒胡。"

③ 《史记·秦始皇本纪》。

④ 《史记》卷八十八《蒙恬列传》:"秦已并天下,乃使蒙恬将三十万众北逐戎狄,收河南,筑长城,因地形,用制险塞,起临洮,至辽东,延袤万余里。于是渡河,据阳山,逶蛇而北。"

⑤ 《史记·匈奴列传》。

⑥ 辛德勇:《张家山汉简所示汉初西北边隅边境解析——附论秦昭襄王长城北端走向与九原云中两郡战略地位》,《历史研究》2006年第1期。

在此交织转换,鄂尔多斯的文化与社会,就在这种政治格局下演变着①。下面笔者将以本地区所发现的公元前 4 世纪末期以来的文化面貌变迁为例,说明这种政治关系的变化对于文化与社会的影响。

我们论证的时段,自赵人向此辟土开始,至于秦亡,即战国晚期—秦代,相当于公元前 4 世纪末期—前 3 世纪末。按照杨建华等人的最新研究,年代落入本阶段的"狄"—匈奴考古遗存,有如下一些②:内蒙古准格尔旗的玉隆太③、速机沟④、西沟畔⑤、瓦尔吐沟⑥,杭锦旗阿鲁柴登⑦,东胜市(今称鄂尔多斯市)的碾坊渠⑧,伊金霍洛旗的石灰沟⑨,陕西神木县的纳林高兔(还有李家畔、中沟等)⑩等。

这些遗物大多为墓葬出土,也有零散收集的文物,来源不是很明确,其中的碾坊渠属于窖藏。这些遗物可以划分为以下几类:装饰品,包括金和铜饰牌、浮雕或圆雕的动物图案装饰品、金项圈、银节约、银扣饰、带扣、铜扣等;车器,包括杆头饰、辕饰、轴头等等;武器工具,如剑、刀、鹤嘴斧、镞等。给人以最突出印象的,是遗物中大量精美的金、银制品,还有从艺术角度看成就很高的圆雕或浮雕动物造型和图案的装饰品、车器。

对于这些遗物的主人来说,遗物的质地、种类、数量,可以反映主人的身份地位的高低。其中贵重华丽的金银制品,又最能反映主人身份地位。如纳林高兔墓葬,出土有金、银、铜质文物多件。其中圆雕鹿形怪兽 1、圆雕金虎 1,圆雕银鹿 5、刺猬 2,圆雕与浮雕结合的金虎 2、银虎 2、盘羊扣饰 1、银环 2,还有透雕的花虫银饰牌、铜扣饰等。同出的还有马、牛、羊头骨以及银质错金剑柄。这些珍贵的

---

① 即使有人认为笔者所推测的"上郡塞"的年代和所指有问题,但随后秦昭王三十六年灭义渠筑长城事,却是千真万确的,鄂尔多斯的政治形势至迟在此已呈"三分"的格局,因此并不影响我们的论述。

② 杨建华:《春秋战国时期中国北方文化带的形成》,文物出版社,2004 年,第 8～95 页。

③ 内蒙古博物馆、内蒙古文物工作队:《内蒙古准格尔旗玉隆太的匈奴墓》,《考古》1977 年第 2 期。

④ 盖山林:《内蒙古自治区准格尔旗速机沟出土一批铜器》,《文物》1965 年第 2 期。

⑤ 伊克昭盟文物工作站、内蒙古文物工作队:《西沟畔匈奴墓》,《文物》1980 年第 7 期。

⑥ 内蒙古自治区文物工作队:《内蒙古出土文物选集》,文物出版社,1963 年。

⑦ 田广金、郭素新:《内蒙古阿鲁柴登发现的匈奴遗物》,《考古》1977 年第 4 期。

⑧ 伊克昭盟文物工作站:《内蒙古东胜市碾坊渠发现金银器窖藏》,《考古》1991 年第 5 期。

⑨ 伊克昭盟文物工作站:《伊金霍洛旗石灰沟发现的鄂尔多斯式文物》,《内蒙古文物考古》1992 年第 1、2 期。

⑩ 戴应新、孙嘉祥:《陕西神木县出土匈奴文物》,《文物》1983 年第 12 期。

金银制品、随葬的家畜头骨、错金剑柄,无不表现了主人的富有与尊贵的身份。错金银剑柄,剑身为铁制。此时的剑,仍然不但是作战的武器,同时还是可以作为身份的象征的。这些墓葬,从随葬品看主人地位的差别,是明显的。例如纳林高兔墓葬的主人,身份显然要高点。相反,随葬品较少、级别较低的如神木李家畔墓葬,可能就只是平民性质的了。同样,华丽的车器,作为身份的象征,已毋须赘述。

若与此前阶段即战国中期以前的遗物(例如杭锦旗桃红巴拉墓地、伊金霍洛旗公苏壕墓地、呼鲁斯太、西沟畔 M3 等处)相比较,后者质地主要以铜为主,突出的是对鸟纹青铜短剑以及马面饰①。总体看来,无论从随葬品种类还是质地来说,前阶段的遗物都显得更为平民化和军事化,他们的主人更加表现为操剑厮杀的武士身份。与此前阶段相比,本阶段遗物,表现出两个特点:第一,高级别器物明显增多,金银器突出,并且数量、种类呈逐步增加的趋势。例如在出金银器的地点中,年代偏早的玉隆太、瓦尔吐沟、纳林高兔三处,前二者玉隆太、瓦尔吐沟只出一件银项圈;而年代稍晚的四个地点——西沟畔 M2、阿鲁柴登、碾坊渠、石灰沟(只出银、铜器,无金器)等,则出土金银器数量大,种类多,装饰也要华丽得多。第二个特点,就是以动物形杆头饰为代表的车器的增多(如玉隆太、速机沟、西沟畔 M2 等)②。

鄂尔多斯地区,自然条件其实存在差别,大致以秦长城、赵西南侧长城为界,东南部是黄土丘陵区;西北则是沙漠草原区,后者是游牧的主要区域。在位于阴山—鄂尔多斯一带的内蒙古中南部,现在可罗列的春秋战国之际以来主要的十五个游牧文化遗存地点,除了乌拉特中旗的呼鲁斯太③在河套外侧、包头西园④和土默特右旗水涧沟门⑤在黄河北以外,剩下的十三个地点都位于鄂尔多斯。其中只有准格尔旗宝亥社⑥、速机沟两处地点位于赵长城外侧(东南),其余

①　杨建华:《春秋战国时期中国北方文化带的形成》,文物出版社,2004 年,第 46～48 页,图 30。
②　田广金:《近年来内蒙古地区的匈奴考古》,《考古学报》1983 年第 1 期。
③　塔拉、梁京明:《呼鲁斯太匈奴墓》,《文物》1980 年第 7 期。
④　内蒙古文物考古研究所、包头市文物工作处:《包头西园春秋墓地》,《内蒙古文物考古》1991 年第 1 期。
⑤　郑隆:《大青山下发现一批铜器》,《文物》1965 年第 2 期。
⑥　伊克昭盟文物工作站:《内蒙古准格尔旗宝亥社发现青铜器》,《文物》1987 年第 12 期。

十一个地点——伊金霍洛旗的明安木独①、公苏壕②、石灰沟,杭锦旗的桃红巴拉③、阿鲁柴登,准格尔旗的玉隆太(根据辛德勇文中图推测)、西沟畔、瓦尔吐沟、速机沟,东胜市的碾坊渠,陕西神木县的纳林高兔,都在秦长城外侧(西侧)、赵长城内侧,主要集中于赵境内以及赵、秦长城的西侧,秦境内则地点较少,正是这个情况的反映。

可是,若以杨建华等划分的时间界限,战国晚期,即公元前 4 世纪末期之前的那些地点,分布地是极为广泛的,跨越后来的秦、赵长城内外。但是进入本时期,即公元前 4 世纪末期以后,分布地发生了很大变化:在秦长城内侧的秦境内,只有瓦尔吐沟、速机沟二处;赵长城内有二处即玉隆太、西沟畔 M2;秦、赵长城外的则有四处——纳林高兔、阿鲁柴登、碾坊渠、石灰沟。特别值得注意的是,年代最晚的四处地点,即西沟畔 M2、阿鲁柴登、碾坊渠、石灰沟,可以确定为匈奴族群有三处——阿鲁柴登、碾坊渠、石灰沟都在赵、秦长城的外侧;同时代的地点,只剩下赵长城内的西沟畔 M2 了,关于后者,下文将要论述西沟畔 M2 很可能并不是"狄"—匈奴系统的遗存;秦长城内则无一处发现! 而且,这三个地点如上所述,都具备金银器数量大、种类多的特点,遗物等级最高。这三个地点的年代下限,当都在蒙恬驱逐匈奴于"河南地"即公元前 215 年之前。

若抛开考古发现的偶然性因素,这个分布地、遗物等级向西倾斜的分布状况无疑说明,游牧人群的生活地,随着赵、秦的辟土行动,受到了明显的压缩;文化面貌也发生了变化。对于文化面貌的变化,我们虽然不能全部归结于政治格局的变化,但显然秦、赵在地域上的压迫,还有随后的匈奴人的南下,确实可以看作文化面貌变迁的原因之一。

由于政治格局的转换所带来的文化面貌的变化,我们还可以举西沟畔 M2 等例子来说明。

在秦、赵长城建立后,"三分"的局面出现,鄂尔多斯社会游牧的地域也集中于秦、赵长城之外。具体说来,此时的赵长城内,偏东一带靠近黄河的今准格尔

---

① 伊克昭盟文物工作站、伊金霍洛旗文物保护管理所:《内蒙古伊金霍洛旗匈奴墓》,《文物》1992 年第 5 期。

② 田广金:《桃红巴拉的匈奴墓》,《考古学报》1976 年第 1 期。

③ 同上注。

旗北部、达拉特旗北部(甚或包括杭锦旗一角),是赵的九原、云中郡的属地,后又属于秦,在政治上必先后属于赵、秦的郡县体系的管辖;赵九原郡西南侧的秦长城之外(西侧),则是楼烦—匈奴的势力范围,在蒙恬斥逐匈奴后也属于秦,政治归属也必然经过了从林胡"王"到匈奴"别部",再到秦郡县的转化。两个地区由于经历的政治归属的不同,文化特征也有所不同。西沟畔 M2,先后曾位于赵、秦九原郡的境内,在 M2 出土的金饰牌上发现的字体,类似秦小篆,也有赵风格的文字①、所反映的衡制也是秦式;银节约上的文字风格却是赵的,反映的可能正是由于赵、秦政治势力在此交织而产生的文化变异的情况。值得注意的是,赵、秦势力以及由殖民带来的人群的进入,似乎并没有改变以西沟畔为代表的本地游牧经济类型,这使人们对其族属产生争议,下文还有论述。至于匈奴势力南下对于文化的影响,在秦长城外(西)侧,甚至赵长城以内地区,都可以看到,例如在西沟畔 M2、阿鲁柴登,都发现有鸟头兽身的怪兽形象,这种纹饰的阿尔泰风格,显然是通过南下的匈奴人带过来的②;而本时期后段金银器增多所表现的文化繁荣,也不能说与匈奴的南下无关。

笔者以为,以上文物分布地、等级、数量的变化,不仅表明随着政治格局的变迁所带来的如上所述的文化面貌的变化,也可进一步表明"狄"—匈奴社会财富的再分配形态的变化,即社会层面的变化。

如上文已经提及,公元前 4 世纪末期之前的地点,青铜短剑突出,遗物的质地以青铜为主,并没有大量的金银等奢侈品,等级、数量差别较小;公元前 4 世纪后期以来,差别则明显加大了,华丽的金银器、动物造型装饰品特别是车器数量增大。金银器作为典型的财富的象征,可以表明社会上层财富的增加,自可以理解。我们认为,华丽的动物型车器的流行,也是财富累积的标志。华丽的车辆,不但可以作为贵族身份的象征,也如同所有游牧者一样,是权力阶层赖以移动——行使"移动权"的工具,有如今天蒙古族的勒勒车。可以想象,由于贵族财富的增加,是需要更多的车来运输的。所以,车辆除了本身作为财富外,也是其他财富增长的表现。这个情况当如杨建华所推测,原来,财富可能掌握在操剑厮

　　① 董珊:《战国题铭与工官制度》,北京大学博士学位论文,2002 年,第 62 页(蒙王辉先生惠赐,谨此致谢)。
　　② 乌恩:《论我国北方古代动物纹饰的渊源》,《考古与文物》1984 年第 4 期。

杀的武士手中,战争是获取财富的主要手段①;现在则多集中于社会的上层。社会的上层获得更多财富的原因,是不断增大的权力。很显然,从青铜短剑到华丽的金银器、车器时代的过渡,财富的再分配机制无疑在发生着变化。在外来的压力下,资源的不平衡加剧,人口压力也可能增大、外部政治环境恶化,都需要一个很好的内部协调、组织机制,用来应付内外压力。与此同时,由于匈奴势力无疑已经深入到鄂尔多斯,所以楼烦等族群很可能转而投靠匈奴,寻求更加强大的政治保护,并由此开始了自己"匈奴化"的过程,最终完全成为匈奴政治体系的一部分。无论是内部协调控制机制的强化,还是政治上投靠匈奴而"匈奴化",都预示着贵族阶层权力的扩张,这个扩张反过来又会加强财富的聚敛程度。所以,我们从考古资料所看到的,也就不仅仅是财富的累积,还有社会再分配机制的变化,以及由此反映的社会复杂化的进程。总的说来,从青铜短剑到金银器、车器这一特征的转化,可能不仅仅是经济、文化发展的标志,也是社会复杂化的体现。而这一切都以鄂尔多斯政治格局的变化为基础。政治军事形势的对立,不但使本地的鄂尔多斯青铜文化发生变化,成为所谓鄂尔多斯青铜文化的中心②,也使当地"狄"—匈奴的社会组织发生变化,并使楼烦之类终成"匈奴"别部,最终"匈奴化"而归于匈奴。

　　笔者认为,战国晚期到秦代,即公元前 4 世纪末期到前 3 世纪末期鄂尔多斯一带社会与文化的变迁,秦、赵、"狄"—匈奴族群在这里来往所导致的政治军事形势的转换,仍然是最为重要的原因之一。王明珂认为,长城的建立与长城外的全面游牧化,可能是互为因果的,长城的建立导致了长城外侧原来存在的农牧混合人群的消失,也使原来的林胡、楼烦之类加入到匈奴集团,并最后导致匈奴"国家"的产生,这是合理的说法③。在此,赵、秦长城两侧考古学文化分布地、种类、等级的变化,给我们提供了最为直观的证据。

　　秦、赵与"狄"—匈奴的政治军事联系,导致了本地文化与社会的变化。可以说,与赵、秦等中原族群的联系和互动,是"狄"—匈奴集团文化变迁与族群形成

---

①　杨建华:《春秋战国时期中国北方文化带的形成》,文物出版社,2004 年,第 86 页。
②　同上注,第 88 页。
③　王明珂:《鄂尔多斯及其临近地区专化游牧业的起源》,《中研院历史语言研究所集刊》,第 65 本第 2 分册,第 375～434 页。

的重要原因。这从一个侧面变相说明,秦、赵文化对于"狄"—匈奴文化发生了影响,一定程度上改变了这些族群自身的文化面貌,反映了秦与"狄"—匈奴文化的关系。

三、战国晚期以来鄂尔多斯地区"狄"—匈奴文化对秦文化的影响

上文我们主要论述了鄂尔多斯的游牧族群文化社会的变化,从一个侧面论证了秦与"狄"—匈奴文化的关系,这属于本书主题的一部分。但是,秦与其结构性对立的族群,关系是互动的,文化的影响因此也可能是双向的。下面我们还将简要论述二者文化关系的另一个方面,即"狄"—匈奴文化对秦文化的传播。

在上举西沟畔 M2 的例子中,动物纹金饰牌反映的秦文字风格与秦的衡制(M2：26、M2：27)、7 件银虎头节约上又有赵文字(M2：13~19),使人对其族属的判产生困难,但是这又是分析 M2 属性的一个基本问题,因此须加推测。在西沟畔 M2 以及 M1、M3① 被发现后,后来又有汉代 M4② 等墓葬被发现。早期的观点例如发掘者田广金先生认为,这是匈奴的遗存,墓主是一个匈奴部落酋长③。林沄先生根据长城地带人骨特征,有"胡"人北来的看法;以及上引文献记载的楼烦与"河南地"的关系,判断西沟畔 M3、M2、M4 代表了战国中期、晚期以及汉初不同时期楼烦的遗存④,潘玲则认为 M4 大约是东汉中晚期南匈奴贵族的墓葬,在年代的判断上与林先生稍异⑤。董珊认为,西沟畔 M2 的主人,很可能是"胡化"的赵人,是赵武灵王"胡服骑射"前后从赵迁往边地九原、云中等郡的赵民。《水经注·河水》引古本《竹书纪年》记载:"魏襄王十七年(前 302 年),邯郸命吏、大夫奴迁于九原,又命将军大夫适子、戍吏皆貉服。"这是赵徙民于此并"胡服"的文献证据,而 M2 出土的"虎豕咬斗"金饰牌或是秦国制品,是被赵掠

---

① 伊克昭盟文物工作站、内蒙古文物工作队:《西沟畔匈奴墓》,《文物》1980 年第 7 期。
② 伊克昭盟文物工作站等:《西沟畔汉代匈奴墓地调查记》,《内蒙古文物考古文集》1980 年第 1 期。
③ 田广金、郭素新:《西沟畔匈奴墓反映的诸问题》,《文物》1980 年第 7 期。
④ 林沄:《夏至战国中国北方长城地带游牧文化带的形成过程(论纲)下》,《燕京学报》2003 年第 14 期。
⑤ 潘玲:《西沟畔汉代墓地四号墓的年代及文化特征再探讨》,《华夏考古》2004 年第 2 期。

获过来的。他主张,首先应该考虑墓主为赵人,其次才是楼烦或"胡化的秦人"①。

上引观点,关于西沟畔墓地的主人,有匈奴说、楼烦说,以及赵人三说。笔者认为董珊的观点是值得注意的。上文已说,林胡在被逐后,已经离开了鄂尔多斯②,剩下的只有楼烦、白羊之类。这里楼烦的居地,成了一个关键。

前述鄂尔多斯政治军事形势,《匈奴列传》等文献记载,秦始皇三十二、三十三年(前215、214年),略取"胡"之"河南地",从榆中到阴山"城河上为塞";后又渡河("北河")越过河套(小套)、今乌加河斥逐匈奴于阳山以北,并在阳山上筑长城。后楚汉战争时,"诸秦所徙適(谪)戍边者皆复去,于是匈奴得宽,复稍度河南与中国界于故塞",秦所放弃者为榆中至阴山的河上塞和阳山长城,重新以"故塞"(同篇又叫"河南塞")与匈奴相界。关于此时的"河南地""故塞",辛德勇考证极为精当。他认为,"河南地"就是从秦昭王长城至黄河的这一地区,并不包括河套(小套)。"故塞",在原秦国北边地区,就是蒙恬出兵"河南地"之前的秦昭王长城;而在原赵国西北部地区,则只能是蒙恬占据阳山之前所据守的赵长城。根据张家山汉简《二年律令》所记县份,可以看出在秦末至汉初困难的情况下,秦汉王朝并没有放弃这一边界③。按《匈奴列传》下文又详细记载此时匈奴南下之事:"西击走月氏,南并楼烦、白羊河南王,悉复收秦所使蒙恬所夺匈奴地者,与汉关故河南塞,至朝那、肤施",这回匈奴又把蒙恬所夺"河南地"复又夺了回去,并把此地的楼烦、白羊等部并入匈奴,而楼烦等部,只能在"河南塞"即"故塞"之外,即故赵、秦长城的西边。

从蒙恬取匈奴"河南地",到"诸侯畔秦"使匈奴重新夺回此地,也就十余年。因此可以推测,蒙恬将众夺取"河南地"之前,此处是楼烦的居地。上述战国晚期阶段,在赵、秦长城以西的纳林高兔、阿鲁柴登、碾坊渠、石灰沟等年代在战国晚期—秦代的遗存,应就是楼烦、白羊等族群所留。而秦、赵长城内侧的遗存,应大

---

① 董珊:《战国题铭与工官制度》,北京大学博士论文,2002年,第61~67页。
② 此后的赵孝成王时期,据《史记·廉颇蔺相如列传》记载,林胡等已经在"赵边"之外,则不在长城内侧的赵境内甚明。
③ 辛德勇:《张家山汉简所示汉初西北边隅边境解析——附论秦昭襄王长城北端走向与九原云中两郡战略地位》,《历史研究》2006年第1期。

多数是秦、赵迁民所留。

这样，西沟畔 M2 的主人为赵人，可能性就非常大了。由于文化面貌与长城外的畜牧族群无别，所以董珊的"胡化"说，就是一种最合理的解释。

笔者认为，若董说成立，则反映了此处的赵、秦文化与"狄"—匈奴文化关系的另一个侧面，即后者向前者的传播。如果说西沟畔 M2 可说明的只是赵与"狄"—匈奴文化的关系、并且还有推理的成分的话，那么秦广衍县附近的考古发现，就是秦文化接受北方畜牧文化因素传播比较可靠的例证。

广衍是秦上郡比较靠北的一个县，汉曾属西河郡①。秦汉广衍县的位置现在已经基本确定，在鄂尔多斯东南部、准格尔旗之西南部之旧川掌公社（今称勿日图高勒）②。在秦铜器铭文中，最早出现"广衍"的是"十二年上郡守寿"戈，"十二年"学者们现在有比较一致明确的看法，就是秦昭王十二年（前 295 年）③。根据铭文，"广衍"是此戈的置用地之一。另带有"广衍"铭文的还有当秦昭王时期的广衍矛、广衍戈等。广衍虽是上郡属县，但因为"十二年上郡守寿"戈的"广衍"并非与铸造时首刻之铭为一时刻成，所以显然不能认为器铭首刻的（昭王）"十二年"，就是广衍县设立的年代。但是鉴于兵器属于消耗品的性质，所以两次刻铭的年代不可能相距太远，秦有广衍县，大致就应在昭王十二年前后不久的一段时间内。按照现在广衍县附近发现的遗物特征，秦之有广衍县，大致不会晚于战国晚期。

广衍附近发现有古城一座，以及清理的墓葬 18 座。古城发现有残城墙，城附近发现有秦汉瓦当，以及铜削、箭头、带钩、带扣、泥、石范（包括有弩机和铺首范），小半两、五铢、莽币等钱币。根据遗物判断古城年代当在战国晚期—新莽时期。18 墓葬座墓共分布在八垧地梁等 5 个地点，多在距古城不远、河道旁的台地上，墓葬都是竖穴土坑，有木质葬具，其中属于战国晚期—汉初、即简报所说的Ⅰ～Ⅲ期的 14 座墓，具有典型的秦文化特征。其中又有 10 座是屈肢葬，随葬品中的小口陶瓮、罐形陶壶、双耳铜釜，以及罐、壶、瓿、盒等日用陶器，与关中及其他地区的秦墓基本相同。可是，在墓葬中，仍然能发现北方系畜牧文化对此的影

---

① 《汉书·地理志》。
② 内蒙古语文历史研究所：《秦汉广衍故城及其附近的墓葬》，《文物》1977 年第 5 期。
③ 王辉：《秦出土文献编年》，新文丰出版有限公司，2000 年，第 65～66 页。

响。例如用牛首、蹄和牛羊肢骨随葬,是普遍的现象。双耳夹砂罐、双耳或单耳陶罐、双耳铜釜和四系钮半圆铜壶,都是具有畜牧色彩的器物。作为装饰品的牛首衔环、牛首和马首形带钩,骨刷柄上的马首饰件,也均有这一特征。简报的编写者解释说:"这些,有的是秦文化固有的传统,同时也表明了匈奴等对于我国古代北方民族文化对秦汉文化的影响"①,是有道理的看法。

自公元前4世纪末期以后,秦的势力深入到鄂尔多斯,类似广衍这样的城池,主要是作为军事堡垒存在的,数量当不在少数。秦在这里的民众,可能与赵长城内侧其他地方的民众一样,以移民为主,因为秦到这里本来就是为了争夺这个"过渡地带"的土地的。后来秦代蒙恬因河为塞,筑四十四县城,也当以移民为主②。所以,在这里发现的秦文化之外的畜牧文化的因素,与西沟畔M2一样,属于"狄"—匈奴文化向秦文化的传播,而不是相反。虽然从秦汉时期这个长的时段来看,是秦汉文化向这个"过渡地带"的扩张,而北方的游牧文化是退缩的,但在这个较小的时空范围内,我们还是可以看到,迁移到边地的"秦人",还是接受了一些当地游牧文化的传统因素。

四、小结

本节从考古发现出发,论证了战国晚期—秦代秦文化与"狄"—匈奴文化相互影响、相互作用的关系。其中,秦文化对于"狄"—匈奴文化的影响,主要是以政治军事的扩张、移民等形式进行和施加的。这个影响从考古学可以观察到的情况是,本时期畜牧文化分布地、等级的变化,是与秦(包括赵)的政治边界——长城紧密联系的。而后者对秦文化的影响,主要体现在秦境内的移民群落之中,例如广衍县的例子,虽然这样的考古发现并不多。

春秋战国以来,在秦的北方最显赫的族群是匈奴,另外还有匈奴到来前的林胡、楼烦之类。这些族群的文化与秦文化具有明显的不同,畜牧业在经济中占主要成分,与秦的农耕文化面貌迥异,也是本时期鄂尔多斯地区最为流行的文化类型。战国中期偏晚阶段(前4世纪后期)之后,伴随着军事进攻和移民,秦的势力

---

① 内蒙古语文历史研究所:《秦汉广衍故城及其附近的墓葬》,《文物》1977年第5期。

② 葛剑雄等认为,此四十四(一作三十四)县城的移民人口,大约一二十万。见葛剑雄:《中国移民史》第一卷,福建人民出版社,1997年,第181页。

深入到鄂尔多斯,秦文化与北方系的鄂尔多斯文化不可避免地发生了关系。这种关系使两个文化都打上了对方的烙印,使本地区的文化呈现出繁荣和活力。

第三节　从秦地域内出土的欧亚草原"动物纹"看秦与"戎狄"文化的关系

秦的地域,随时代而逐渐扩大。春秋时代大致是关中—甘肃东部渭水上游、西汉水上游。战国后期灭义渠,秦地以昭王长城为界,已经向西扩展至洮水流域,北方达鄂尔多斯,南有巴蜀。秦始皇时代以后,关东、阴山以南地区,则全为秦之郡县。

秦起于西方"西戎"之域,进入关中后,长期扼守中原与西、北交往的孔道,使秦文化与西北"戎狄"文化有着千丝万缕的联系。在秦的本土,考古发现中的"戎狄"文化的因素是非常多的,例如陶器(例如双耳器、铲脚袋足鬲、三足罐及瓿)、兵器(例如装饰华丽的直柄匕首式短剑)、青铜容器(例如铜鍑)、青铜发饰等。"动物纹"带饰、人体装饰品,是最为引人注目的一项,因为这类器物除了华丽精美,并且不但是我国古代北方"戎狄"所拥有,也为欧亚草原所常见,对于研究秦与"戎狄"文化的关系,有着更大的想象空间。已经有许多学者对这类器物加以关注[1],本节就想在此前学者研究的基础上,对年代在东周—秦代出于秦本土的"动物纹"标本稍作梳理,用以研究秦与"戎狄"文化关系的另一个侧面。随秦之后的汉代,其实也有类似标本被发现,例如枣庙 M25 出土的汉初透雕铜饰牌[2]、长安沣西客省庄 M140 出土的同时期透雕铜带饰[3]、西安东郊三店村西汉王许墓出土鎏金铜饰牌[4]、西安征集的盘羊铜饰牌[5]等,对于我们理解秦地域内的这些"动物纹"标本的含义,仍然是有帮助的。这些材料比较零碎,笔者的收集也不

---

① 例如滕铭予在《秦文化:从封国到帝国的考古学观察》中,每章都有专门论述这些文化因素。
② 陕西省考古研究所:《陕西铜川枣庙秦墓发掘简报》,《考古与文物》1986 年第 2 期。
③ 中国科学院考古研究所:《沣西发掘报告》,文物出版社,1963 年,第 139 页,图九三:1,图版壹〇三:5。
④ 朱捷元、李域铮:《西安东郊三店村西汉墓》,《考古与文物》1983 年第 2 期,图一:1。
⑤ 王长启:《西安市文管会藏鄂尔多斯式青铜器及其特点》,《考古与文物》1991 年第 4 期,图一:11、图二:10。

全面,实际的例证无疑还更多。

一、秦地域内出土的欧亚草原"动物纹"及其所反映的秦与"戎狄"文化的关系

本节所举例证有如下一些:

（一）宝鸡西高泉 M1 青铜短剑①。春秋初年。

（二）凤翔南干河铜短剑柄②。春秋晚期—战国早期。

（三）西安半坡 M24 铜杖头③。战国晚期。

（四）西安北康村战国墓陶质器范④。战国晚期。

（五）西安西电公司出土虎咬马透雕饰牌⑤。战国晚期。

（六）西安后围寨出土二十一年羊首车軎⑥。战国末期。

（七）凤翔南干河熊形浮雕装饰品⑦。战国晚期—汉代。

（八）湖北睡虎地 M47 木梳⑧。秦代。

（一）宝鸡西高泉 M1 青铜短剑

西高泉墓地位于宝鸡县（今宝鸡市陈仓区）太公庙公社西高泉村,墓地与出土秦武公及王姬钟的地点只有一公里的距离。墓地共有墓葬 3 座,青铜器全部出在 M1。M1 共出铜器 22 件,计甬钟 1、壶 1、豆 1、斧 2、剑 1、戈 7、削 1、尖状器 1、鱼 2、车马器 5,主人的葬式据说是屈肢葬,也出有陶器,已经毁坏。M2、M3 只出陶器,M2 出土 15 件、M3 出土 18 件,共计 33 件。

M1 的年代在春秋初年,从文化面貌上来看,这座墓是很复杂的,北方式动

---

① 宝鸡市博物馆、宝鸡县博物馆:《宝鸡县西高泉村春秋秦墓发掘记》,《文物》1980 年第 9 期,图 5、图版壹:5。

② 赵丛苍:《陕西凤翔南干河出土战国、汉代窖藏青铜器》,《考古》1989 年第 11 期。

③ 金学山:《西安半坡的战国墓葬》,《考古学报》1957 年第 3 期。

④ 岳连建:《西安北郊战国晚期铸铜工匠墓初论》,《考古与文物》2002 年先秦考古增刊。

⑤ 王长启:《西安市文管会藏鄂尔多斯式青铜器及其特点》,《考古与文物》1991 年第 4 期,图二:11。

⑥ 陕西省博物馆:《介绍陕西省博物馆收藏的几件战国时期的秦器》,《文物》1966 年第 1 期,图六、七、八。

⑦ 赵丛苍:《陕西凤翔南干河出土战国、汉代窖藏青铜器》,《考古》1989 年第 11 期。

⑧ 湖北省博物馆:《1978 年云梦秦汉墓发掘报告》,《考古学报》1986 年第 4 期。

物纹短剑,如杜正胜所指出,是标准的"北方式",属"戎狄"器物式样,同类短剑也存在于内蒙古宁城南山根夏家店上层文化中。墓中所出的兵器、车马器,如简报所指出,与属于"华夏"的上村岭姬姓虢国墓地所出同类器物相似。正如杜文所指出,与陕西扶风庄白一号墓出土的十三年兴壶极其相似,铜豆则和日本京都大学人文学院研究所所藏者如出一范①。总的从钟、壶、豆、銮铃、戈、鱼等出土物来看,可以基本肯定主人遵从的是周的礼制。葬式为屈肢葬,这当是本时期以及更早的年代里秦人中的"西戎"葬俗。

M1 所出青铜礼器,无论从做工、铭文、花纹来看,都与西周器物无别,而与春秋早期秦人模仿周器所作的呆板粗糙的秦式青铜礼器(即使是礼县发现的级别最高的"秦公"诸器,也是如此)相比,仍然存在着差异。所以可以判定,这些器物是西周遗物。

M1 的主人有象征崇高身份的周式青铜礼器,但却使用屈肢葬,与秦的宗室贵族有别。屈肢葬是甘肃东部"西戎"地域内的葬俗,在西周时代秦与"西戎"共同使用,两周之际随着"西戎"与秦人的东迁,流传到关中一带,因此我们可以断定他本是一位"西戎"上层人士。可是,他却遵从秦之礼制(虽然这个礼制是因袭于周),这应表达了他的"秦人"认同。若与同一墓地 M2、M3 结合起来考虑,这种"秦人"认同无疑处于发展之中。属于同一墓地的年代稍后的 M2 葬式不明,M3 为曲肢,两墓所出陶器、墓葬形制、葬俗,都是标准的"秦式"。两座墓所出陶器中有陶鼎、簋等仿铜陶礼器,足可以为身份地位以及族群属性的"标志",因此可以断定 M2、M3 的主人,都是标准的"秦人"。所以笔者认为,M1 的墓主,是一位文化与族群"身份"都处于变化之中的"西戎"上层人士。就是说,他正在融入到秦文化与"秦人"之中。因此,M1 可以给我们表达的文化关系,就是秦文化向"西戎"的传播。

M1 的青铜短剑,或许可以给我们提供这种传播的另外一个方向。下面将要讨论的年代稍后的凤翔南干河村青铜短剑柄,也是属于"动物纹"短剑,我们很难否认它与下家店上层文化短剑、西高泉 M1 短剑之间的联系,若从一个更长的

---

① 杜正胜:《周秦民族文化"戎狄性"的考察——兼论关中出土的"北方式"青铜器》,《周秦文明研究》,陕西人民教育出版社,1999 年,第 507~536 页。

历史时期来看,无疑又反映了"戎狄"式剑对秦之影响(图四)。

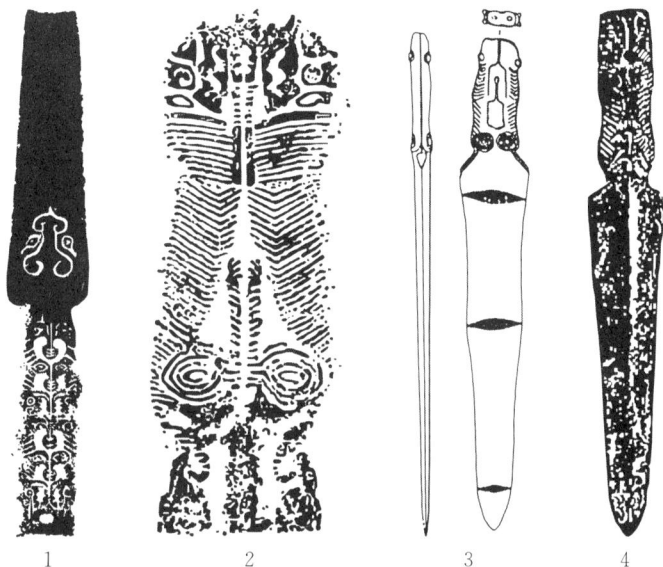

1. 西高泉 M1 出土青铜剑(《宝鸡县西高泉村春秋秦墓发掘记》,图 5、图版壹：5)
2. 宁城南山根 M101 青铜剑
3. 宁城汐子北山嘴 M7501 出土青铜剑
4. 瑞典东方博物馆藏品(《周秦民族文化"戎狄性"的考察——兼论关中出土的"北方式"青铜器》,图二)

图四　北方"戎狄"式青铜短剑

夏家店上层文化装饰品流入秦地,例子并不鲜见。例如西安西郊三民村出土的一件豹纹装饰品(图五),豹"作蹲踞状,伸颈首微低,四肢屈曲前伸,长尾近地,圆目开口,双耳直立,如安闲休息状。在体肢关节部位饰以圆齿纹饰,爪也由圆形表示"[1]。这种豹形装饰品,与冀北军都山类型的夏家店上层文化器物完全一致,后者的年代在春秋晚期—战国早期,二者的联系是明显的。苏芳淑、邦克夫人认为,这种猫状动物来源于商,在西周的宁县宇村有同样造型的虎状装饰品,用途大约是胸饰[2]。由这种零散的流入现象,我们可以想象南山根对虎纹剑出现在秦墓中,也不是偶然的。

---

① 王长启:《西安市文管会藏鄂尔多斯式青铜器及其特点》,《考古与文物》1991 年第 4 期,图二：11。
② Jenny F.So, Emma C.Bunker, *Traiders and Raiders on Chinese Northern Rrontier*, Washionton, 1995, 111~112, Fig.26; Emma C.Bunker, Trudy S.kawmi, Katheryn M.Linduff, Wu En, *Ancient Bronzes of the Eastern Eurasian Steppes from Arthur M.Sackler Collection*, 188~189, Fig.111~113.

图五　西安三民村出土豹纹装饰品
（《西安市文管会藏鄂尔多斯式青铜器及其特点》，图二：11）

　　除了这种饰有动物纹的直柄匕首式短剑，还有一种另外的直柄匕首式剑，即所谓的"秦式剑"，共同存在于秦文化与北方的"戎狄"文化之中。反映的大约也是"戎狄"之风对秦的影响，已经有许多学者探讨过，此不赘述①。

　　（二）凤翔南干河铜短剑柄

　　1985 年发现的陕西凤翔范家寨乡南干河村的铜器窖藏，计有青铜兵器、工具、车马饰、铜镜等 75 件。其中的青铜短剑的剑柄，应该是铜柄铁剑。剑柄长12.3 厘米、宽 2.5 厘米、厚 1.2～1.4 厘米，两端用浮雕手法铸成方向相对的兽首，形象似虎，柄两面纹饰相同。简报已经指出此剑柄的风格与中原迥异，当属北方青铜文化系统。但是，鉴于秦文化中具有"戎狄"风格的"秦式剑"的存在，笔者认为这个剑柄还当归属于秦文化。

　　这种动物纹青铜剑柄，在北方"戎狄"区域、甚至在中亚帕米尔高原也有发现（图六）。例如鄂尔多斯发现的一件剑柄，两端也是饰有相对的鹿纹，柄身则是两只先后排列的山羊形象，年代大概在春秋时代②。纳林高兔战国晚期的银错金对羊纹剑柄，也是如此③。前苏联列宁格勒考古研究所所藏的一件出土于帕米尔高原的青铜剑柄，剑首就饰一肩、臀、腿都弯折的山羊，柄身还有镶嵌宝石的凹

---

　　①　宝鸡市考古工作队：《宝鸡市益门村二号春秋墓发掘简报》，《文物》1993 年第 10 期；李学勤：《益门村金、玉器纹饰研究》，1993 年第 10 期；张天恩：《秦器三论——益门村春秋墓几个问题浅谈》，1993 年第 10 期；陈平：《试论宝鸡益门二号墓短剑及有关问题》，《考古》1995 年第 4 期；张天恩《再论秦式短剑》，《考古》1995 年第 9 期；赵化成：《宝鸡市益门村二号春秋墓族属管见》，《考古与文物》1997 年第 1 期；刘军社：《关于宝鸡益门二号墓的文化归属问题》，第五届秦俑秦文化学术讨论（1999 年，临潼）论文，打印稿。
　　②　田广金、郭素新：《鄂尔多斯式青铜器》，文物出版社，1986 年，第 175 页，图一二二：8，第 160、179～180 页。
　　③　戴应新、孙嘉祥：《陕西神木县出土匈奴文物》，《文物》1983 年第 12 期，图二：1。

陷,年代大约在公元前 6~前 4 世纪,相当于我国的春秋晚期—战国中期①。

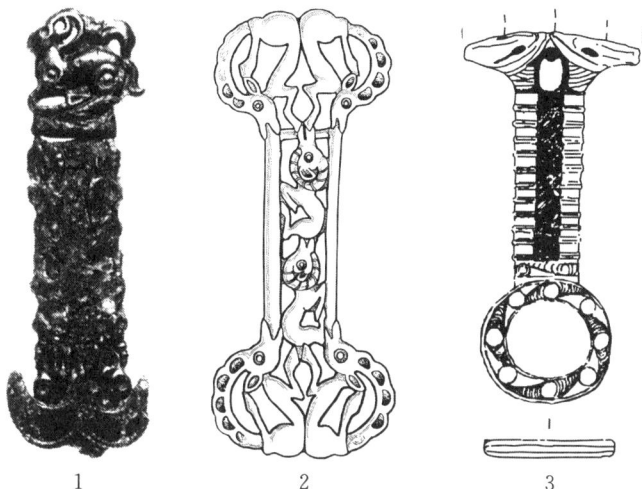

1. 帕米尔出土精通剑柄("*Animal Style*" *Art from East to West*,62,Fig.8.)
2. 鄂尔多斯出土青铜剑柄(《鄂尔多斯式青铜器》,第 175 页,图一二二:8)
3. 神木县纳林高兔出土银错金剑柄(《陕西神木县出土匈奴文物》,图二:1)

图六 "戎狄"与中亚出土"动物纹"剑柄

南干河这种动物纹短剑,与上述所谓的"秦式剑"一样,都是"戎狄"之风对秦影响下的产物。其中所反映的文化关系,已不言自明。

(三)西安半坡战国晚期 M24 铜杖头

M24 为一座普通的竖穴土洞墓,葬式为仰身屈肢,头朝北,无其他随葬品。杖头下端为圆形銎,外饰上下两组"云龙纹",上立一圆雕动物,作蜷曲状(图七)。这个造型与固原、鄂尔多斯的"杆头饰"造型相似,当是同一用途,可能是北方游牧民族张旗的饰件(图八)。虽然我们已经知道这件器物题材、构图的北方文化属性,但正如杜正胜所指出的那样②,上面所饰的"云龙纹"却是中原式的。所以我们基本可以断定这件器物的文化归属还是秦文化,是在北方"戎狄"文化影响下的产物。

---

① Emma C.Bunker, C.Bruce Chatwin, Ann R.Farkas, "*Animal Style*" *Art from East to West*, New York,1970,62,Fig.8.
② 杜正胜:《周秦民族文化"戎狄性"的考察——兼论关中出土的"北方式"青铜器》,《周秦文明研究》,陕西人民教育出版社,1999 年,第 507~536 页。

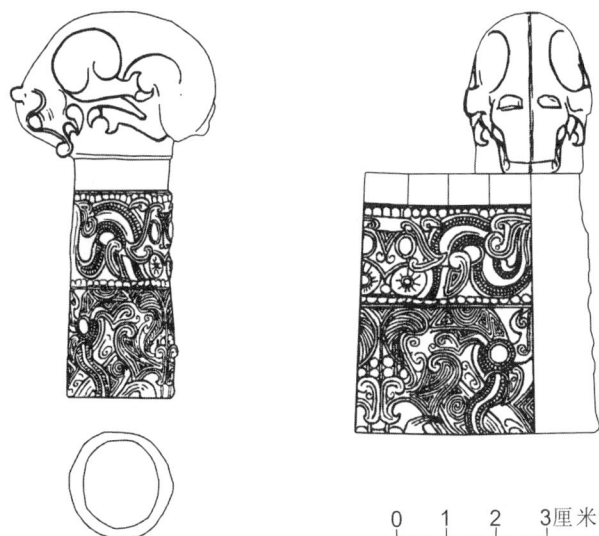

0　1　2　3厘米

图七　西安半坡 M24 出土铜杖头
(《西安半坡的战国墓葬》,图十五)

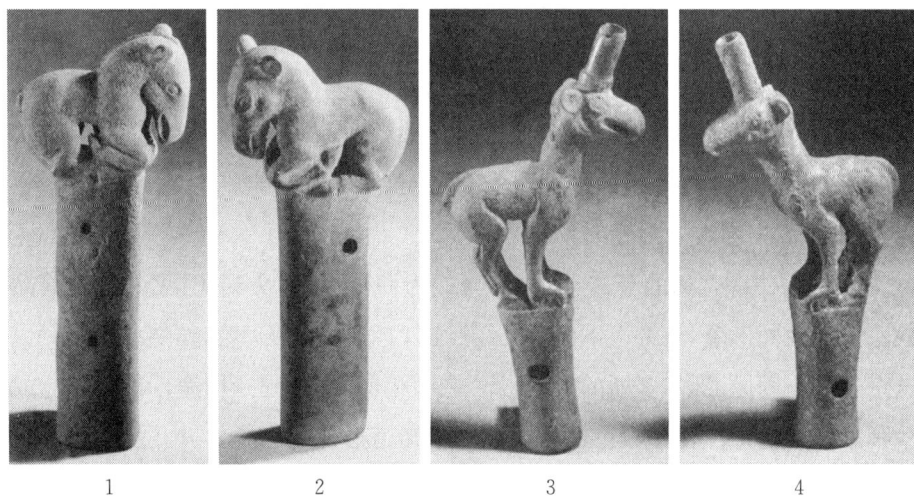

1　　　　　　2　　　　　　3　　　　　　4

1、2. 准格尔旗速机沟出土铜饰件
3、4. 准格尔旗玉隆太出土铜饰件(《鄂尔多斯式青铜器》,图版一一、一三)

图八　鄂尔多斯出土圆"动物纹"饰件

(四) 西安北康村战国晚期器范

1999 年在西安北郊北康村发现的这座战国晚期墓,是一座带壁龛的竖穴墓
道土洞墓,东西向,墓室在东,单棺,葬式为屈肢,男性。随葬品非常丰富,壁龛内

有陶器,主要为仿铜陶礼器和生活用品,例如鼎、盒、壶、罐、盆、缶等,均为泥质灰陶,缶肩有两字印文。铜器有印章1、带钩1(高浮雕羊头纹)、漆奁铜座1、铜环1。铁器为工具,有刻刀1、铁凿1、铁夹子1。石器有红色砂质岩砺石2、圆片状研磨器1。在随葬品中,最令人注意的是25件铸铜模具,其中有饰牌模具3、装饰品模具2,以及雁足灯模(残)、鼎足模、弩机悬刀模、魁斗内模(残)、车軎模、盖弓帽模、车轴模、轴饰模、圆环模、泡饰模、棒状装饰件模等。所有的模具均为实用器,有的似乎还有使用的痕迹。

关于墓主的族属和身份,此墓为屈肢葬,与关中秦墓无别,而匈奴的葬式则多仰身直肢葬。再从陶器来看,陶器、漆器皆为同时期关中秦墓常见的器物。另外,该墓虽是一座普通的土洞墓,但随葬品丰富,除一般的生活用具外,还随葬有大量的铸铜陶模具、工具及印章。发掘者根据这些特征推测,该墓的主人是一位有一定身份地位的铸铜工匠,排除了是匈奴等"戎狄"人士的可能性。

笔者认为,发掘者关于墓主族群身份的推测,应是正确的,这个墓的墓主,当就是秦器铭文中常见的"工师"之类。在这座墓随葬的陶模具中,有车马器模具,更重要的是还有兵器——弩机悬刀模。我们知道,对于车马器的制造,秦是加以控制的,对于兵器制造控制更加严格,至今未在兵器上发现如陶器那样的亭里之名,就是证明。战国晚期的兵器,往往要加上监造者、工师、工之名[1],以备考察。所以,这件弩机配件模具的发现,足以说明墓主本是官方工匠即秦器铭文所说的"工师"身份。可是,他以大量实用的器物模具陪葬,从手工业管理严格的秦社会的角度看,是不正常的,因此或是具有某种特殊的原因。总之,墓主的"工师"身份,应是不可否认的,并且无疑也是"秦人"。

5件具有北方风格的饰牌模具,造型与图案都颇具北方"胡风"。例如标本99SXLM34:13,为长方形带扣的模具,四周为麦粒状框边,中有一奔马,造型跃动,栩栩如生,马的上方有五个怪兽首。这个饰牌的总体造型,与西伯利亚发现的年代在战国晚期—西汉初的饰牌如出一辙[2];马的后腿反转置于背上,也与西

---

① 袁仲一:《秦中央督造的兵器刻辞综述》,《考古与文物》1984年第5期。
② 田广金、郭素新:《鄂尔多斯式青铜器》,文物出版社,1986年,第84页,图五二:3,第99页。

沟畔 M2：74 剑鞘金饰片上的马纹一样①。其他模具的图案,纹饰为马、鹰、羊等,反映的都是北方畜牧民族的生活场景或常见的主题。

秦官方生产这些具有"胡风"的饰牌,具体用途如何,还须跟上面西沟畔 M2 的两件有秦文字以及反映秦衡制的金饰牌(M2：26、M2：27)、后围寨羊首造型车軎联系起来考虑。

其实西沟畔的两件金饰牌,已经暗示我们,秦官方生产的这些"胡风"饰牌的去向,一个重要的方向就是又流向北方。《赵世家》说赵武灵王"胡服骑射"的目的,是"欲继襄主之迹,开于胡、翟之乡",就是为了与"胡、翟"作战,从他们那里夺取土地。穿"胡服",所舍弃者必然是中原的"冠带"。秦在与胡人接触后,由于相似的原因,必然也要有"胡服骑射"那样的转变,至少在上郡、北地等有之。《匈奴列传》记载战国晚期以来秦、燕、赵"三国边于匈奴",赵人"胡化"的实物证据已经找到②,想必秦人也是如此。

西伯利亚发现的类似北康村标本 99SXLM34：13 的饰牌,总体看比西安北康村的简约,所以年代当晚于后者,应是匈奴的遗物,很可能是北康村类似标本的仿制品(图九、一〇)。乌恩曾经总结道："南西伯利亚透雕带饰的图案没有我国北方带饰图案那样清晰,有些甚至很模糊,因此某些国外研究者时常用我国北方的同类带饰来分辨西伯利亚标本的图案。这些情况说明,西伯利亚工匠制造的带饰,是以我国北方带饰为蓝本进行仿制的"③,这种看法是有道理的,北康村的标本 99SXLM34：13 的发现又可为此说提供一个实例。秦人熟悉这些来源于北方的母题,并加以制造,但后来却又重新流入匈奴,并对匈奴文化发生影响。如此循环的文化关系,实在是饶有趣味的。

总之,这些模具为秦之官物,由于某种原因被工匠用作随葬品。秦造作"胡风"器物,很可能是为了供应自己北边上郡、北地人士,当然也可为生活在秦境内的"戎狄"上层人士"臣邦君长"之类所用(例如益门村二号墓的墓主)。无论如何,北康村的北方风格的饰牌模具的发现,至少当如后围寨羊首造型车軎一样,说明北方系文化对秦文化传播现象的存在。

---

① 伊克昭盟文物工作站、内蒙古文物工作队：《西沟畔匈奴墓》,《文物》1980 年第 7 期,图四：4。
② 董珊：《战国题名与工官制度》,北京大学博士论文,2002 年,第 54~72 页。
③ 乌恩：《中国北方青铜透雕带饰》,《考古学报》1983 年第 1 期。

图九 西安北康村出土战国晚期陶质器范
(《西安北郊战国铸铜工匠墓发掘简报》)

1. 西伯利亚出土透雕铜饰牌(《鄂尔多斯式青铜器》,第84页,图五二:3);
2. 西沟畔 M2 出土金饰片(《西沟畔匈奴墓》,图四:4)

图一○ 西伯利亚出土透雕铜饰牌与西沟畔 M2 出土金饰片上的马形象

(五) 西安西电公司出土虎咬马透雕饰牌

西安市文管会藏有一批"动物纹"饰牌、带扣之类,多为零星征集品,这里选择其中一件。

这件虎咬马纹的透雕饰牌出土于西安西郊西电公司,长 9.4 厘米、宽 6.7 厘米,年代在战国时期(图一一)。这样的题材在北方"戎狄"与欧亚草原文化中常见,已经不烦列举。值得注意是虎的形象,虎身花纹作平行"V"字纹。在秦的地域内,还有礼县大堡子山春秋初年的秦公墓中发现的金虎,以及凤翔发现的战国"人刺虎"瓦当中的虎,身上彩绘花纹也作此形状。这种虎的形象,最早的标本可举上文宁城南山根夏家店文化中青铜剑剑柄上的对虎形象,年代大约在西周晚期。在北方地区岩画中,这种纹饰有着广泛的分布。如阴山、贺兰山,直到河西走廊的黑山以及更西的天山、阿尔泰山岩画,都存在着此种纹饰之虎,年代分布大致东早西晚。夏家店上层文化的主人,大致乃山戎,在此种虎向西传播的过程中,秦文化不但受其影响,而且可以看作传播的一个中间环节。据研究,这种虎形向西的传播,应与北狄、匈奴有关,由此也可看出秦与"北狄"、匈奴文化的关系①。由于在此之前已经有同样花纹的礼县春秋虎纹、凤翔瓦当上虎的存在,我们宁愿想象这件饰牌就是秦人的作品,它的母题来自北方,但工艺却是"秦式"的。

图一一　西安西电公司出土透雕铜饰牌
(《西安市文管会藏鄂尔多斯式青铜器及其特点》,图二:12)

(六) 西安西郊后围寨二十一年羊首车軎

此器出于西安西郊后围寨,为征集品(图一二,1)。共出同一类型的 3 件,甲即此器,有铭文,藏陕西省博物馆;乙、丙无铭文,通体云纹,现藏国家博物馆。

甲器铜质卷缘,长 22.3 厘米,高 9 厘米。圆身,卷缘口直径 8 厘米,穿长 1.8 厘米,宽0.7 厘米。器首作羊头型,中部凸带外侧有鸟首突出。铭文作"廿一年寺

---

①　史党社:《考古资料所见秦史中的少数民族及其文化》,吴永琪等主编:《秦汉文化比较研究》,三秦出版社,2002 年。

工献,工上造旦",据此考证是秦始皇二十一年(公元前 226 年)所做器①。

按此车害,年代明确,在战国末期。总体造型特别是首部的羊头形状,与鄂尔多斯准格尔旗玉隆太(图一二,2)②、速机沟(图一三)③出土的战国晚期车辖饰相似。

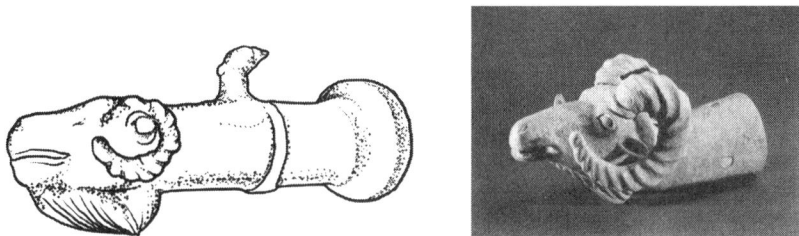

1. 西安后围寨出土羊首车害(《介绍陕西省博物馆收藏的几件战国时期的秦器》,图六)
2. 准格尔旗玉隆太战国墓的车辖饰(《鄂尔多斯式青铜器》,图版十五:1)

图一二　关中与鄂尔多斯出土的羊首形饰件

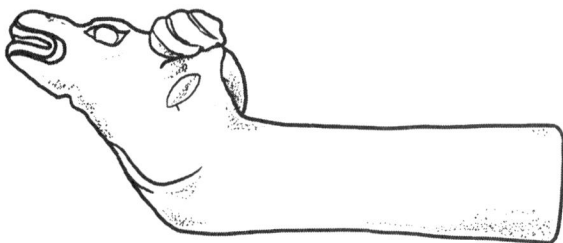

图一三　准格尔旗速机沟出土的羊首形饰件
(《内蒙古自治区准格尔旗速机沟出土一批铜器》,图四)

寺工是秦中央的手工业机构,"献"即本机构的管理者,常见于秦始皇前后的器物刻辞。秦之官营手工业制度,采取"物勒工名,以考其诚"的制度,此器有寺工与工(即工师)之名,故当属秦官府所做之器。同类器物还可举秦昭王时期(前 306~前 251 年)的(宣)"太后"车害,上也有"太后"的刻铭,就是以权势很大的宣太后的名义设立机构所制造的器物④。此器具有匈奴等族群所具有的鄂尔多斯青铜器的风格,实在可以看作北方匈奴等族群的文化对秦文化的传播现象,因为

① 王辉:《秦出土文献编年》,新文丰出版有限公司,2000 年,第 102~103 页。
② 内蒙古博物馆、内蒙古文物工作队:《内蒙古准格尔旗玉隆太的匈奴墓》,《考古》1977 年第 2 期,图版叁:2;《鄂尔多斯式青铜器》,文物出版社,1986 年,图版十五:1,一○二:1。
③ 盖山林:《内蒙古自治区准格尔旗速机沟出土一批铜器》,《文物》1965 年第 2 期。
④ 王辉:《秦铜器铭文编年集释》,三秦出版社,1990 年,第 72~73 页。

秦官物用此造型,足以说明此种因素已经成了"秦文化"的一部分。在秦之享有车马之利的有身份的统治阶层,渗透北方"胡风",由于发现不多,我们不敢说这是一时风气,但"胡风"已经多少浸润了秦上层文化,也是不容否定的。有意思的是,在后来的西汉社会的上层,使用匈奴式的装饰品,确曾极一时之尚。在广州南越王墓、徐州狮子山汉楚王陵、济南洛庄汉墓等地,就可看到此种风气的表现。

(七)凤翔南干河熊形浮雕装饰品

这件装饰品"正面葵花形外沿,外沿之内又有一高出的葵花形层台,正中采用高浮雕手法铸出一凸出的兽首,背面等距离排列三个圆柱体桥形钮。直径5.7、钮高1.5、钮宽1.2厘米",上面有包金(图一四,1)。这件装饰品,原简报称作"节约",实际是不对的,应是马具上的装饰品,当是固定于革带等硬物之上。所谓的"兽首",其实是熊头。

这种圆形熊图案马具装饰,是战国晚期至汉代中国北方常见之物,也经常是鎏金的。例如西安国棉五厂西汉早期墓就有这样的饰件 25 个[1],伏尔加河流域汉代匈奴墓中也发现两个。在早期可能是当作上述装饰品的,后来可能也作为钮扣[2](图一四,2;图一五)。南干河的这件马具饰,有三个钮,因此应是早期的形式,估计是战国晚期的秦物。

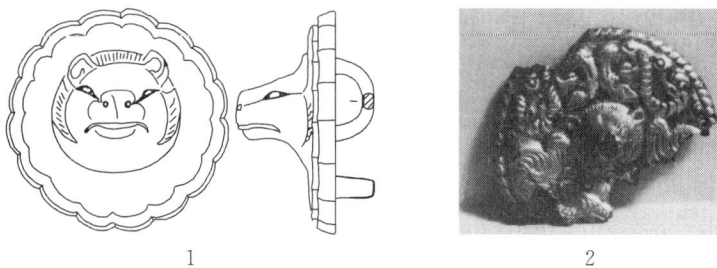

1　2

1. 凤翔南干河村出土包金熊浮雕青铜马具饰件(《陕西凤翔南干河出土战国、汉代窖藏青铜器》,图二：19)

2. 内蒙古(?)出土鎏金熊浮雕青铜饰件("*Animal Style*" *Art from East to West*,128,Fig.110.)

图一四　秦与"戎狄"式熊浮雕马具饰件

---

[1]　呼林贵、孙铁山、李恭:《西安东郊国棉五厂汉墓发掘简报》,《文博》1991 年第 4 期,图十：6。原报告称"泡"。

[2]　Emma C. Bunker, Trudy S. kawmi, Katheryn M. Linduff, Wu En, *Ancient Bronzes of the Eastern Eurasian Steppes from Arthur M. Sackler Collection*,263~264,Fig.228~229.

图一五　北方出土的熊浮雕马具饰件

(*Ancient Bronzes of the Eastern Eurasian Steppes from Arthur M.Sackler Collection*, 263～264, Fig.228～229.)

(八) 湖北睡虎地 M47 木梳

1978 年发掘的睡虎地 M47,位于秦南郡境内。墓葬为一东向的竖穴土坑墓,口略大于底,葬具为单棺单椁,墓主的肢骨为仰身直肢。墓中随葬品丰富,计有铜鼎 2、甗 1、铃 2、蒜头壶 2、罍 1、勺 1、匜 1、匜形器 5、鍪 1、盉 1、镜 1、小构件 1,铁削 2,陶小口瓮 5、茧形壶 2、碗 1,木俑 4、梳子 1、箅子 2、杖 1,竹笥 5、席 6,玉璧1、瑄1,漆圆盒2、盂2、双耳长盒1、奁4、勺1、樽2、盘3、耳杯36,牛头骨等。

　　本书所关注是木质梳子M47:93,与同出的其他5件梳子不同,它的两面有浮雕的花纹,报告描述说:"一面为一奔马,马头作鸟头状,尖嘴大眼,但有耳与特大的长颔,马尾上翘并长垂至地,边框为圆圈纹;另一面为一怪兽,四足立地,口里正吞食一动物(动物一足尚垂于口外),长尾上翘。"按报告说浮雕中动物为马,是不确切的,实际就是北方匈奴等文物常见的怪兽形象。例如西沟畔M2金饰片、纳林高兔的圆雕的怪兽。怪兽吞食动物的造型,也是欧亚草原斯基泰文化、匈奴文化盛行的构图①。

图一六　云梦睡虎地秦墓出土木梳

(《1978年云梦秦汉墓发掘报告》,图三八:5)

1. 西沟畔M2金饰片上的怪首形象(《西沟畔匈奴墓》,图三:3)

2. 南西伯利亚帕泽雷克墓葬中的怪兽形象(*Traiders and Raiders on Chinese Northern Rrontier*,58,Fig.21.)

3. 神木县纳林高兔圆雕的怪兽形象(《陕西神木县出土匈奴文物》,图版四)

图一七　鄂尔多斯与阿尔泰出土的怪兽形象

---

①　田广金、郭素新:《鄂尔多斯式青铜器》,文物出版社,1986年,第174页;第177页,图一二四:6。

　　按秦有楚地并设南郡,《秦本纪》记载在昭王二十九年(前 278 年),其云此年"大良造白起攻楚,取郢为南郡"。出土于 M11 的《编年纪》,终止于秦始皇三十年(前 217 年),有人认为这应是这个墓地所有墓葬年代的大致区间①。M47 的年代,报告的编写者认为是汉初,这可能是考虑了墓中出土的钫等因素。以笔者之见,M47 的年代大致就在公元前 217 年至汉初。

　　关于墓主的身份,或许有人认为是楚人,可是从随葬器物来看,漆器都来自咸阳,在秦亡后是不可能的事情。而贵重的秦式鼎、甗、蒜头壶等铜器,都是传统的秦器。原来的楚人不可能拥有这么多的秦器,所以这座墓的主人就是灭郢后来到楚的秦人。至于直肢葬、使用白膏泥等楚文化因素,当是"入乡随俗"的结果,免不了要接受一点当地的楚俗。

　　此处对于我们来说,判断墓主的身份是故秦人还是楚人并不重要,重要的是她所使用的器物,是秦文化的产物,这对于我们判断秦与北方文化的关系是重要的。此墓从随葬品看,墓主当是一位有一定身份的妇人。从漆器的文字来看,主要有"咸亭",还有"郑亭"②,可知这些器物大多数是关中生产的,并来自秦都咸阳的市场上,反映的是秦文化的面貌。据此也可以推测,同为日用品的梳子,也当有同样的来源和意义,其上的艺术母题,是秦文化的因素,但它的来源,则是北方的欧亚草原。杜正胜认为战国晚期关中对于欧亚草原的文化大概相当熟悉,所以秦人南迁,把这个艺术母题带到了云梦;从风格来看,秦人仿制的色彩明显③。这是正确的看法。奇怪的是,一同随葬的漆器不见于同时期关中秦墓中,器类、形制等也与江汉地区楚文化生产的有所不同,例如长盒、扁壶、圆耳的耳杯,均不见或少见于楚文化的漆器中④,是否如北康村的器范所反映的情况一样,是专门为楚地生产这些器物的,亦无可知。但这些漆器以及木梳是秦都咸阳等地生产和销售的,则可以肯定,已足以说明本节的论点。

二、小结

　　上列例证中的文化因素,来源可以肯定都不是秦,而与传统所谓的"戎狄"有

　　① 王辉:《秦出土文献编年》,新文丰出版有限公司,2000 年,第 136～138 页。
　　② 参报告附录二:漆器上的烙印、针刻文字与符号登记表。
　　③ 杜正胜:《周秦民族文化"戎狄性"的考察——兼论关中出土的"北方式"青铜器》,《周秦文明研究》,陕西人民教育出版社,1999 年,第 507～536 页。
　　④ 滕铭予:《秦文化:从封国到帝国的考古学观察》,学苑出版社,2002 年,第 133 页,图六-10。

关。有一个最容易观察到的现象是:虽然这些器物的来源,可能是北方"戎狄"文化,但都被打上了深深的"秦文化"的烙印,那样的题材和构图,都经过了秦艺术家的重新加工和再创造,即都经历了可称为"秦化"的过程。例如南干河铜短剑柄,与礼县圆顶山、宝鸡益门村春秋秦墓中的铜剑柄铸造工艺极为相似,可以断定这类剑是另外一种具有"戎狄"风格的"秦式剑"。半坡的铜杖头上的卷云纹,也不是"戎狄"的传统,在秦汉文化中则却是常见的。北康村战国晚期器范、后围寨二十一年羊首车書、云梦 M47 木梳上的图案,都确凿无误地说明秦工匠对"戎狄"文化的模仿行为。这种模仿和借用,使这些因素并没有被秦文化同化而归于消失,而是变成了秦文化不可分割的有机部分。因此,以上例子已经足以说明,在秦的本土存在的欧亚草原文化因素,反映的是"戎狄"文化对秦文化的传播现象。

长期以来,在"秦人"的历史中不断有大量的"戎狄"人士的进入,所以这些因素传播到秦文化中,人群的移动无疑是最重要的原因。笔者想强调的是,人群的移动,不一定必然给对应的人群带来文化的传播。虽然"戎狄"的移动,给秦文化带来了"戎狄"之风,但也有大量的"戎狄"反被"秦文化"同化的例子,例如上述西高泉墓地的三座墓所表现的那样,"戎狄"虽进入到"秦人"之中,却反受"秦文化"的传播①。

上列标本,从器物本身以及伴随的其他因素来看,大部分都应是有身份的上层人士所用之物,可以说明在秦社会的上层,确实有一种"戎狄"之风的存在,从上列标本年代集中的程度来看,很可能这种风气在战国晚期以后是极一时之尚的。这些上层人物,应当包括秦简中的"臣邦真戎君长"、文献中的"戎翟君公"之类。但是,即使如此,我们仍然不能把这些因素与上文提到的秦式青铜礼器、直肢葬一样,提升到"族群标识"的高度。若认为使用这些遗物的人士一定就是上述秦领域内的"臣邦真戎君长"之类,那无疑是错误的,因为正宗的"秦人"或者其他人士使用这些器物的可能,是一直存在的。

上述文化因素,往往还有更深的欧亚草原背景。我们知道,秦与更广大的欧

---

① 加拿大考古学家特里格(Bruce G. Trigger,旧译炊格尔)对于人群移动与文化传播的关系,有很好的论述,参其著:*Culture Change*,From:*Beyond History:The Methods of Prehistory*,New York,1968,Chapter 4,26~47。

亚草原地带之间,还有"戎狄"例如"西戎""北狄"、匈奴的阻隔,这些文化因素所反映的秦与更广阔的欧亚大陆的联系,应是以这些"戎狄"为"中介"的,并不一定是秦与更广大的欧亚草原地带那些族群和文化直接接触的结果。本节所举例证,以及上文的刘坪、马家塬墓地所包含的阿尔泰、西亚文化因素,都是证明。这也从另一个侧面反映了秦与"戎狄"文化的关系①。

① 史党社:《刘坪墓地若干问题刍论》,中国秦汉史研究会网站。

第六章 结 论

　　长期以来,由于秦人对于中国历史的重要影响,两千年来,人们一直对秦史、秦文化具有持久的关注,当代秦始皇陵、兵马俑、礼县的考古新发现,也一次次成为舆论的焦点。秦人就像一只从西部古老高原飞出的雄鹰,它的一举一动,都牵动着仰望它的人们的目光。作为一名现代的生于秦地的"秦人",笔者长期从事与秦有关的历史与考古研究工作,自感对于秦史的探索,是自己义不容辞的责任。本书的面貌虽然只是一个十分粗略的线条,也由于笔者天资有限,仍然不能使自己和读者满意,但它毕竟反映了作者长久以来的思考,是笔者这种思考的一个阶段性总结。

一、本书的要点总结

　　下面从几个方面,分别阐述本书的要点。

　　(一)"秦人"的界定

　　"秦人"的概念,是本书着墨很多的,因为它是本书的一个基本概念,是研究秦与"戎狄"的人群分类和文化关系的基础。在事实上的斯大林的"四个共同"的民族定义被部分抛弃的情况下,借用社会人类学的"族群"概念来界定"秦人",就是一种必然的选择。本书从以下三个核心方面把握着"秦人"的概念。

　　第一,强调主客观因素的结合。国际学术界的"族群""民族"等概念,也经历了由强调客观特征向强调主观认同的过渡,本书把二者结合起来加以考察,认为"秦人"是一个具有客观的文化特征,并包含有族群成员自我认同的一个概念。"秦人"的主观认同,可以通过客观特征表现出来,例如表现"秦人""华夏"认同的秦式青铜礼器,就是"秦人"族群认同的"文化标识"。

　　第二,"秦人"是在与"华夏""戎狄"等族群的互动中产生的,它的"边界"随着族群关系的变化而产生、维持和变迁。通俗地说,没有"华夏""戎狄",就没有"秦人",反之亦然。这种结构性对立,是"秦人"存在的基本条件。

第三,"秦人"的产生和消亡,有它的历史阶段性。"秦人"是一个在西周中期非子受封、地位逐渐上升后被"秦人"上层主观"建构"的一个族群。同时,笔者也不否认"秦人"此前阶段的历史渊源以及其间的联系。这个"建构"的过程,在春秋早期基本完成,至秦末汉初,族群意义上的"秦人"基本消亡。

本书给"秦人"作了如下界定:非子之前的秦祖,并不叫"秦人"。从西周晚期到战国早期,"秦人"指的是在秦的政治版图内,具有同一祖先及历史传说、共同的文化等特征的人群,他们自认为是与"蛮夷"有别、与"华夏"相似、具有自身特征的一群人。战国中期至秦代,族群意义上的"秦人"概念,突出的是它的政治与地理的含义,可作如下界定:在秦的领土内,受秦的国家权威约束的人,就是"秦人"。

"秦人"是一个历史概念,并不是一直存在的。以前学者们对于"秦人"并没有理论界定,而往往使用的是约定俗成的含义,本书的界定是一种尝试。

(二)"秦人"的渊源

"秦人"的兴起,是中国历史上一个令人注目的现象,它的历史一直神秘而有趣。近代学者从王国维[①]以来,对秦人的来历作了长期的探讨,当今仍有"东来说"和"西来说"之别。"东来说"认为秦人是三代之时的东方嬴姓后裔,西迁后在西方重新兴起,它的老家在今山东半岛一带。"西来说"则认为秦人本就是西方"戎狄",大略本就生活在今甘肃一带。探索秦人历史渊源的考古、历史学者,现在大多倾向于"东来说","西来说"的地位显得有些孤寂。在本书中,由于如下原因,笔者倾向于"西来说"。

第一,记载秦人早期历史的文献《秦本纪》,西周中期非子之前的那些记载,并不可靠,比较可靠大概只是记载秦祖世系的部分,如同王国维用甲骨文所证明的《殷本纪》的世系一样。其中记载的秦祖"事迹",尤其不可靠。因为这些"事迹",强调的是秦祖与古代圣王、三代王室的密切关系,以及自己祖先的显赫地位,这应是非子受封后秦人的主观造作,虚构或"重构"的成分是很大的,目的是强调自己的"华夏"身份。非子之后的记载,则大体可信。因此,此中所记载的秦

---

① 王国维:《秦都邑考》,《观堂集林》卷十二,1921年。

祖"东来"的证据,就是不可靠的。

第二,从毛家坪的考古材料来说明。

毛家坪的意义不仅仅局限于使我们认识到了西周时期的秦文化这一方面,因为笔者认为,毛家坪A组遗存早期阶段,即西周早期(甚或商代晚期的先周阶段),并不是秦祖一个族群所使用的,它的主人还当包括与秦祖一样"周化"的人群,例如文献中的犬戎。犬戎在文献记载中,是与周有政治联系的,穆王曾征犬戎①。毛家坪被推测是冀戎的区域,我们知道,春秋初年的邽、冀戎,西周、东周时期就生活在毛家坪文化的分布地域内,他们不是春秋初年一下就冒出来的,可以推测他们西周时期就生活于此,可是没有证据表明他们所使用的是寺洼文化,所以他们所使用的也必定是毛家坪A组遗存那样的文化。这对西周犬戎所使用的文化以及毛家坪A组遗存的族属,都是一个很好的说明。毛家坪A组遗存西周早期阶段的面貌,与西周文化相似,正与这样的情况相联系并可互相证明,秦、犬戎、邽、冀戎这些与周有联系的"周化"族群,它们是毛家坪A组遗存的主人,由于与周的联系比较紧密,文化面貌受周影响,与正宗的戎人文化——寺洼文化不同。至于另外一种与毛家坪A组遗存比邻分布的寺洼文化,是公认的戎人文化,与西周文化面貌差异较大,应是与周王室关系较为疏远的族群所使用的,它的主人应是犬戎、邽、冀戎等之外的其他戎人。文献也记载,在非子之前,秦祖还处于养马阶段,地位卑微,并没有那么大的实力把分布广泛的毛家坪A组遗存都纳入自己名下。相反,这里却是商周以来传统的戎人区域,除了秦祖、"秦人",就是传统意义上的"西戎"了。

毛家坪A组遗存既然是秦祖与戎人共同使用,并且毛家坪文化的来源,除了周文化外,还与西北地区的古文化有关(例如毛家坪TM7所显示的秦墓屈肢葬的渊源),文献又不可靠,则把使用毛家坪A组遗存的秦祖也想象成戎人,就是合理的。

第三,在西周中期以来,特别是春秋初年立国之后,秦人不断申明自己的"华夏"身份,也是秦人西来的有力证据。如本书所表述的,从文献(例如《秦本纪》)与大量的考古材料(例如秦青铜礼器、直肢葬)来看,秦人在非子之后,一直主观

①　《史记·周本纪》。

上向东方"华夏""靠拢",强调自身的东方渊源,同时强调自身与"戎狄"的差别,这正掩盖了其本为"戎狄"的历史真相。想来这种行为,并不只是为了现实利益的缘故。

(三)秦与"戎狄"文化的关系综述

西周中晚期—春秋早期,考古学上的秦文化兴起并形成于西方陕甘"戎狄"之域。三代时东方一直是文化比较发达的地区,由于与周之深刻渊源,以及西周以来特殊的夷夏关系,这使秦文化从一开始就表现为不断华夏化的特征。虽然为了现实的利益,秦之上层曾经对"戎狄"文化加以排斥,但伴随秦文化华夏化过程的,始终还有"戎狄化"的趋势。这两个过程至秦亡都没有终止。

本书所说的"戎狄"文化类型,有寺洼文化、毛家坪 TM7 遗存(当属辛店文化)、毛家坪 B 组遗存,以及鄂尔多斯文化。这些文化类型与秦文化比邻分布,在西周中期至秦代,除了鄂尔多斯文化之外,大多都由于秦文化的兴起而处于消亡的过程之中,鄂尔多斯文化由于与秦、赵文化的接触,却出现高度的繁荣。

本书选择了三个地域:"西戎"所在的甘肃东部、宁夏中南部,"狄"—匈奴所在的鄂尔多斯,秦本土关中等地,并以这些地区的考古资料为例,具体论证了秦与"戎狄"文化的关系。

"西戎"所在的甘肃东部、宁夏中南部,是秦文化起源和成长的地方。西周中晚期以来,秦文化依赖当地的毛家坪 A 组遗存的母体,逐渐形成了自己的特色,并在春秋早期基本定型,向泾、渭、西汉水上游扩散,原来也使用毛家坪 A 组遗存早段的戎人,必定是转而使用新出现的秦文化;与秦文化并存的典型的"西戎"文化——寺洼文化在春秋初年归于消亡。春秋晚期以后,由于北方畜牧文化的兴起,可能是由于人群移动所带来的文化扩散,也影响到了天水北部、宁夏中南部以及庆阳地区。到了战国晚期,这种扩散受到了新的"战国型"秦文化的阻隔而终止,后者并在战国晚期—秦代的时段里,占领了这里旧属"西戎"文化的分布区。东周时代的"西戎"文化——毛家坪 B 组遗存,也基本消失。

商周以来,内蒙古中南部的鄂尔多斯一带,是鄂尔多斯文化分布区,本书所举证的时段,是战国晚期至秦代,大致相当于公元前 4 世纪末期—前 3 世纪。秦、赵势力大概都在公元前 4 世纪的末期进入到本地区,并都建立了长城,保卫各自在此新获的土地,原来的畜牧人群楼烦之类,被逼向长城外侧退却。后来秦朝的秦始皇时代,又把这些游牧族群赶向更远的河套、阳山之北。在秦、赵进入本地后,匈奴人的势力也进入到本地,使本地区的政治格局呈现"三分"的局面,一直到秦始皇驱逐之。伴随本地区政治格局的变化,是畜牧文化分布地、等级、种类的变化,这个情况在秦、赵长城外侧表现得最为明显,这个情况使人不得不把政治格局的变化归结为此地文化面貌变化的原因之一。秦文化对鄂尔多斯文化的影响,也体现在这个过程中。

在秦赵长城内侧,则是另外一种情况。这里的人群,当以移民为主,这里的文化面貌,可以窥见的例子并不多,可以推测移民带来的,当主要是本土特色的秦文化。从秦汉广衍县的例子来看,这里的秦文化面貌已经受北方畜牧文化的浸染,形成了之后中国边地文化的共同特征。当然从更长更广阔的整个秦汉时段来看,中原文化在此的传播和扩张,是其主流。

对于秦地出土的"动物纹"带饰等物件,此前的学者多认为是"戎狄"之人的移动带到秦本土的,逐个分析以上标本后会发现,事实并非如此,这些标本大部分都是秦地所造,北康村战国墓出土的陶质器范,是很好的证明。这些标本的题材来自"戎狄"文化,但都经过秦工匠的再创造和再加工,即"秦化"的过程,已经变成秦文化不可分割的一部分。因此,这些现象反映的应是"戎狄"文化对秦文化的传播。这种传播,贯穿于秦人历史的始终,不但"塑造"着秦文化的面貌,也改变了秦人的族群属性和"性格"。

以上分三个地区的论证,是在现有考古资料条件下最容易观察到的现象。其实文中还列举了其他材料,例如秦青铜器以及文献材料(例如文献记载的颛顼传说的传播)。在秦与"戎狄"文化关系中,交流、融合、相互传播,只是秦与"戎狄"文化关系的一个方面,另外一个重要的方面就是两种文化的对立。这在战国中期以前表现得十分明显。此时,由于利益的争夺,夷夏尖锐对立、二者之别被特别地强调,秦对"戎狄"文化的排斥态度也是可以想见的,所以本阶段的文化交流,也主要表现为秦文化向"戎狄"的传播。至战国中期,秦文化才完全以开放的态度接纳异域的文化因素,包括山东六国以及"戎狄"的文化。若说秦文化有包容、"拿来"的属性,也是从战国中期才真正具有的。这种对立关系,使秦与"戎狄"文化的关系史呈现出一定的历史阶段性:西周晚期—战国中期,主要表现为秦文化向"戎狄"文化的传播;战国晚期—秦代,秦文化同时又吸收了大量"戎狄"

文化因素。

总的看来,秦与比邻的"戎狄"文化的关系,是一种互动的关系,既有对立,也有交流。二者的面貌随着这样的关系而改变,即在互动中变化,在变化中互动。秦文化的兴起以及向"戎狄"文化的传播、扩张,"西戎"文化退缩和被同化,是这个关系的主流。同时,秦文化也逆向接受了"戎狄"的文化因素,并使之变成了自己的一部分,使秦文化具有了一定程度的"戎狄性"。我们现在可观察到的决定秦与"戎狄"文化关系作如此走向的原因,当然少不了环境与气候变化以及西周以来族群强烈对立、交流、碰撞的大背景,其中秦人政治与经济实力的不断提升,仍然是最主要的方面。"戎狄"文化向秦文化的传播,因气候变化所带来的人群移动,或是一个重要的原因。

(四) 秦与"戎狄"文化对立与交流的历史意义

从文化本身来说,秦文化的产生和成长,是在与"戎狄"文化并存的情况下发生的,二者的对立与交流的关系,很大程度上决定了秦文化的面貌,这是史家常说的秦文化"戎狄性"的内涵之一。秦文化的面貌呈现多样化,这个特征既使"秦人"被东方诸侯鄙视,也使秦文化充满活力。此方面的论述已经很多,毋庸笔者啰嗦,在此只想强调的是,除自身的文化面貌受"戎狄"文化的影响之外,秦文化与"戎狄"文化的对立、交流,也决定了秦汉以来很长时期内西北地区文化分布的基本格局,并奠定了高度发达的汉文化的基础,最终使中原华夏文化重心西移,使关中成为汉唐千年间的文化中心[①]。

本书已经提及拉铁摩尔的说法,历史时期在中原农耕区与北方草原之间,即后来的明长城一线,存在着一个宜农宜牧的"过渡地带"。这个过渡地带不但是地理的界限,也是一个军事与政治的分界线,长期存在于中国历史之中。童恩正先生的视野更为宽阔,他从气候、土壤、植被、经济、文化类型等方面论证,从石器时代以来,从我国的东北大兴安岭到西南的横断山,环绕黄河中下游和长江中下游地区,存在着一条"半月形文化传播带",他所说的这个区域,自然景观相近,也是宜农宜牧的,构成了造就这条传播带的客观基础。除了自然条件,不同人群的

---

① 杜正胜:《周秦民族文化"戎狄性"的考察——兼论关中出土的"北方式"青铜器》,《周秦文明研究》,陕西人民教育出版社,1999 年,第 507~536 页。

互动,是形成这条传播带的社会原因。从新石器时代后期开始,黄河中下游的农业族群与长城沿线的游牧或半农半牧族群,在经济类型、生活习惯、宗教信仰方面,已经产生了很大的差异。在西周、东周时代,可能因为气候的变化,导致对生存资源更为强烈的争夺,最终在华夏族群中形成了严格的夷夏观念,"这就从行动上阻止了北方民族的南下或西部民族的东进,从思想上限制了他们文化的传播。当北方或西南的民族需要迁徙时,由于这种人为的压力,往往只能顺长城或青藏高原东部移动"。西周春秋以来的夷夏对立,也导致文化上的对立,例如孟子所言"吾闻用夏变夷者,未闻变于夷者也"①,这种观念所导致的文化上的排他性,"促使北方和西方的边地民族的文化传播,始终不能纵贯中华大地,而只能围绕其边缘进行"②。以笔者之见,"秦人"以及秦文化在西北的兴起和扩张,是形成这个文化带以及西、北地区秦汉文化分布基本格局的重要原因。在北方,自公元前4世纪末期的秦惠王时代,秦人势力已经到达鄂尔多斯,秦始皇时则及于阴山之上。在西方,秦文化扩散得更早,至战国晚期,已经到达洮水—兰州一线。随后的汉代,只是在此基础上有所扩展,北方越过阴山,西方则到了河湟、河西走廊一带。秦汉时代这个以长城为标志的界线,不但是自然的界线,也是农牧的分界线,以及文化与主观上的族群分界线。秦文化的传播和扩散,使这个文化带向西、北被压缩,收缩到更加遥远的蒙古高原和河湟以西,谁能说秦汉时代如此的文化与人文地理格局,就与"秦人"、秦文化没有关系?

我们还可以从"汉人"族群"建构"的角度来看待这种对立、交流并存的文化关系。族群与文化的关系,如笔者在文中缕述的那样,是可互为因果的。文化可以促使族群认同的产生,族群认同反过来又可加速文化的趋同和统一。在族群的主、客观"内涵"中,文化都是最为重要的因素。

长久以来,皆从西方兴起的周、秦民族的"戎狄性",是学者们的一个重要的关注角度。这样的文化属性决定了"秦人"的族群属性和"性格",它不但使"秦人"超越了同样卓越的齐、楚族群,成为中国的统一者,也使"秦人"与匈奴、蒙古等族群一样,成为中国历史上最耀眼的族群之一。

---

① 《孟子·滕文公上》。
② 童恩正:《试论我国从东北至西南的边地半月形文化传播带》,《童恩正文集》,重庆出版社,1998年,第558~603页。

秦汉时代文化上的统一，对于真正"汉人"的形成，具有直接的推动作用，由此我们也可从族群"建构"的角度去估量秦与"戎狄"文化关系的历史意义。

秦汉时代是"汉人"形成关键时期，"汉人"是后世汉民族、中华民族的主体和基础。汉代文化已经基本打破了以血缘为基础的分布情况，秦汉文化与"戎狄"文化分布的基本格局和层次，无疑也影响了这个"汉人"认同。在广泛的"汉人"认同产生的过程中，虽然至秦亡，真正的"秦人"认同并没有建立起来，但是秦文化与境内外"蛮夷"文化的碰撞、交流，所导致的相似的文化因素的传播，仍是后来"汉人"认同产生过程中有机的一环，是不能割裂、不可省略的。

例如从"汉人"的祖先系统五帝来看。《史记·五帝本纪》所记载的汉人的祖先系统，是黄帝—颛顼—帝喾—尧—舜。我们知道，祖先以及族群的历史传说，是一个族群"建构"和形成的最重要的标志。"汉人"的形成，就是以这个五帝系统为主要的标志的，其重要性不言而喻，这是司马迁把《五帝本纪》列为《史记》之首的根本原因。汉人心目中的"天下"，是统一的、以中原汉地为中心的，汉地之民与域外"蛮夷"只有教化程度的差别，他们拥有的是共同的祖先，例如在《史记》《汉书》《后汉书》中，匈奴是汉人共同的祖先黄帝之后，羌人也与汉人心目中的圣王大禹有了联系，并且大禹是兴于西羌的。五帝系统中黄帝、颛顼地位的奠定，应该与秦人有莫大的关系。如本书中所论述，黄帝本是姬姓的祖先，与姜姓的祖先炎帝并列，由于后来田氏代齐（姜姓）等因素的作用，炎帝的地位旁落，而黄帝则有秦人的吹捧，从姬周的上帝和祖先神演变成了新的"秦人"的上帝。汉代的五帝系统中黄帝能排在第一，并被境内外不同族群所接纳，显然与秦人所起的作用有关。

另如颛顼。本是春秋前后中原族群传说中的古代圣王，秦人为了厕身"华夏"集团，也把颛顼当作自己的祖先。随着秦人的尊奉，颛顼传说也从东方流布到西方，例如我们文中所举《山海经》的例证，还有《汉书·地理志》所记载的朝那的端旬（颛顼）祠十五所，想必都与秦人的"推广"有关。颛顼崇拜在西方的扩散，是"西戎"族群转而认同"秦人"的标志，是秦文化在这些地区传播的结果。

类似黄帝和颛顼的例子是不胜枚举的。战国晚期以来，关中与西北"西戎"地区的文化面貌，已经差别不大；东方诸侯故地，也随着秦的统一，由移民带来了秦文化因素。秦始皇所实行的"车同轨、书同文"的文化统一政策，虽然在当时还看不出对于族群"建构"的作用,但从长远的历史时期来看,对统一的"汉人"认同的产生必定是起了一定作用的,这种认同反过来促使了汉文化的形成和繁荣。强盛的汉帝国,就是在这种文化与族群认同的相互作用中得以产生的。

二、本书的不足

本书汇集了笔者对于秦史、秦文化的长期思考,但由于秦与"戎狄"文化的关系是一个复杂的问题,以前并没有专文论述,本书从理论与考古资料出发所做的工作,想对已有的考古、文献、古文字材料重新加以解释,本身探索性较强,因此还存在许多问题,自我感觉主要有以下两方面。

首先,对于相关理论的理解,由于许多是初次接触,有可能还存在着误差;在理论与材料的结合上,还存在熟练程度的问题。

其次,本书虽然认为"文化"的内涵,是一个具有不同层次的综合概念,但在具体论述中,笔者利用较多的考古材料,最多说明的是文化的物质技术底层,对文化更高层次的社会组织、价值观等等方面的探讨,则是不足的。

参 考 文 献

中 文 文 献

A

［英］安东尼·史密斯著,叶江译:《民族主义:理论,意识形态,历史》,上海人民出版社,2006年。

［瑞典］安特生著,乐森珬译:《甘肃考古记》,《地质专报》甲种第五号,农商部地质调查所印,1925年。

B

［日］白川静著,袁林译、徐喜辰校:《西周史略》,三秦出版社,1992年。

白寿彝主编:《中国通史》(5),上海人民出版社,1995年。

宝鸡市博物馆、宝鸡市渭滨区文化馆:《陕西宝鸡市茹家庄东周墓葬》,《考古》1979年第5期。

宝鸡市博物馆、宝鸡县博物馆:《宝鸡县西高泉村春秋秦墓发掘记》,《文物》1980年第9期。

宝鸡市考古工作队:《宝鸡市益门村二号春秋墓发掘简报》,《文物》1993年第10期。

宝鸡市考古队、陇县博物馆:《陕西陇县韦家庄秦墓发掘简报》,《考古与文物》2001年第4期。

宝鸡市考古工作队、宝鸡县博物馆:《陕西宝鸡县南阳村春秋秦墓的清理》,《考古》2001年第7期。

［美］保罗·康纳顿著,纳日碧力戈译:《社会如何记忆》,上海人民出版社,2000年。

北京大学历史系考古教研室商周组编:《商周考古》,文物出版社,1979 年。

北京大学《荀子》注释组:《荀子新注》,中华书局,1979 年。

［美］本尼迪克特・安德森著,吴叡人译:《想象的共同体:民族主义的起源与散布》,上海人民出版社,2005 年。

C

曹发展:《陕西户县南关春秋秦墓清理记》,《文博》1989 年第 2 期。

陈淳:《考古学理论》,复旦大学出版社,2004 年。

陈絜:《商周姓氏制度研究》,商务印书馆,2007 年。

陈力:《试论秦国之"属邦"与"臣邦"》,《民族研究》1997 年第 4 期。

陈平:《试论关中秦墓青铜容器的分期问题》(上、下),《考古与文物》1984 年第 3、4 期。

陈平:《〈秦子戈、矛考〉补议》,《考古与文物》1990 年第 1 期。

陈平:《试论宝鸡益门二号墓短剑及有关问题》,《考古》1995 年第 4 期。

陈平:《浅谈礼县秦公墓地遗存与相关问题》,《考古与文物》1998 年第 5 期。

陈平:《关陇文化与嬴秦文明》,江苏教育出版社,2005 年。

陈心林:《族群理论与中国的族群研究》,《青海民族研究》2006 年第 1 期。

陈序经:《匈奴史稿》,中国人民大学出版社,2007 年。

陈昭容:《秦系文字研究:从汉字史的角度》,中研院历史语言研究所,2003 年。

陈致:《夷夏新辨》,《中国史研究》2004 年第 1 期。

陈志明:《族群的名称与族群研究》,《西北民族研究》2002 年第 1 期。

D

戴春阳:《秦墓屈肢葬管窥》,《考古》1992 年第 8 期。

戴春阳:《礼县大堡子山秦公墓地及有关问题》,《文物》2000 年第 5 期。

戴春阳:《礼县大堡子山秦国墓地发掘散记》,礼县秦西垂文化研究会、礼县博物馆:《秦西垂文化论集》,文物出版社,2005 年。

戴庆夏:《论语言关系》,《语言和民族》,中央民族大学出版社,1994 年。

戴应新、孙嘉祥:《陕西神木县出土匈奴文物》,《文物》1983 年第 12 期。

丁山:《古代神话与民族》,商务印书馆,2006 年。

董珊:《战国题名与工官制度》,北京大学博士论文,2002 年。

董珊:《秦子姬簋盖初探》,《故宫博物院院刊》2005 年第 6 期。

董说:《七国考》(全三册),守山阁丛书本,中华书局《丛书集成》影印。

杜预:《春秋左传集解》(全五册),上海人民出版社,1977 年。

杜正胜:《欧亚草原动物文饰与中国古代北方民族之考察》,《中研院历史语言研究所集刊》,第 64 本第 2 分,1993 年。

杜正胜:《周秦民族文化"戎狄性"的考察——兼论关中出土的"北方式"青铜器》,《周秦文明研究》,陕西人民教育出版社,1999 年。

段连勤:《关于夷族的西迁和秦嬴的起源地族属问题》,《人文杂志增刊:先秦史论文集》,1982 年。

段连勤:《北狄族与中山国》,河北人民出版社,1982 年。

段清波:《试论东周屈肢葬》,《秦文化论丛》第 3 辑,西北大学出版社,1994 年。

F

范可:《中西文语境中的"族群"与"民族"》,徐杰舜主编:《族群与族群文化》,黑龙江人民出版社,2006 年。

费孝通:《关于我国民族的识别问题》,《民族与社会》,民族出版社,1981 年。

费孝通:《中华民族多元一体格局》,中央民族大学出版社,1999 年。

傅嘉仪:《篆字印汇》,上海书店,1999 年。

傅斯年:《夷夏东西说》,《中国现代学术经典》傅斯年卷,河北教育出版社,1996 年。

G

盖山林:《内蒙古自治区准格尔旗速机沟出土一批铜器》,《文物》1965 年第 2 期。

甘肃省博物馆:《甘肃古文化遗存》,《考古学报》1960 年第 2 期。

甘肃省博物馆文物队、灵台县文化馆:《甘肃灵台县两周墓葬》,《考古》1976年第1期。

甘肃省博物馆文物队:《灵台白草坡西周墓》,《考古学报》1977年第2期。

甘肃省博物馆:《甘肃庄浪县柳家村寺洼墓葬》,《考古》1978年第1期。

甘肃省博物馆:《甘肃平凉庙庄的两座战国墓》,《考古与文物》1982年第5期。

甘肃省博物馆、北京大学考古系《甘肃天水毛家坪遗址发掘简报》,《考古学报》1987年第3期。

甘肃省文物工作队、北京大学考古系:《甘肃西和栏桥寺洼文化墓葬》,《考古》1978年第8期。

甘肃省文物工作队、北京大学考古系:《甘肃甘谷毛家坪遗址发掘报告》,《考古学报》1987年第3期。

甘肃省文物局:《甘肃文物菁华》,文物出版社,2006年。

甘肃省文物考古研究所、天水市北道区文化馆:《甘肃天水放马滩战国秦汉墓群的发掘》,《文物》1989年第2期。

甘肃省文物考古研究所:《甘肃秦安上袁家秦汉墓葬发掘》,《考古学报》1997年第1期。

甘肃省文物考古研究所、礼县博物馆:《礼县圆顶山春秋秦墓》,《文物》2002年第2期。

甘肃省文物考古研究所、礼县博物馆:《礼县圆顶山98LDM2、2000LDM4春秋秦墓》,《文物》2005年第2期。

甘肃省文物考古研究所:《甘肃武山县东旱坪战国秦汉墓葬》,《考古》2003年第6期。

甘肃省文物考古研究所等:《西汉水上游考古调查报告》,文物出版社,2008年。

高亨:《商君书注译》,中华书局,1974年。

高亨:《诗经今注》,上海古籍出版社,1980年。

高明:《古文字类编》,中华书局,1980年。

高去寻:《黄河下游的屈肢葬问题》,《中国考古学报》1947年第2册。

高诱注:《吕氏春秋》,上海古籍出版社,1996 年。

葛剑雄:《中国移民史》第一卷,福建人民出版社,1997 年。

顾栋高辑,吴树平、李解民点校:《春秋大事表》(全三册),中华书局,1993 年。

顾颉刚:《古史辨》第一册,上海古籍出版社,1982 年。

顾颉刚:《秦与西戎》,《史林杂识初编》,中华书局,1963 年。

顾颉刚、王树民:《"夏"和"中国"——祖国古代的称号》,《中国历史地理论丛》第 1 辑,陕西人民出版社,1981 年。

顾颉刚:《中国上古史研究讲义》,中华书局,1983 年。

顾颉刚、史念海:《中国疆域沿革史》,商务印书馆,2000 年。

郭沫若:《两周金文辞大系图录考释》卷三,上海书店出版社,1999 年。

国家文物局:《中国文物地图集》内蒙古分册,西安地图出版社,2003 年。

H

韩非子校注编写组:《韩非子校注》,江苏人民出版社,1982 年。

韩建业:《中国古代屈肢葬谱系梳理》,《中国历史文物》2006 年第 1 期。

韩康信、潘其风:《古代中国人种成分研究》,《考古学报》1984 年第 2 期。

韩康信:《宁夏彭堡于家庄墓地人骨种系特点之研究》,《考古学报》1995 年第 1 期。

韩茂莉《论中国北方畜牧业产生与环境的互动关系》,《地理研究》2003 年第 1 期。

韩伟:《试论战国秦的屈肢葬仪渊源及其意义》,《中国考古学会第一次年会论文集》,文物出版社,1979 年。

韩伟:《略论陕西春秋战国秦墓》,《考古与文物》1981 年第 1 期。

韩伟:《关于秦人族属及文化渊源管见》,《文物》1986 年第 4 期。

郝时远:《答"问难'族群'"——兼谈"马克思主义族群理论"说》,黑龙江人民出版社,2006 年。

侯仁之、俞伟超文:《乌兰布和沙漠的考古发现和地理环境的变迁》,《考古》1961 年第 6 期。

侯外庐:《中国古代社会史论》,河北教育出版社,2003年。

呼林贵、孙铁山、李恭:《西安东郊国棉五厂汉墓发掘简报》,《文博》1991年第4期。

湖北省博物馆:《1978年云梦秦汉墓发掘报告》,《考古学报》1986年第4期。

胡谦盈:《寺洼文化》,《中国大百科全书·考古学》,中国大百科全书出版社,1986年。

胡谦盈:《论寺洼文化》,《文物集刊》(二),文物出版社,1979年。

黄留珠:《秦文化二源说》,《西北大学学报(哲学社会科学版)》1995年第3期。

J

姬乃军:《延安地区文管会收藏的匈奴文物》,《文博》1989年第4期。

焦南峰、田亚岐:《寻找"开渭之会"的新线索》,《中国文物报》2004年3月5日第7版。

金德建:《〈秦记〉考证》,《先秦诸子杂考》,中州古籍出版社,1982年。

金学山:《西安半坡的战国墓葬》,《考古学报》1957年第3期。

K

[美]克利夫德·格尔兹著,韩莉译:《文化的解释》,译林出版社,1999年。

[英]科林·伦福儒、保罗·巴恩著,中国社会科学院考古研究所译:《考古学理论、方法与实践》,文物出版社,2004年。

[意]克罗齐著,傅任敢译:《历史学的理论和实际》,商务印书馆,2005年。

L

[英]拉德克利夫·布朗著,夏建中译:《社会人类学方法》,华夏出版社,2002年。

[美]拉铁摩尔著,唐晓峰译:《中国的内陆亚洲边疆》,江苏人民出版社,2005年。

[英]雷蒙德·弗思著,费孝通译:《人文类型》,华夏出版社,2002年。

李白凤:《义渠考》,《东夷杂考》,齐鲁书社,1981 年。

李伯谦:《在晋文化研究会上的发言》,《晋文化研究座谈会纪要》,1985 年。

李伯谦:《论文化因素分析方法》,《中国文物报》1988 年 11 月 4 日。

李朝远:《伦敦新见秦公壶》,《中国文物报》2004 年 2 月 27 日。

李朝远:《上海博物馆新获秦公器研究》,《上海博物馆馆刊》第 7 集,上海书画出版社,1996 年。

李济:《安阳》,《中国现代学术经典·李济卷》,河北教育出版社,1996 年。

李济:《安阳发掘与中国古史问题》,《中研院历史语言研究所集刊》第 40 本,1969 年。

李继利:《族群认同及其研究现状》,《青海民族研究》2006 年第 1 期。

李江浙:《秦人起源范县说》,《民族研究》1988 年第 4 期。

李晓青、南宝生:《甘肃清水县刘坪近年发现的北方系青铜器及金饰片》,《文物》2003 年第 7 期。

李学勤:《平山墓葬群与中山国的文化》,《文物》1979 年第 1 期。

李学勤:《师询簋与〈祭公〉》,《古文字研究》第二十二辑。

李学勤:《最新出现的秦公壶》,《中国文物报》1994 年 10 月 30 日。

李学勤:《论秦子簋盖及其意义》,《故宫博物馆院院刊》2005 年第 6 期。

李学勤:《虎噬鹿器座与有翼神兽》,《李学勤文集》,上海辞书出版社,2005 年。

李学勤:《补论不其簋的器主和年代》,《早期秦文化研究》,三秦出版社,2006 年。

李学勤:《(王旁)周生诸器铭文联读研究》,《文物》2007 年第 8 期。

李仲立、刘得祯、路笛:《甘肃宁县西沟发现战国古城址》,《考古与文物》1998 年第 4 期。

礼县博物馆、礼县秦西垂文化研究会:《秦西垂陵区》,文物出版社,2004 年。

礼县秦西垂文化研究会、礼县博物馆:《秦西垂文化论集》,文物出版社,2005 年。

郦道元注,杨守敬、熊会贞疏,段熙仲点校,陈桥驿复校:《水经注疏》(全三册),江苏古籍出版社,1989 年。

梁玉绳:《史记志疑》,中华书局,1981 年。

梁云:《秦文化的发现、研究和反思》,《中国历史博物馆馆刊》2000 年第 2 期。

梁云:《"秦子"诸器的年代及有关问题》,《古代文明》(5),文物出版社,2006 年。

梁云:《从秦文化的转型看考古学文化的突变现象》,《华夏考古》2007 年第 3 期。

梁云:《从秦墓葬俗看秦文化的形成》,《考古与文物》2008 年第 1 期。

李亦园:《人类的视野》,上海文艺出版社,1996 年。

林干:《匈奴通史》,人民出版社,1986 年。

林剑鸣:《秦人早期历史探索》,《西北大学学报(哲学社会科学版)》1978 年第 1 期。

林耀华:《民族学研究》,中国社会科学出版社,1985 年。

林沄:《关于中国的对匈奴族源的考古学研究》,《林沄学术文集》,中国大百科全书出版社,1998 年。

林沄:《柯斯莫〈中国前帝国时期的北部边疆〉述评》,《吉林大学学报》2003 年第 3 期。

林沄:《夏至战国中国北方长城地带游牧文化带的形成过程(论纲)下》,《燕京学报》2003 年第 14 期。

刘得祯、朱建唐:《甘肃灵台景家庄春秋墓》,《考古》1981 年第 4 期。

刘得祯、许俊臣:《甘肃庆阳春秋战国墓葬的清理》,《考古》1988 年第 5 期。

刘怀君:《眉县杨家村西周窖藏青铜器的初步认识》,《考古与文物》2003 年第 3 期。

刘军社:《壹家堡类型文化与早期秦文化》,《秦文化论丛》第 3 辑,西北大学出版社,1994 年。

刘军社:《关于宝鸡益门二号墓的文化归属问题》,第五届秦俑秦文化学术讨论(1999 年,临潼)论文,打印稿。

刘庆柱:《试论秦之渊源》,《先秦史论文集》,《人文杂志》1982 年增刊。

刘瑞:《秦"属邦"、"臣邦"与"典属国"》,《民族研究》1999 年第 4 期。

罗丰:《宁夏固原近年发现的北方系青铜器》,《考古》1990 年第 5 期。

罗丰:《固原青铜文化刍论》,《考古》1990 年第 8 期。

罗丰:《20 世纪宁夏考古的回顾与思考》,《考古》2002 年第 8 期。

罗丰:《以陇山为中心甘宁地区春秋战国时期青铜文化的发现与研究》,《内蒙古文物考古》1993 年第 1、2 期。

罗柳宁:《族群研究综述》,《西南民族大学学报(人文社科版)》2004 年第 4 期。

M

马长寿:《北狄与匈奴》,《北狄与匈奴》,广西师范大学出版社,2006 年。

马长寿:《氐与羌》,广西师范大学出版社,2006 年。

[美]马丁·N·麦格著,祖力亚提·司马义译:《族群社会学:美国及全球视角下的种族和族群关系》,华夏出版社,2007 年。

马非百:《秦集史》(全二册),中华书局,1982 年。

马利清:《原匈奴、匈奴历史与文化的考古学探索》,内蒙古大学出版社,2005 年。

马戎:《评安东尼·史密斯关于"naiton"(民族)的论述》,《中国社会科学》2000 年第 1 期。

马戎:《关于民族研究的几个问题》,《北京大学学报(哲学社会科学版)》,2000 年第 4 期。

马戎:《民族社会学——社会学的民族关系研究》,北京大学出版社,2004 年。

马戎:《中国传统"族类观"与先秦"族"字使用浅析》,乔健等主编:《文化、族群与社会的反思》,北京大学出版社,2005 年。

蒙文通:《周秦少数民族研究》,龙门联合书局,1958 年。

缪文远:《战国策新校注》,巴蜀书社,1998 年。

N

牛世山:《秦文化渊源与秦人起源探索》,《考古》1996 年第 3 期。

内蒙古博物馆、内蒙古文物工作队:《内蒙古准格尔旗玉隆太的匈奴墓》,《考古》1977 年第 2 期。

内蒙古文物考古研究所、包头市文物工作处:《包头西园春秋墓地》,《内蒙古文物考古》1991 年第 1 期。

内蒙古语文历史研究所崔睿:《秦汉广衍故城及其附近的墓葬》,《文物》1977 年第 5 期。

内蒙古自治区文物考古研究所、鄂尔多斯博物馆:《朱开沟:青铜时代早期遗址发掘报告》,文物出版社,2000 年。

内蒙古自治区文物工作队:《内蒙古出土文物选集》,文物出版社,1963 年。

宁夏回族自治区文物考古研究所、彭阳县文物站:《宁夏彭阳县张街村春秋战国墓地》,《考古》2002 年第 8 期。

宁夏文物考古研究所:《宁夏固原于家庄墓地发掘简报》,《华夏考古》1991 年第 3 期。

宁夏文物考古研究所、宁夏固原博物馆:《宁夏固原杨郎青铜文化墓地》,《考古学报》1993 年第 1 期。

宁夏文物考古研究所、西吉县文管所:《西吉县陈阳川墓地发掘简报》,《宁夏考古文集》,宁夏人民出版社,1994 年。

宁夏文物考古研究所:《宁夏彭堡于家庄墓地》,《考古学报》1995 年第 1 期。

P

潘光旦:《中国民族史料汇编》,天津古籍出版社,2005 年。

潘皎:《"族群"及其相关概念在西方的流变》,《广西民族学院学报(哲学社会科学版)》2003 年第 5 期。

潘玲:《西沟畔汉代墓地四号墓的年代及文化特征再探讨》,《华夏考古》2004 年第 2 期。

潘其风、朱泓:《先秦时期我国居民种族类型的地理分布》,杨楠编:《考古学读本》,北京大学出版社,2006 年。

裴文中:《甘肃史前考古报告》,《裴文中史前考古学论文集》,文物出版社,1987 年。

彭曦:《战国秦长城考察与研究》,西北大学出版社,1990年。

彭裕商:《西周青铜器年代综合研究》,巴蜀书社,2003年。

骈宇骞:《秦"道"考》,《文史》第9辑,中华书局,1980年。

Q

秦安县文化馆:《秦安县历年出土的北方系青铜器》,《文物》1986年第2期。

庆阳地区博物馆、庆阳县博物馆:《甘肃庆阳城北发现战国时期葬马坑》,《考古》1988年第9期。

R

容观琼:《我国古代屈肢葬俗研究》,《容观琼人类学民族学文集》,民族出版社,2003年。

S

陕西省博物馆:《介绍陕西省博物馆收藏的几件战国时期的秦器》,《文物》1966年第1期。

陕西省考古研究所:《陕西长武上孟村秦国墓葬发掘简报》,《考古与文物》1984年第3期。

陕西省考古研究所:《陕西铜川枣庙秦墓发掘简报》,《考古与文物》1986年第2期。

陕西省考古研究所:《陇县店子秦墓》,三秦出版社,1998年。

陕西省考古研究所:《陕西宝鸡晁峪东周秦墓发掘简报》,《考古与文物》2001年第4期。

陕西省考古研究所宝鸡工作站、宝鸡市考古工作队:《陕西陇县边家庄五号春秋墓发掘简报》,《文物》1988年第11期。

陕西省考古研究所雍城工作站:《凤翔邓家崖秦墓发掘简报》,《考古与文物》1991年第2期。

陕西省文物管理委员会:《陕西宝鸡县阳平镇秦家沟秦墓发掘记》,《考古》1965年第7期。

陕西省文管会秦墓发掘组:《陕西户县宋村春秋秦墓发掘简报》,《文物》1975年第 10 期。

陕西省雍城考古队:《陕西凤翔八旗屯秦国墓地发掘简报》,《文物资料丛刊》(3),文物出版社,1980 年。

陕西省雍城考古队:《一九八一年凤翔八旗屯墓地发掘简报》,《考古与文物》1986 年第 5 期。

陕西省文物管理委员会:《凤县古文化遗址清理简报》,《文物参考资料》1956年第 2 期。

陕西省雍城考古队:《陕西凤翔八旗屯西沟道秦墓发掘简报》,《文博》1986年第 3 期。

尚志儒:《秦国小型墓的分析与分期》,《考古与文物》编辑部:《陕西省考古学会第一届年会论文集》,1983 年。

沈长云等:《赵国史稿》,中华书局,2000 年。

史党社、由更新:《从考古材料看周秦礼制的关系》,《秦文化论丛》第 4 辑,西北大学出版社,1996 年。

史党社:《秦人早期历史的相关问题》,《秦文化论丛》第 6 辑,西北大学出版社,1998 年。

史党社、任建库:《槐里犬丘与秦人早期历史相关的一点线索》,《文博》2002年第 6 期。

史党社:《考古资料所见秦史中的少数民族及其文化》,吴永琪等主编:《秦汉文化比较研究》,三秦出版社,2002 年。

史党社:《刘坪墓地若干问题刍论》,中国秦汉史研究会网站。

史党社、田静:《陕西宝鸡新发现的"郁夷"瓦当的意义》,《人文杂志》2005 年第 4 期。

史党社:《秦人历史新探——从西汉水流域新近的考古调查说起》,徐卫民、雍际春主编:《早期秦文化研究》,三秦出版社,2006 年。

史念海:《鄂尔多斯高原东部战国时期秦长城遗迹探索记》,文物编辑委员会编:《中国长城遗迹调查报告集》,文物出版社,1981 年。

山西省考古研究所编:《山西考古四十年》,山西人民出版社,1994 年。

司马迁:《史记》,中华书局,1959 年。

[日]泷川资言:《史记会注考证》,北岳文艺出版社,1998 年。

睡虎地秦墓竹简整理小组:《睡虎地秦墓竹简》简装本,文物出版社,1978 年。

水涛:《关于寺洼文化研究的几个问题》,《中国西北地区青铜时代考古论集》,科学出版社,2001 年。

水涛等:《辛店文化研究》,同作者:《中国西北地区青铜时代考古论集》,科学出版社,2001 年。

[日]水野清一、江上波夫:《绥远青铜器》,《内蒙古·长城地带》,东方考古学丛刊乙种第 1 册,1935 年。

[苏]斯大林:《马克思主义和民族问题》(1914),《斯大林全集》(第 2 卷),人民出版社,1953 年。

[美]斯蒂文·郝瑞著,巴莫阿依等译:《田野中的族群关系与民族认同——中国西南彝族社区考察研究》,广西人民出版社,2000 年。

[美]斯蒂文·郝瑞:《民族、族群和族性》,《中国人类学通讯》第 196 期。

苏秉琦:《斗鸡台沟东区墓葬》,国立北平研究院史学研究所陕西考古发掘报告第一种第一号,1948 年。

孙言诚:《简牍所见秦之边防》,中国社会科学院研究生院硕士论文,1981 年。

孙言诚:《秦汉的属邦和属国》,《史学月刊》1987 年第 2 期。

T

塔拉、梁京明:《呼鲁斯太匈奴墓》,《文物》1980 年第 7 期。

滕铭予:《关中秦墓研究》,《考古学报》1992 年第 3 期。

滕铭予:《丰镐地区西周墓葬的若干问题》,苏秉琦主编:《考古学文化论集》(三),文物出版社,1993 年。

滕铭予:《论关中秦墓中洞室墓的年代》,《华夏考古》1993 年第 2 期。

滕铭予:《论秦墓中的直肢葬及相关问题》,《文物季刊》1997 年第 1 期。

滕铭予:《秦文化的考古学发现与研究》,《华夏考古》1998 年第 4 期。

滕铭予:《秦文化起源及相关问题再探讨》,张忠培、许倬云主编:《中国考古学跨世纪的回顾与前瞻》,科学出版社,2000年。

滕铭予:《秦文化:从封国到帝国的考古学观察》,学苑出版社,2002年。

田广金:《桃红巴拉的匈奴墓》,《考古学报》1976年第1期。

田广金、郭素新:《内蒙古阿鲁柴登发现的匈奴遗物》,《考古》1977年第4期。

田广金:《近年来内蒙古地区的匈奴考古》,《考古学报》1983年第1期。

田广金、郭素新:《鄂尔多斯式青铜器》,文物出版社,1986年。

田广金、郭素新:《北方文化与匈奴文明》,江苏教育出版社,2005年。

田亚岐:《东周时期殉人秦墓再探讨》(打印稿),"早期秦文化讨论会"论文,2005年10月(甘肃天水)。

童恩正:《中国考古学三十年》(1949～1979),《汉学研究》1994年6月。

童恩正:《试论我国从东北至西南的边地半月形文化传播带》,《童恩正文集·南方文明》,重庆出版社,1998年。

童书业:《春秋左传研究》,上海人民出版社,1980年。

童书业:《春秋史》,上海古籍出版社,2003年。

童书业:《种族疆域》,《童书业历史地理论集》,中华书局,2004年。

W

王长启:《西安市文管会藏鄂尔多斯式青铜器及其特点》,《考古与文物》1991年第4期。

王东明:《关于"民族"与"族群"概念之争的综述》,徐杰舜主编:《族群与族群文化》,黑龙江人民出版社,2006年,第89～90页。

王光永:《宝鸡市渭滨区姜城堡东周墓葬》,《考古》1979年第6期。

王国维:《秦都邑考》,《观堂集林》第十二卷,1921年。

王辉:《关于秦子戈、矛的几个问题》,《考古与文物》1986年第6期。

王辉:《读〈"秦子戈、矛考"补议〉书后》,《考古与文物》1990年第1期。

王辉:《秦铜器铭文编年集释》,三秦出版社,1990年。

王辉:《秦出土文献编年》,新文丰出版有限公司,2000年。

王辉:《秦封泥考释(五十则)》,四川大学历史文化学院考古学系编:《四川大学考古专业创建四十周年暨冯汉骥教授百年诞辰纪念文集》,四川大学出版社,2001年。

王辉:《20世纪甘肃考古的回顾与展望》,《考古》2003年第6期。

王进先等:《山西省长治市小山头春秋战国墓发掘简报》,《考古》1985年第4期。

王明珂:《鄂尔多斯及其临近地区专业游牧业的起源》,《中研院历史语言研究所集刊》,第65本第2分,第375～434页。

王先谦:《汉书补注》,中华书局,1983年。

王先慎撰、钟哲点校:《韩非子集解》(全二册),《新编诸子集成》,中华书局1998年。

王占奎、水涛:《甘肃合水九站遗址发掘报告》,北京大学考古系编:《考古学研究》(三),科学出版社,1997年。

王志友:《早期秦文化研究》,西北大学博士论文,2007年。

王志友,董卫剑:《陕西宝鸡市洪塬村一号春秋秦墓》,《考古》2008年第4期。

王子今:《〈秦记〉考识》,《史学史研究》1997年第1期。

王子今、马振智:《张家山汉简〈二年律令·秩律〉所见巴蜀县道设置》,《四川文物》2002年第5期。

王宗维:《西戎八国考辨》,西北大学西北历史研究室编著:《西北历史研究(1986年号)》,三秦出版社,1987年。

卫聚贤:《中国民族之来源》,《古史研究》第三集,商务印书馆,1937年,第49～58页。

文物编辑委员会:《中国长城遗迹调查报告集》,文物出版社,1981年。

乌恩:《我国北方古代动物纹饰》,《考古学报》1981年第1期。

乌恩:《中国北方青铜透雕带饰》,《考古学报》1983年第1期。

乌恩:《论我国北方古代动物纹饰的渊源》,《考古与文物》1984年第4期。

乌恩:《殷至周初的北方青铜器》,《考古学报》1985年第2期。

乌恩岳斯图:《北方草原考古学文化研究——青铜时代至早期铁器时代》,文物出版社,2007年。

　　武沐:《匈奴史研究》,民族出版社,2005年。

X

　　夏鼐:《关于考古学文化的定名问题》,《考古通讯》1956年第4期。

　　夏鼐:《临洮寺洼山发掘记》,同作者:《考古学论文集》,科学出版社,1961年。

　　咸阳市博物馆:《咸阳任家嘴殉人秦墓清理简报》,《考古与文物》1986年第6期。

　　谢端琚、张文彬:《甘青地区史前考古》,文物出版社,2002年。

　　辛德勇:《张家山汉简所示汉初西北边隅边境解析——附论秦昭襄王长城北端走向与九原云中两郡战略地位》,《历史研究》2006年第1期。

　　徐朝华:《尔雅今注》,南开大学出版社,1987年。

　　徐日辉:《早期秦与西戎的关系考》,《宁夏社会科学》2005年第1期。

　　徐旭生:《中国古史的传说时代》,广西师范大学出版社,2003年。

　　徐元诰著,王树民、沈长云点校:《国语集解(修订本)》,中华书局,2002年。

　　许成、李进增:《东周时期的戎狄青铜文化》,《考古学报》1993年第1期。

　　许维遹:《吕氏春秋集释》(上、下册),中国书店,1985年。

　　许倬云:《西周史》(增订本),三联书店,1994年。

Y

　　晏昌贵:《〈二年律令·秩律〉与汉初政区地理》,《历史地理》第21辑,上海人民出版社,2006年。

　　延世忠、李怀仁:《宁夏西吉发现一座青铜时代墓葬》,《考古》1992年第6期。

　　严军:《〈左传〉姓氏相关问题的探索》,《浙江学刊》1994年第4期。

　　杨伯峻:《论语译注》,中华书局,1982年。

　　杨伯峻:《春秋左传注》(全四册),中华书局,1990年。

　　杨建华:《春秋战国时期中国北方文化带的形成》,文物出版社,2004年。

　　杨建华、曹建恩:《略论中国北方地区古代游牧民族文化发展模式》,《吉林大学社会科学学报》2007 年第 5 期。

杨宽、吴浩坤:《战国会要》(全二册),上海古籍出版社,2005 年。

杨宁国、祁悦章:《宁夏彭阳县近年出土的北方系青铜器》,《考古》1999 年第 12 期。

杨树达:《汉书窥管》,上海古籍出版社,2006 年。

叶江:《当代西方的两种民族理论——兼评安东尼·史密斯的民族(nation) 理论》,《中国社会科学》2002 年第 1 期。

叶江:《解读安东尼·D·史密斯相关著述中的几个关键性术语》,《世界民族》2006 年第 5 期。

叶小燕:《秦墓初探》,《考古》1982 年第 1 期。

伊克昭盟文物工作站等:《西沟畔汉代匈奴墓地调查记》,《内蒙古文物考古文集》,1980 年第 1 期,第 15~27 页。

伊克昭盟文物工作站、内蒙古文物工作队:《西沟畔匈奴墓》,《文物》1980 年第 7 期。

伊克昭盟文物工作站:《内蒙古准格尔旗宝亥社发现青铜器》,《文物》1987 年第 12 期。

伊克昭盟文物工作站:《内蒙古东胜市碾坊渠发现金银器窖藏》,《考古》1991 年第 5 期。

伊克昭盟文物工作站、伊金霍洛旗文物保护管理所:《内蒙古伊金霍洛旗匈奴墓》,《文物》1992 年第 5 期。

伊克昭盟文物工作站:《伊金霍洛旗石灰沟发现的鄂尔多斯式文物》,《内蒙古文物考古》1992 年第 1、2 期。

尹盛平、张天恩:《陕西陇县边家庄一号春秋秦墓》,《考古与文物》1986 年第 6 期。

雍城考古队:《陕西凤翔高庄秦墓地发掘简报》,《考古与文物》1981 年第 1 期。

雍际春:《绵诸道城址考》,《中国历史地理论丛》1992 年第 1 期。

于豪亮:《秦王朝关于少数民族的法律及其历史作用》,中华书局编辑部编:《云梦秦简研究》,中华书局,1981 年。

俞伟超:《古代"西戎"和"羌"、"胡"考古学文化归属问题的探讨》,同作者:

《先秦两汉考古学论集》,文物出版社,1985 年。

俞伟超:《关于"卡约文化"和"唐汪文化"的新认识》,同作者:《先秦两汉考古学论集》,文物出版社,1985 年。

俞伟超:《考古学是什么:俞伟超考古学理论文选》,中国社会科学出版社,1996 年。

袁珂:《山海经校译》,上海古籍出版社,1985 年。

袁仲一:《秦中央督造的兵器刻辞综述》,《考古与文物》1984 年第 5 期。

岳连建:《西安北郊战国晚期铸铜工匠墓初论》,《考古与文物》2002 年先秦考古增刊。

Z

早秦文化联合考古队:《西汉水上游周代遗址考古调查简报》,《考古与文物》2004 年第 6 期。

张长寿、陈公柔、王世民:《西周青铜器分期断代研究》,文物出版社,1999 年。

张光直:《考古学与"如何建设中国特色的人类学"》,同作者:《中国考古学论文集》,生活·读书·新知三联书店,1999 年。

张光直著,曹兵武译:《考古学——关于其若干基本概念和理论的再思考》,辽宁教育出版社,2002 年。

张家山汉墓竹简整理小组:《张家山汉墓竹简[二四七号墓]》,文物出版社,2001 年。

张家山汉墓竹简整理小组:《张家山汉墓竹简[二四七号墓]》(释文修订本),文物出版社,2006 年。

张瑞成:《谁是满洲人?——西方近年满洲史研究述评》,《历史人类学学刊》2006 年第 1 期。

张天恩:《边家庄春秋墓地与千邑地望》,《文博》1990 年第 5 期。

张天恩:《再论秦式短剑》,《考古》1995 年第 9 期。

张天恩:《礼县等地所见早期秦文化遗存有关问题刍论》,《文博》2001 年第 3 期。

张天恩:《周王朝对陇西的经营与秦人的兴起》,《周秦文化与社会研究——

纪念中国先秦史学会成立 20 周年学术研讨会论文集》，陕西师范大学出版社，2003 年。

张天恩：《甘肃礼县秦文化调查的一些认识》，《考古与文物》2004 年第 6 期。

张学正：《甘肃古文化遗存》，《考古学报》1960 年第 2 期。

张耀民：《义渠都城考证琐记——义渠国都城在今宁县焦村乡西沟村》，《西北史地》1996 年第 1 期。

张映文、吕智荣：《陕西清涧县李家崖古城址发掘简报》，《考古与文物》1988 年第 1 期。

早秦文化联合考古队：《西汉水上游周代遗址考古调查简报》，《考古与文物》2004 年第 6 期。

早秦文化考古联合课题组：《甘肃礼县大堡子山早期秦文化遗址》，《考古》2007 年第 7 期。

赵丛苍：《陕西凤翔南干河出土战国、汉代窖藏青铜器》，《考古》1989 年第 11 期。

赵化成：《寻找秦文化渊源的新线索》，《文博》1987 年第 1 期。

赵化成：《甘肃东部秦和羌戎文化的考古学探索》，俞伟超主编：《考古类型学的理论与实践》，文物出版社，1987 年，第 145～176 页。

赵化成：《宝鸡市益门村二号春秋墓族属管见》，《考古与文物》1997 年第 1 期。

［马来西亚］郑良树：《商鞅及其学派》，上海古籍出版社，1989 年。

郑隆：《大青山下发现一批铜器》，《文物》1965 年第 2 期。

中国科学院考古研究所：《沣西发掘报告》，文物出版社，1963 年。

中国科学院考古研究所：《陕西省宝鸡市茹家庄西周墓葬发掘简报》，《文物》1976 年第 4 期。

中国科学院考古研究所宝鸡发掘队：《陕西宝鸡福临堡东周墓葬发掘记》，《考古》1963 年第 10 期。

中国社会科学院考古研究所泾渭工作队：《甘肃庄浪县徐家碾寺洼文化墓葬发掘纪要》，《考古》1982 年第 6 期。

中国社会科学院考古研究所甘肃工作队：《甘肃天水西山坪秦汉墓发掘纪要》，《考古》1988 年第 5 期。

中国社会科学院考古研究所武功发掘队:《陕西武功县赵家来东周时期的秦墓》,《考古》1996 年第 12 期。

中国社会科学院考古研究所:《1967 年长安张家坡西周墓葬的发掘》,《考古学报》,1980 年第 4 期。

中国社会科学院考古研究所:《徐家碾寺洼文化墓地——1980 年甘肃庄浪徐家碾考古发掘报告》,文物出版社,2006 年。

钟侃:《宁夏固原县出土文物》,《文物》1978 年第 12 期。

周大鸣:《论族群与族群关系》,《广西民族学院学报(哲学社会科学版)》2001年第 2 期。

周广济:《甘肃张家川发现战国墓葬》,《中国文物报》,2007 年 2 月 2 日第5 版。

周晓陆、路东之:《秦封泥集》,三秦出版社,2000 年。

周振鹤、游汝杰:《方言与中国文化》,上海人民出版社,1986 年。

周振鹤:《西汉政区地理》,人民出版社,1987 年,第 149 页。

周振鹤:《西汉县城特殊职能探讨》,《周振鹤自选集》,广西师范大学出版社,1999 年。

周振鹤:《〈二年律令·秩律〉的历史地理意义》(修订本),见"简帛研究网站"。

庄孔韶主编:《人类学通论》,山西教育出版社,2004 年。

邹衡:《论先周文化》,同作者:《夏商周考古学论文集》,文物出版社,1980 年。

朱凤瀚:《师酉鼎与师酉簋》,《中国历史文物》2004 年第 1 期。

朱捷元、李域铮:《西安东郊三店村西汉墓》,《考古与文物》1983 年第 2 期。

竺可桢:《中国近五千年来气候变迁的初步研究》,《考古学报》1972 年第1 期。

诸祖耿:《战国策集注汇考》(全三册),江苏古籍出版社,1985 年。

西 文 文 献

A. Salmony, *Sino-siberian Art in the collection of C.T.Loo*, Paris, 1933.

Bruce G. Trigger, *Beyond History: The Methods of Prehistory*, New York, 1968.

Chales F. keyes, *Toward a New Formation of the Concept of Ethnic Croups*, Ethnictiy 3, 1976, pp.203~302.

Chales F.keyes, *Ethnic Change*, University of Washington Press, 1981.

Dagny Carter, *The Symbol of The Beast: The Animal-Style Art of Eurasia*, Ronald Press Company, 1957.

E.G.Pulleyblank, *The Chinese and Their Neighbors in Prehistoric and Early Historic Times*. From: David N.Keghtley, *The Origins of Chinese civilization*, Berkeley: University of Calfornia Press, 1983, pp.412~466.

Emma C.Bunker, C.Bruce Chatwin, Ann R.Farkas, *"Animal Style" Art from East to West*, New York, 1970.

Emma C.Bunker, Trudy S.kawmi, Katheryn M.Linduff, Wu En, *Ancient Bronzes of the Eastern Eurasian Steppes from Arthur M.Sackler Collection*, New York, 1997.

Fredrik Barth, *Ethnic Goups and Bundaries: The social Organization of Culture Difference*, Illinlois reissued by: Waveland Press, 1998.

Guido Bolaffi (eds.), *Diccitonary of Race, Ethnic and culture*, London, 2003.

J.G.Andeson, *Selected Art in the Animal Style*, The Bulletin of the Museum of Far Eastern Antiquities, Stockholm, 1934, No.4.

J.G.Andeson, *Selected Ordos Bronzes*, The Bulletin of the Museum of Far Eastern Antiquities, Stockholm, 1935, No.5.

Jenny F.So, Emma C.Bunker, *Traiders and Raiders on Chinese Northern Rrontier*, Washington, 1995.

Karl Jettmar, *Art of The Steppes*, New York: Crown Publishers, 1967.

Max Weber, *Ethnic Groups*, In *Economy and Society*, Vol.I(Berkly and los Angeles: University of Clifornia press, 1978). From: *Ethnicity*, Edited by John Hutchinson and Anthony D. Smith, Oxford University Press, 1996, pp.35～40.

Nathan Glazer, Daniel P. Moynihan, *Ethnicity Theory and Experience*, Massachusetts: Harvard University Press, 1975.

Nicola Di Cosma, *Acient China and Its Enemies: The Rise of Nomadic Power in East Asia History*, Cambridge University Press, 2002.

Paul R. Brass, *Ethnicity an Nationlism*, London: Sage Publications, 1991. From: *Ethnicity*, Edited by John Hutchinson and Anthony D. Smith, Oxford University Press, 1996, pp.85～90.

Raoul Naroll: *On Ethnic Unit Classifiction*, *Current Anthropology*, Vol.5, No.4, 1964, pp.283～312.

Thomas J. Barfield, *The Perilous Frontier: Nomadic Empires and China*, Massachusetts: Basil Blackwell Press, 1989.

后　　记

　　本书凝聚着许多人的心血。在这里要首先感谢我的导师周振鹤先生的言传身教,感谢他对我论文的指导。感谢本校葛剑雄、姚大力、陈淳、邹振环、高蒙河、高智群、楚永全,以及上海市社科院芮传明先生,感谢他们对我学业和论文提供过的各式帮助。感谢中国人民大学国学院王子今先生的提携。感谢陕西省考古研究所王辉先生、纽约州立大学司昆仑教授(Kristin Stapleton)以及我的同事、秦俑博物馆王志友先生在资料方面的帮助。感谢孙树刚、王涛、赵治国、徐建平、王国强、胡其伟、魏向东、王大学、谢湜、刘祥学、刘瑞、陈洪波诸位贤弟给我四年求学生涯所带来的快乐。最后要感谢的是我的家人,感谢我年迈的母亲和年幼的女儿,感谢我的妻子田静女士,她们的支持是我身在异乡的精神支柱。

再　记

告别复旦,转眼已经 14 年。在这个漫长的时段中,我对秦史、秦文化的兴趣从未衰减,估计还会持续下去,并终生以此为研究对象。在复旦期间读了一些考古学、人类学的理论书,毕业后又接触了大量新的文物资料,看了许多考古遗址和博物馆,愚者多虑,对许多萦绕头脑多年的问题,也有了一些新的认识,现在再去看自己的博士论文,作为人生中年阶段的产物现在看还存在许多问题,例如对毛家坪遗址的性质、秦人来源、"戎狄"人群结构的认识,都是有误差和历史局限的,但本次出版并未做大量修改,一是为了保持稿子的完整性,避免因内容更新、补充所产生的不均衡性;二是为了保持历史阶段性的原貌,毕竟这篇花费大量心力、具有转折意义的博士论文,代表的是个人学术生涯的一个时代。

2004 年,经王子今先生的推荐,并得周振鹤先生的照顾,我到复旦历史系攻读秦汉史。当时周先生和葛剑雄先生虽然身在史地所(今叫中国历史地理研究中心),也在历史系招秦汉史的博士生,因为二位先生的博士论文一做西汉政区、一做西汉人口研究,本身就是秦汉史的大家。38 岁有这个学习的机会,自然就像老来得子一样十分珍惜。进校之时,原来自己 2001 年立项的国家文物局墨子研究课题还没有做完,只好先做完墨子研究,然后再腾出手做博士论文,所以在进校后的前两年,至少用了有一半精力在做墨学研究,到 2006 年底才完成交差,我也被迫主动延期毕业一年,用两年的时间写完博士论文。博士论文的选题,周先生听闻我研究城守诸篇,便让我继续做墨学研究,但我最后还是选了秦史,因为秦史是我更为长久的兴趣所在。在内地待久了,研究偏向具体问题的考证,因此我有意识地去加强自己的理论修养,周先生的政治地理,陈淳先生的考古学理论,还有姚大力先生的民族史课,都使自己十分受益,期间又读了大量的人类学书籍,在我的书架上,至今人类学的书大约有数百本,在复旦求学期间复印的大量人类学资料,也仍然保留。4 年下来,自感知识结构发生了革命性的变化,现在出版的博士论文,就是这个转变的体现。

一个人的学术水准,主要体现在自己的学术思想上,复旦四年,使我的学术思想发生了很大变化。我自己是历史专业出身,毕业后先在临潼县(今称区)文管会、后在秦俑考古队(今叫考古工作部)工作,不小心就踏入了考古行当。这样的经历,使我的学风发生了很大变化,一是重视考古材料,二是逐渐能读懂考古材料,走向把考古资料与文献资料相结合,即所谓"二重证据"的路子。其实这个说法听起来简单,做好了却很难。对于考古学者来说,白天做调查或发掘,晚上回来还要看标本、整资料,经常没时间对文献做更深的研究;历史学者则经常看不懂考古报道,那些像砖头一样的大部头考古报告,对他们来说犹若天书,型式期段也使他们一头雾水,更不用说进一步的利用了。不过现在的考古报告比原来有很大进步,一是研究深入了,"结语"部分也有更多分量;二是经常附有多角度的研究,如环境、动植物、体质等方面,提供的信息量更大,这使历史研究——特别是上古秦汉的研究,考古资料变成了不可或缺的东西。考古资料,包括文字资料,如甲骨金文、封泥、玺印、陶文、简牍,乃至徽号、符号之类,当初王国维提倡"二重证据法",文字资料是其一,后来被扩充到所有地下出土物即考古资料。现在的文字资料,虽然仍可列在考古资料之列,但由于量大而显赫(如简牍),已经足以自成一类。话又说回来,若有人因此而说什么"三重""四重",我倒觉得是狗尾续貂、多此一举的,因为并未脱离王国维"二重证据法"的本质,故并非一种发展,只是以数字哗众取宠而已。

这篇博士论文,初步体现了我的学术思想和理想。其中,我想把人类学、民族学"族群"理论引入到秦史中,如同当时很火的羌、满人研究一样,把"秦人"当作一个族群现象去研究,研究族群建构历史中文化的作用,秦与"戎狄"文化的关系只是一个表象和视角而已。我在文中坚持了文献和考古资料结合,并有适度理论关照的学术思想,至今,我还认为这是学术研究的必由之路。

我三十岁而志于学,此前贪玩而意志不坚定,长久找不见自己人生的方向,现在回想起来十分可惜,浪费了不少时间,所以若能对学术做出什么贡献,一定也会比别人慢了半拍。个人的经历,是足以给年轻学者当作教训的,那就是:为学要趁早,人生没有多少时间让你来挥霍。现在我每天在办公室,2020 年以来的疫情三年也是如此,还是觉得时间不够用,许多该读的书都没时间去看。据说这是内心焦虑的体现,但现在的学者,哪个不在这个状态之中? 在研究方向上,我还是集中于秦汉史,特别是秦史,旁涉先秦史、民族史、考古学和墨学。

关于先秦史,我在陕西师大读硕士,读的就是周秦史方向,在复旦跟陈淳先生学习考古学理论,其中很大成分都是国家文明起源、聚落那样的理论,一些重大问题也长期关注,重要遗址也经常去看。关键是,秦史发生的大部分时段都在先秦,我现在又给本科生一直讲授中国通史中先秦、秦汉部分,先秦史就一直是我的兴趣所在。我对民族史的兴趣,始于 1999 年与秦俑博物馆任建库先生那次西北之行。那年 8 月 15 日—9 月 7 日,为了踏查以战国秦长城(秦昭王长城)为主的秦相关遗址,我俩从甘肃临洮走起,经过兰州、陇西、礼县、天水、清水、张家川、固原、平凉,最后从庆阳返回,整整 21 天,期间考察了秦长城的好多区段,看了多家博物馆和遗址,拜访了许多当地学者,虽然辛苦但收获甚大,回来后写了一篇六万字的考察报告。至今,甘宁大地景色之壮美、学术收获所带来之饴甘,仍回味于心,我对北方民族的浓厚兴趣,也从此而起。后来数十年间,又有无数的野外考察,但都没有这次印象深刻。本博士论文及后来出版的论文集《秦与北方民族历史文化论集》(科学出版社,2018 年)就是个人在民族学方面思考的结果。2021 年来,我又辅助王子今先生,从事国家十四五重大文化项目中华民族"三交史"的撰写和资料编纂工作,担任编委会副主任及秦汉卷主编等角色。西大本有优秀、深厚的民族学传统,曾有马长寿、周伟洲、段连勤等优秀的民族学家在校执教,另有多位西大毕业生从事民族、人类学研究,都卓有成就,民族学与思想史、考古学、秦汉史、中东史等一起,形成了西大历史学科的几大特色。现在"三交史"的许多工作落在西大,冥冥中其有命乎? 西大的多位老师参与这个工作,希望西大的民族学,能借此得以复兴。对于考古学,我虽然从 1988 年一毕业就从事田野工作,一直到 2017 年入职西大,在考古部门待了 29 年,参与过秦俑二号坑那样的考古发掘工作,但也最多只算个票友,对考古学还是个外行。这种历史学与考古学的跨界身份的最大好处,除了上述能主动对考古资料重视和利用之外,也能对某些遗址和文物发言,如毛家坪秦文化遗址、栎阳战国秦汉城址、血池秦汉祭天遗址、海昏侯墓、长城等等,包括一些北方的少数民族遗存,再就是积累了大量的考古资料。对于墨学,从 1999 年开始,我曾做了十年的墨学研究,那次考察也是为了弄清楚战国秦长城与墨子城守诸篇的关系而起。2001 年,以

"墨子城守诸篇疏证"为题,我申请到国家文物局的课题资助,2006年结项时形成了50多万字的报告,考证的部分《墨子城守诸篇研究》2011年已经在中华书局出版,校注的部分《墨子城守诸篇校注》也将在文物出版社出版。墨学研究的缘起,来自在陕西师大跟随何清谷、赵世超两位先生读研究生时,何清谷先生讲课中介绍的墨学与秦的关系,这引起了我强烈的兴趣,想弄清楚二者到底是什么关系,于是就顺着陈直、李学勤等先生论著中提供的线索,一直追索下去,除了文献之外,还查阅了很多简牍、考古资料。做文献研究很苦,整天对字,细致而单调,在国家图书馆查阅古籍胶片,看得人头晕眼花,使我发誓以后不做文献研究,但书生都知道,这样的话往往都是空话,完了该干什么还干什么。努力十年研究墨学下来的回报,是使自己熟悉了先秦、秦汉文献,特别是兵学著作,对版本目录之学、诸子学、学术史等也有了更深刻的了解,《墨子城守诸篇研究》获得了中国墨子学会第二届优秀成果奖(2016年,山东滕州),自己也得以参与儒墨对话(2019年,山东邹县、滕州)那样重要的学术活动,并从中深受教益。墨子身后"墨离为三",《墨子》也具备"三墨",秦为其一,但相比东方齐鲁宋卫之"东墨"、南方楚之"南墨",秦墨研究最为薄弱,但墨学特别是其攻守城技术对秦的影响不容忽视。在陈直、李学勤先生之后,学界只有何炳棣先生等少数学者对秦墨做过专门研究,因此我曾在多个场合为秦墨研究鼓呼,希望秦墨研究受到重视,我自己也将会坚持墨学研究。

　　最后再回到秦史。我对秦史本没什么特别的兴趣,只是因为1994年硕士毕业后,重新分配到当时的秦俑博物馆工作,并且一去就是考古队,工作需要加环境浸染,数年后终于决心做秦史研究,一度还觉得十分好玩,去翻大量的书,包括古文字、考古学的书籍。恰巧近二十年的秦史研究,也处在一个大爆发期,这得益于考古、简牍资料的大量公布,以及学科研究自身的进步,许多问题现在已经逐渐明朗。但相对于汉代史,秦史的专门研究者还是偏少。身处时代洪流之中,自身也会关注秦史的几乎所有问题。除了研究之外,我还承担了一些学术组织工作。2018年起,受当时的秦陵博物院院长侯宁彬先生委托,我组织了一套"秦文明新探"丛书,总共十三本,每本书以项目的形式,由我邀请大陆及台湾地区十三位优秀的历史、考古、古文字、法制史、简牍学及历史地理学者分别承担,最后由上海古籍出版社出版。有赖于秦陵博物院和上海古籍出版社同仁的共同努力,这部丛书现已出版四部,交稿五部,我自己的这篇博士论文也忝列其中。2020 年,受卜宪群先生之邀,我参与了国家十四五重大文化项目《(新编)中国通史》的撰写工作,负责秦部分,现正在紧张地撰写之中。2021 年以来,又参与上面提到的"三交史"的撰写和资料编纂工作,工作量也很大。本年我又被迫充任秦文化研究会会长之职,学会也有很多工作,多亏单印飞秘书长的帮助,才使学会能很好地运行。除此之外,还有很多其他与秦史有关的社会工作,我身体虽然不是很差,也感觉有点疲于奔命了,写稿子经常拖延。但我始终认为,一个学者对专业的贡献,一是著作,二是张罗事,我不太习惯只顾自己看书写作、不从事社会工作的那套,学者还是需要一点社会责任感的,只要与专业相关的活动,还应去参与,这样才会不负家国天下的中国知识分子的一贯传统。

2008 年博士论文的后记中,我感谢了一圈人,现在特别要感谢的,首先是我的导师周振鹤先生,感谢他病中赐序,对我又一次提携。周先生以学问好和藏书多闻于学界,阅读甚广,我在复旦时曾说,今生能达到周先生阅读量的五分之一就可以了,现在看来不会超过十分之一,那样的话,只能作为督促自己读书的动力了。另一人就是我的母亲。在博士论文完工时,母亲已经七十四岁,九年后母亲离我而去,她在家里的辛劳,是我四年安心读书的保证。在我的心目中,因父亲早逝而独自养育七个子女的母亲,是人世间最伟大的母亲,虽然她已离世五年,我却须臾未曾忘记,现在我还经常独自去北莽山(老家的公坟之名)看她,想她矮小的背影和质朴简白的教诲,可能只有此时,一个人才会从天上落到地面,知道自己到底是个什么东西。这本书与《秦与北方民族历史文化论集》一样,献给我的母亲。

史党社 2022 年于西北大学长安校区